高等学校"十三五"应用型本科规划教材

军事理论教程

（第 二 版）

主 编　宋向民　董世平

副主编　雷　鸣　杜空军　胡科峰

　　　　戴　军　王育顺

西安电子科技大学出版社

内 容 简 介

　　本书以国防教育为主线，紧扣《普通高等学校军事课教学大纲》，结合军事理论课教学实际编写而成。本书涉及中国国防、军事思想、战略环境、军事高技术和信息化战争五大军事理论，以及条令条例教育与训练、轻武器射击、战术基础训练、军事地形学知识、综合训练、军体拳(第二套)六个方面的内容。

　　全书结构合理、内容完整、重点突出，既符合军事教育规律和育人目标的要求，又适应高校军事学科教育的实际。

图书在版编目(CIP)数据

军事理论教程 / 宋向民，董世平主编. —2 版.
—西安：西安电子科技大学出版社，2017.2(2018.9 重印)
ISBN 978-7-5606-4440-0

Ⅰ. ① 军…　Ⅱ.① 宋…　② 董…　Ⅲ. ① 军事理论—高等学校—教材　Ⅳ. ① E0

中国版本图书馆 CIP 数据核字(2017)第 015661 号

策划编辑　戚文艳
责任编辑　戚文艳
出版发行　西安电子科技大学出版社(西安市太白南路 2 号)
电　　话　(029)88242885　88201467　　　邮　　编　710071
网　　址　www.xduph.com　　　　　　电子邮箱　xdupfxb001@163.com
经　　销　新华书店
印刷单位　陕西利达印务有限责任公司
版　　次　2017 年 2 月第 2 版　　2018 年 9 月第 9 次印刷
开　　本　787 毫米×1092 毫米　1/16　印张　13.5
字　　数　245 千字
印　　数　27 401～30 400 册
定　　价　26.00 元

ISBN 978-7-5606-4440-0/E

XDUP 4732002-9

＊＊＊ 如有印装问题可调换 ＊＊＊

本社图书封面为激光防伪覆膜，谨防盗版。

出 版 说 明

　　本书为西安科技大学高新学院课程建设的最新成果之一。西安科技大学高新学院是经教育部批准、由西安科技大学主办的全日制普通本科学校。

　　学院秉承西安科技大学五十余年厚重的历史文化积淀，充分发挥其优质教育教学资源和学科优势，注重实践教学，突出"产学研"相结合的办学特色，务实进取，开拓创新，取得了丰硕的办学成果。学院先后被评为"西安市文明校园"、"西安市绿化园林式校园"、陕西省民政厅"5A 级社会组织"单位；学院产学研基地建设项目于 2009—2015 年连续七年被列为"西安市重点建设项目"，2015—2016 年被列为"省级重点建设项目"；学院创业产业基地被纳入陕西省 2016 年文化产业与民生改善工程重点建设项目；2014 年被陕西省教育厅确定为"向应用技术型转型院校试点单位"，已成为一所管理规范、特色鲜明的普通本科院校。

　　学院现设置有机电信息学院、城市建设学院、经济与管理学院、能源学院和国际教育学院五个二级学院，以及公共基础部、体育部、思想政治教学与研究部三个教学部，开设有本、专科专业 38 个，涵盖工、管、文、艺等多个学科门类，在校生 12 000 余人。学院现占地 900 余亩，总建筑面积 23 万平方米，教学科研仪器设备总值 6000 余万元，建设有现代化的实验室、图书馆、运动场等教学设施，学生公寓、餐厅等后勤保障完善。

　　学院注重教学研究与教学改革，实现了陕西独立学院国家级教改项目零的突破。学院围绕"应用型创新人才"这一培养目标，充分利用合作各方在能源、建筑、机电、文化创意等方面的产业优势，突出以科技引领、产学研相结合的办学特色，加强实践教学，以科研、产业带动就业，为学生提供了实习、就业和创业的广阔平台。学院注重国际交流合作和国际化人才培养模式，与美国、加拿大、英国、德国、澳大利亚以及东南亚各国进行深度合作，开展本科双学位、本硕连读、本升硕、专升硕等多个人才培养交流合作项目。

　　在学院全面、协调发展的同时，学院以人才培养为根本，高度重视以课程设计为基本内容的各项专业建设，以扎扎实实的专业建设构建学院社会办学的核心竞争力。学院大力推进教学内容和教学方法的变革与创新，努力建设与时俱进、先进实用的课程教学体系，在师资队伍、教学条件、社会实践及教材建设等各个方面，不断增加投入、提高质量，为广大学子打造能够适应时代挑战、实现自我发展的人才培养模式。为此，学院与西安电子科技大学出版社合作，发挥学院办学条件及优势，不断推出反映学院教学改革与创新成果的新教材，以逐步建设学校特色系列教材为又一举措，推动学院人才培养质量不断迈向新的台阶，同时为在全国建设独立本科教学示范体系、服务全国独立本科人才培养做出有益探索。

西安科技大学高新学院

西安电子科技大学出版社

2016 年 6 月

高等学校"十三五"应用型本科规划教材
编审专家委员会名单

编 写 说 明

在普通高等学校开展学生军事训练工作，对于培养和造就高素质的社会主义事业的建设者和保卫者具有十分重要的现实意义。本书是根据教育部、总参谋部、总政治部颁发的《普通高等学校军事课教学大纲》（简称《大纲》），结合军事理论课的教学实际组织编写而成的。

本书严格按照《大纲》设置的课程目标、课程体系和知识内容编写。在编写过程中，我们力求体现以下几点：一是时代性。紧紧贴近新世纪、新时期国防和军队建设发展的实际，运用最新资料和有关研究成果，充分反映当前国内外军事发展的最新动态。二是适用性。本书的编写人员都是长期在第一线进行军事理论教学的派遣军官，书中本着教师精讲有据、学生自学可循的原则，减少了冗长陈述，更加具有理论性、针对性和适用性。三是通俗性。军事科学是一门抽象性、实践性较强的科学，其知识体系相对独立。书中力求用通俗简练的语言阐释军事知识，以便学生在较短的时间内了解军事科学概貌。此外，附录中给出了军事技能训练的基本要领，可供学生军事技能训练时参考。

本书在编写过程中，参考、吸收和引用了有关专家学者的研究成果，借鉴了部分公开出版的军事理论专著、教材和论文；边防学院学生军训教研室的刘法语、雷鸣、杜空军、吴筱宁、李新柱、黄建科、南卫华、胡科峰、牛菁、池苗、彭迪和杨帅等教员参与了书稿的编写和审稿；同时也得到了陕西省军区主管学生军训的机关、领导和边防学院首长以及西安科技大学高新学院、西安电子科技大学出版社高新分社等单位的大力支持，在此一并表示衷心感谢！

限于编者水平，本书难免存在不妥之处，诚望读者批评指正，以便再版时修改和完善。

编 者

2016 年 10 月

目　录　CONTENTS

导　言

依据《中华人民共和国国防教育法》和《中国教育改革和发展纲要》等法律法规的有关规定，军事课(含军事理论教学和军事技能训练)作为大学生的必修课，已列入普通高等学校的教学计划。2007 年，教育部和总参谋部、总政治部重新颁发了《普通高等学校军事课教学大纲》，对高校开展学生军训工作提出了具体的教学要求。

一、大学生军事课的性质、要求及主要内容

(一) 军事课程的性质

军事课程是普通高校学生的一门必修课程。军事课程以马列主义、毛泽东思想、邓小平理论和江泽民关于国防和军队建设的重要论述为指导，按照教育要面向现代化、面向世界、面向未来的要求，适应我国人才培养的战略目标和加强国防后备力量建设的需要，为培养高素质的社会主义事业的建设者和保卫者服务。

(二) 军事课程的目标

军事课程以国防教育为主线，以军事理论教学为重点，通过军事教学，使学生掌握基本军事理论与军事技能，增强国防观念和国家安全意识，强化爱国主义、集体主义观念，加强组织纪律性，促进综合素质的提高，为中国人民解放军训练储备合格的后备兵员和培养预备役军官打下坚实基础。

(三) 军事课程的要求

军事课程包括军事理论和军事技能训练两个部分，必须列入学校教学计划，成绩记入学生档案，按照《普通高等学校军事课教学大纲》组织实施教学，严格考勤考核制度。

军事理论课教学时数为 36 学时，学校在完成规定的学时之外，应积极开设选修课和举办讲座。

军事技能训练时间为 2～3 周，实际训练时间不得少于 14 天。在组织军事技能训练时，要以中国人民解放军的条令、条例为依据，严格训练，培养学生良好的军事素质。

（四）军事理论课的主要内容

中国国防：主要讲授国防的历史及其主要启示；国防法规及公民的国防权利与义务；国防体制及国防建设成就；国防建设目标及武装力量；国防动员等。

军事思想：主要讲授军事思想的形成与发展；军事思想的体系与内容及其主要代表作；毛泽东军事思想的科学含义、内容、历史地位和现实意义；邓小平新时期军队建设思想以及江泽民国防与军队建设思想的主要内容、地位作用；胡锦涛关于国防和军队建设的重要论述以及习近平关于国防和军队建设的重要论述等。

战略环境：主要讲解国际战略格局的历史、现状、特点，以及其发展趋势；讲解我国安全环境的历史演变与现状、发展趋势，以及我国国家安全观；世界核生化环境。

军事高技术：主要讲解高技术的概念、分类与发展趋势；高技术对现代作战的影响；高技术与新军事变革；高技术在军事上的应用等。

信息化战争：主要讲解信息技术及其在战争中的应用；信息化战争的演变与发展、主要特征和发展趋势、对国防建设的要求等。

（五）军事技能训练的主要内容

中国人民解放军共同条令训练：主要训练内容是内务条令、纪律条令、队列条令教育、单个军人的队列动作训练、分队的队列动作训练和阅兵等。

轻武器射击：主要训练内容为介绍轻武器常识，讲授简易射击学理论，掌握射击动作和方法，进行实弹射击。

军事体育训练：主要训练内容有体能训练、军体拳练习、越野等。

军事地形学：主要介绍地形图基本知识、现地使用地图以及地形对作战行动的影响。

战术基础与野外生存训练：主要介绍战斗的基本类型和基本战斗样式，战术基本原则，单兵战斗动作；介绍行军、宿营的基本程序、方法，以及野外生存。

二、大学生学习军事课的意义

在普通高校开展学生军训工作，适应了国家人才培养战略和加强国防后备力量建设的需要，对于造就有理想、有道德、有文化、有纪律的社会主义新人，培养具有军事知识和技能的高素质后备兵员具有重要意义。

（一）开设军事课程是国家法律赋予高校的义务

《中华人民共和国兵役法》第 43 条明确规定："高等院校的学生在就学期间，必须接受基本军事训练。"《中华人民共和国国防教育法》第 15 条规定："高等学校、高级中学和相当于高级中学的学校应当将课堂教学与军事训练相结合，对学生进行国防教育，高等学校应当设置适当的国防教育课程。"

依法履行兵役义务、自觉接受国防教育，是法律赋予大学生的神圣义务。大学生是我国国防建设的重要后备力量，在校期间接受军事训练，学习、掌握基本的军事理论知识和军事技能，是其义不容辞的责任。

世界各国都非常重视大学生军训工作，将大学生军训作为加强国防建设的一项重要措施。美国制定了全民性的《国防教育法》，以及针对青壮年的《普遍军训与兵役法》，要求公民在规定的年龄必须参加军训，履行兵役义务，其对高等学校的学生军训已经形成了一整套完善的制度。以4年制的学校为例，前两年为每周2～3学时学习基础军事课程，后两年增加至每周5学时，并参加一次为期6周的军事夏令营。在毕业后有相当一部分学生可能成为现役部队中非常出色的军官。据报道，美军现役部队中的士兵100%是本科毕业生，其中30%是硕、博士生；有30%的将军和40%的校、尉级军官来自于设有后备役训练团的学校。

可见，军事课程不仅是大学生履行兵役义务的一种形式和大学生接受军事训练的重要组成部分，而且也是国家法律和政策规定的大学生的一门必修课程。

（二）开设军事课程是国家安全的迫切需要

当前，国际形势正发生着深刻而复杂的变化。和平与发展依然是时代的主题，国际局势发展的基本态势保持总体稳定，世界多极化、经济全球化趋势在曲折中发展，不确定、不稳定、不安全因素也有所增加，核扩散、意识形态较量、领土和边界纠纷、宗教纠纷、能源环境冲突等热点问题持续升温。我国的安全环境也存在多个方面的不稳定因素，国内政治安全和社会安全面临十分复杂的形势。无数历史经验证明，在和平时期，人们的和平麻痹思想容易滋长，国防观念容易淡化。因此，加强国防教育，包括开展军事理论学习，使全体国民清醒地认清国际、国内形势，认识国防建设对于保卫国家和经济建设的重要作用，增强国防观念，关心和支持国防事业，时刻不忘公民应尽的国防义务，是巩固和加强国防、保证国家长治久安和实现国家发展战略目标的迫切需要。

（三）军事课程是全面培养人才的重要途径

军事课程作为高等教育的重要组成部分和特殊的社会活动领域，具有其他学科和教育方式无法替代的综合素质培养和教育的功能。

首先，军事课程教育是对大学生进行以爱国主义为核心的国防观念的教育。通过军事理论教育，加深大学生对党、对祖国、对人民军队的感情，培养他们高度的献身精神和不怕困难、不怕牺牲的顽强意志，使每个学生明确个人在国家生活中的地位，确立为国家和民族献身的使命感和责任感，从而进一步增强民族凝聚力和向心力。

　　其次，通过军事理论教学，使学生了解最新的军事科学技术成就和武器装备发展，可以扩大知识面，开阔视野。学习军事指挥、军事管理知识，提高学生的实践能力，可以进一步培养大学生的创造力和综合思维能力。著名科学家钱学森曾经说过："一个科学家，如果没有军事知识，那么他还不是一个完善的科学家，他的大脑思维脉络还缺了一根重要的经络。"

　　再次，通过接受严格的军事技能训练，在军事化的管理中耳濡目染并切身体验，自觉接受人民军队的革命英雄主义、集体主义以及不怕困难和勇于吃苦的教育，使大学生磨炼了意志，锻炼了体能，增强了体质，培养了顽强的作风。

　　总之，军事理论教学有利于青年学生身心素质的全面提高，是不可缺少的必修课程，是国家培养高素质人才的重要举措。搞好军事理论教育，是贯彻落实国家人才培养战略的具体行动。

三、大学生学习军事基本知识的方法

　　第一，要领会高等学校军事理论课的教学目的。大学生军事理论课的教学目的是了解军事科学的一般理论，掌握研究战争、军队和国防建设等军事活动的一般规律，而不是军事科学的全部内容体系。因此，学习中要重点了解并掌握战争的起源、根源、性质以及战争与政治、经济等的关系，从中探求指导战争的战略与战术。

　　第二，要从基本概念的理解入手，掌握各个单元的主要内容和相互关系，注重理解有关概念的内涵、基本原理与原则。

　　第三，学习的目的是为了应用，学习军事理论也不例外。因此，一定要将所学的军事理论的概念、范畴、原理应用到平时的工作、学习和生活之中，解决实际问题。尤其是要结合个人实际，加强世界观改造和道德修养，树立远大的理想和抱负，全面提高综合素质。

第 1 章

中国国防

学习目标 📖

了解我国国防历史和国防建设的现状及其发展趋势，熟悉国防法规和国防政策的基本内容，明确我军的性质、任务和军队建设指导思想，了解我国武装力量的构成、发展和作用，掌握国防建设和国防动员的主要内容，增强依法建设国防、积极为国防建设奉献力量的观念。

第一节 国防概述

"国无防不立，民无兵不安。"一个国家、一个民族，最重要的无非两件大事：一件是生存与安全问题，一件是发展与富强问题。国防是人类社会发展与安全需要的产物，是国家生存和发展的安全保障，关系到国家和民族的生死存亡和兴衰荣辱。建立巩固的国防是我国现代化建设的战略任务，是维护国家安全统一和全面构建社会主义和谐社会的重要保障。关注国防、建设国防，是大学生义不容辞的责任。

一、国防的含义和基本类型

（一）国防的含义

《中华人民共和国国防法》(以下简称《国防法》)对"国防"一词进行了立法性表述，认为国防是"国家为防备和抵抗侵略，制止武装颠覆，保卫国家的主权、统一、领土完整和安全所进行的军事活动，以及与军事有关的政治、经济、外交、科技、教育等方面的活动。"概言之，国防是为了捍卫国家主权、领土完整和安全而采取的所有防卫措施的统称，国防行为包括国防建设和斗争。国防的巩固和强大是国家生存和发展的安全保障，被视为一个国家的根本大计。

　　国防伴随着阶级的出现和国家的形成而产生，只要世界上有国家存在，国防就会存在。在人类社会发展的不同阶段中，在不同国体的国家中，其国防具有不同的特征。奴隶社会和封建社会，国防的主要职能是将各阶级维持在一定的"秩序"范围之内；资本主义社会，国防的主要职能是用军队保护和扩大商品生产与贸易，对外进行疯狂掠夺；社会主义国家诞生之后，国防有了新的阶级内涵，其主要职能是确保各民族的平等生存、发展，抵抗外来侵略，维护世界和平。

　　衡量一个国家国防力量的强弱，军事力量不是唯一标准，还涉及这个国家的政治、经济、文化、科技、外交等方方面面。尤其是新世纪，人类社会的一切都是建立在社会化大生产基础之上的，社会诸方面已经成为一个紧密联系的有机整体，国防只有成为这个有机整体的不可分割的一部分，才可能具有更大的威力。因此，我们要树立大国防观，把国防建设纳入整个国家大系统中进行思考、规划。

　　（二）国防的基本类型

　　国防的性质是由国家的社会制度和国家政策所决定的。国家的社会制度不同，制定的国防政策和追求的国防目标也就不同，因而，国防的类型也会各不相同。目前，世界的国防类型大致有四种：扩张型、联盟型、中立型和自卫型。

　　扩张型国防，奉行霸权主义政策的国家，以国家安全和防务需要为幌子，将其他国家和地区纳入自己的势力范围，对其进行侵略、颠覆或渗透。

　　联盟型国防，为弥补自身力量的不足，以结盟的形式联合他国进行防卫。联盟型国防又可分一元体系联盟和多元体系联盟。前者以某一大国为盟主，其余国家处于从属地位；后者的联盟国则是伙伴关系，通过共同协商确定防卫大计。

　　中立型国防，是指一些中小发达国家为保障本国的繁荣、发展和安全，所奉行的和平中立国防政策。执行中立型国防的国家，有些采取完全不设防的形式；有的则全民防卫，通过高度武装来确保中立。

　　自卫型国防，以防止外敌侵略为目的，在国防建设上主要依靠本国的力量，广泛争取国际上的同情与支持，维护本国安全，维护周边地区和世界的和平与稳定。

　　我国是社会主义国家，在对外关系方面一贯奉行"和平共处五项原则"。我国的政治制度和国家政策决定了我们采取自卫型国防。我国向世界公开承诺，永远不称霸，不做超级大国，不首先使用核武器或以核武器相威胁，不对无核国家和地区使用核武器，不侵略别国。以反对侵略、维护世界和平、保卫国家的安全与发展为国防的根本宗旨。在国防力量的运用上，坚持自卫立场，实行积极防御的战略方针。

二、国防的地位和作用

　　任何一个国家，从诞生之日起，首要的任务就是对内巩固政权，对外抵御侵略，保证国家的生存、安全与发展。在国家的职能中，国防的地位和作用十分重要，其强弱与国家安危、荣辱和兴衰休戚相关。

（一）国防是国家安全的重要保障

为了保障国家安全，促进国家发展，各国都从本国实际出发，努力加强国防建设，同时在国民中普遍进行有关维护国家安全的国防教育，使国民树立爱国主义和维护国家根本利益的观念，为国家的发展营造有利的条件和环境，保障国家安全。

（二）国防是国家独立自主的前提

强大的国防，是确保国家安全、人民安居乐业的前提。有国无防，或国防不强，国家和民族就要遭殃。旧中国沦为半殖民地半封建社会和新中国自立于世界民族之林的历史，从正反两个方面证明：国家和民族的独立，必须有巩固的国防和强大的军队。国家独立、民族兴旺，离不开整个民族的尚武精神，离不开具有强大战斗力的军队和后备力量建设。在新的历史条件下，巩固的国防不仅是我们在异常激烈、错综复杂的国际环境中，赢得 21 世纪战略主动权的重要条件，也是完成祖国统一大业，全面构建社会主义和谐社会的重要保障。

（三）国防是国家繁荣发展的重要条件

一个国家只有有了巩固的国防，国家的其他建设事业才能顺利进行。如果没有巩固的国防，这个国家的政权是无法稳定的，经济发展的目标也难以实现。因此，国家的生存、政权的稳固和经济发展利益的维护，以及国际地位、形象的巩固，都必须有一个能够捍卫国家根本利益的国防。

三、现代国防的基本特征

现代国防是对传统国防的继承和发展，是一种全新的国防理念和实践活动。其基本特征主要表现在以下几个方面。

（一）国防是国家综合国力的集中体现

与传统国防相比，现代国防不再只是军队或武装力量保卫国家安全，而是依靠综合国力的"全民国防"和"社会国防"。国家综合国力，是指政治、经济、军事、科技、文化、外交、自然、精神等力量的集合。一个国家只有具备雄厚的综合国力，才能具有强大的国防实力；只有统筹运用国防实力，"硬实力"与"软实力"相结合，才能有效地防备和抵御侵略，制止武装颠覆，确保国家的生存与发展。

(二) 国防是多种斗争形式的综合角逐

冷战结束后，随着国际局势的重大变化，各主权国家面临更加多样化的威胁，既有传统的"硬对抗"，也有非传统的"软伤害"，如恐怖主义和信息攻击等，单纯的军事行动，已不能满足国家安全防卫的需要。即使兵戎相见的现代战争，也不再只是武力对抗，而是综合运用军事行动、政治对话、外交谈判、经济封锁、心理施压和军备控制等多种斗争形式和手段，在更加广阔的领域进行综合的角逐和较量。多种斗争形式综合运用，已成为现代国防斗争的基本特征。

(三) 国防是国家行为，也是国际行为

世界多极化，经济全球化，已成为国际社会发展的标志性特征。全球化与国际化的发展，进一步加强了世界各国在政治、经济、军事、外交等领域的相互依存和相互合作。国防行为不再只是国家行为，也是国际行为。现代国防，既要统筹、协调和处理好国内事务，也要密切关注周边和国际形势变化，周密谋划和妥善处理好国际事务，才能确保国家生存与发展。对于我国来说，尤其要团结和联合世界上一切爱好和平的国家和人民，共同反对帝国主义、霸权主义、强权政治、恐怖主义和各种国际犯罪，努力促进世界和平，为我国生存与发展争取有利的外部环境。

(四) 聚集综合国力，捍卫国家核心利益

主权独立、国家统一、领土完整、尊严荣誉和全面协调可持续发展，是我国新时期新阶段的核心利益。面对复杂多变的国内外局势和多种安全威胁的环境，只有依靠综合国力，聚集政治、经济、军事、科技、文化、外交、自然、精神等国家实力，形成软硬结合、多元一体的强大国防实力，才能有效捍卫和维护国家的核心利益，从而确保国家现代化建设全面协调可持续发展，实现中华民族的和平崛起和伟大复兴。

四、中国国防历史

中国国防历史悠久，源远流长。伴随中华民族的历史演进，中国国防经历了由昌盛到衰败、由荣耀到屈辱的历史，记录了古代国防的成功经验，蕴含着中华民族的智慧与勇敢，也铭记了近代国防的悲壮教训，充满着中华民族的沉痛与愤慨。

(一) 古代国防

中国古代国防，始于公元前21世纪夏朝建立，止于1840年第一次鸦片战争爆发，历经约4000年、20个朝代的更迭延绵，呈现出兴衰交替、曲折发展的历程。

1. 古代国防理论

大约公元前 21 世纪，中国古代社会由原始氏族社会进入奴隶制社会，出现了国家。从此，作为抵御外来侵犯和征伐别国的武备——国防的雏形便产生了。随后的几千年征战中，为保家卫国，逐渐形成了我国古代的国防理论。

春秋战国是中国古代国防理论快速发展时期。由于各诸侯国连年征战，国防观念得到迅速强化，形成"义战却不非战"，"非攻兼爱却不非诛"，"足食足兵"，"以正治国、以奇用兵"，"富国强兵"，"文武相济"，"尚战、善战、慎战"，"不战而屈人之兵"等军事思想，在此基础上形成了较为完整的战争观和"知彼知己，百战不殆"、"示战先算"、"伐谋伐交，不战而胜"、"以智使力"等战争指导原则，总结出一整套治军方法，形成了较为合理的军队编制结构，研制和改善了武器装备，明确提出治军的首要任务在于军队教育训练。所有这些，都标志着中国古代军事思想和国防理论的基本形成，为古代国防理论体系的建立奠定了坚实基础。

公元前221年，秦国兼并六国，首次建立了中央集权的封建国家，标志着中国封建社会进入一个新的历史阶段。随后的汉朝和唐朝，更是开创了中国封建社会的盛世，军事上也处于开疆拓土的鼎盛时期。至公元 10 世纪中叶，古代国防理论得到了进一步丰富和发展，经过全面整理兵书，初步形成了中国古代国防理论体系。

宋朝至前清，中国封建地主阶级处于没落时期，但军事仍有相当大的发展。火器开始使用，武学纳入国防教育体系。北宋初期虽在实际应用中重文轻武，国防有所衰落，但随后开办"武学"，设武举，培养和选拔了一大批军事人才，也繁荣了军事学术。明朝和前清，则将武举拓展到更大的范围，甚至出现文人谈兵、武人弄文的局面，大量军事著作面世，军事思想和国防理论进一步发展，最终形成了中国古代较为完整的国防理论体系。其内容主要包括："以民为体"、"居安思危"的国防指导思想，"富国强兵"、"寓兵于农"的国防建设思想，"爱国教战"、"崇尚武德"的国防教育思想，"不战而胜"、"安国全军"的国防斗争策略等。

2. 古代兵制建设

兵制，就是军事制度，也称军制，是国家或政治集团组织、管理、维持、储备和发展军事力量的制度。中国古代的兵制建设，主要涉及军事领导体制、武装力量体制和兵役制度等方面内容。

1) 军事领导体制方面

夏、商、西周时期，一般由国王亲自掌握和指挥军队，没有形成专门的军事领导机构。春秋末期，将相分权，以将(将军)为主组成军事指挥机构。战国时期，将军开始独立统兵作战。秦国统一中国后，设立了专门管理军事的机构，太尉为最高军事行政长官。隋朝设立了三省六部制，其中兵部主管军事。宋朝的枢密院为军事领导的最高机构，主官由文官担任，有权调兵，但无权指挥，将军有权指挥，却无权调兵，形成枢密院与将军互为牵制的机制。各朝代的军事领导体制虽然各异，但都体现了皇权至上思想，军队调拨、使用的最终权力牢牢掌握在皇帝手中。

　　2) 武装力量体制方面

　　秦朝以前的武装力量结构单一，各朝代通常只有一支职能单一的军队。自秦朝开始，国家政治制度逐渐完善，生产力不断发展，各朝代根据国家状况、国防需要、军队驻防及担负任务等情况，将军队区分为中央军、地方军、边防军，"三军"编制体制、屯田戍边、兵役军赋、军队调动、军需补给、驿站通道、军械制造与配发等都有具体规定，并以法律形式颁布执行，如唐代的《卫禁律》、《军防令》等。

　　3) 兵役制度方面

　　兵役制度随着各个历史时期的政治、经济、人口状况和国防需要而发展变化。奴隶社会时期，生产力低下，人口稀少，战争规模小，主要实行兵民合一的民军制度。封建社会时期，民军制度逐渐演变为与当时历史条件相适应的兵役制度，如秦汉时期的征兵制，三国、两晋、南北朝时期的世兵制，隋、唐时期的府兵制，宋朝的募兵制，明朝的卫所兵役制等。

3. 古代军事技术

　　古代军事技术，源于古代科学技术及其军事运用。中国古代科技成就世界闻名，主要体现在铜铁冶炼技术和指南针、造纸术、活字印刷术、火药"四大发明"。其中冶炼铜铁的兴盛及军事运用，为唐朝以前的各朝代铸造先进的冷兵器提供了技术支撑。"四大发明"，尤其指南针、火药的发明及军事运用，成就了古代"水师"和宋代以后火枪、火炮等火器的发展。

4. 古代国防工程

　　历代王朝，为了防备和抵御外敌侵犯，修筑了数量众多、规模庞大的国防工程，比较著名的有：城池、长城、京杭运河、海防要塞等。

　　古代城池工程，最早始于商代，一直延续到近代，规模不断扩大，结构日益完善。城池攻守作战，成为中国古代战争的一种主要作战样式。

　　长城最早建于战国时期，当时的燕、赵、秦国各自修筑长城。大规模修筑长城始于秦始皇统一六国后，为了巩固国防，防御北方匈奴南侵，于公元前214年开始将秦、燕、赵三国长城连为一体，形成西起临洮(今甘肃岷县)、北傍阴山、东至辽东的宏伟工程。后经多个朝代数次修建连接，至明代形成了西起嘉峪关，东至山海关，总长约 6300 公里的万里长城。

京杭大运河是中国古代兴建的浩大水利工程。隋炀帝时期，征调大量人力物力，将原有的旧河道拓宽和连贯，形成北起通州(今北京通州区)、南至杭州，全长 1747 公里的大运河，把南北许多州县连成一线，成为军事交通和"南粮北运"的大动脉，具有重大的军事和经济作用。

古代海防工程建设始于明朝。公元 14 世纪，倭寇频繁袭扰中国沿海地区，明朝在沿海重要地段陆续修建以卫城、新城为骨干，水陆寨、营堡、墩、台、烽堠等相结合的海防工程体系，为抗击倭寇入侵发挥了重要作用。前清时期，又在明代海防工程基础上修筑炮台要塞式海防设施，逐渐形成海岛、海口、海岸、江防要塞于一体的海防要塞体系。清朝中期以后，朝政腐败，海防日渐衰败。

(二) 近代国防

中国近代国防，从 1840 年第一次鸦片战争爆发到 1949 年新中国成立，经历了清朝后期和民国时期，呈现了国家衰落、国防衰败、屡战屡败、丧权辱国的屈辱历程。

1. 清朝后期国防

自"康乾盛世"之后，清朝政治日趋腐败，经济每况愈下，国防日渐衰败。第一次鸦片战争后，西方列强大举入侵，中国从此一蹶不振，有国无防，内乱外患，逐步沦为半封建半殖民地社会。

在军事制度方面，鸦片战争后，清朝成立了总理衙门，开始实施"洋务新政"。八国联军侵华后，清政府深感军备落后，企图通过改革军制加强军事，遂改总理衙门为外务部，裁撤兵部，成立陆军部。在武装力量体制方面，清入关后，为弥补兵力不足，在少量八旗兵基础上，将汉人编成绿营军。1851 年以后，为镇压太平天国运动，清廷号召各地乡绅编练乡勇，湘军和淮军逐渐成为清军主力。中日甲午战争后，又开始编练新军。

在兵役制度方面，清朝八旗兵实行兵民合一的民军制。甲午战争中，湘军和淮军大部溃散，清朝开始"仿用西法，编练新军"。新军采用招募形式，对新兵的年龄、体格、文化程度等有了较为严格的规定。

在武器装备方面，满洲人曾使用先进的火炮打下江山，却没有再进一步发展。朝廷担心汉人的火器制造威胁其统治地位，禁止地方官自行研制新炮，甚至禁止民间学习火器铸造技术。

在海防建设方面，鸦片战争后，清朝政务日益腐败，防务日渐废弛。海防要塞年久失修，火炮性能落后，炮弹威力甚小，且不能及远。西方列强凭借坚船利炮，乘虚而入，打开了中国封闭的国门，中国的香港、澳门、台湾和澎湖列岛相继被英、葡、日侵占，东北乌苏里江以东、黑龙江以北的大片领土被沙俄侵占，西部帕米尔地区被俄英瓜分。

2. 民国时期国防

辛亥革命虽然推翻了清朝的统治，建立了中华民国，但并没有改变中国任人宰割的命运。西方列强为维护其在华利益，纷纷扶植各派军阀为自己的代理人，加紧对中国的掠夺。各派军阀为争权夺利，混战不已，中国依然是有边不固，有海无防。先是袁世凯称帝，后有张勋复辟，各派军阀以西方列强为靠山，割据称雄，混战不休。直、皖、奉三大派系军阀先后窃据中央政权，贿选国会议员和总统，出卖国家和民族利益。"二十一条"的签订和"巴黎和会"中国外交的失败，充分暴露出北洋政府的腐败无能，使中国面临被西方列强进一步瓜分的命运，从而激发了中华民族同仇敌忾、共御外侮的决心和勇气。

以"五四运动"为标志，中国反帝反封建的资产阶级民主革命发展到新阶段。1921 年 7 月 1 日，中国共产党成立，给灾难深重的中国人民带来了光明和希望，中国革命开始步入新的发展时期。1931 年"九·一八事变"爆发，国民党政府奉行"攘外必先安内"的政策，一味妥协退让，出卖民族利益，使东北大片国土迅速沦陷。1937 年 7 月 7 日，日本发动"卢沟桥事变"，大举入侵中国，中华民族到了生死存亡的紧要关头。

中国共产党高举团结抗日的旗帜，与国民党再度合作，组成了广泛的抗日民族统一战线，抗日战争的正面战场、敌后战场和全民族抗日力量有机结合，历经 8 年艰苦卓绝的奋战，终于取得了中国近代史上第一次抗击外敌侵略的彻底胜利。抗日战争胜利后，全国人民迫切需要和平安宁的建设环境，但国民党当局为了独揽政权，竟然背信弃义，妄图以武力消灭中国共产党及其领导的军队。经过 3 年解放战争，中国共产党领导的人民军队推翻了国民党的反动统治，建立了社会主义新中国，开启了中国国防的新篇章。

(三) 国防历史主要启示

跌宕起伏的中国国防史，留给我们极其深刻的历史启迪。

1. 经济发展是国防强盛的基础

经济是国防的物质基础，国防强大有赖于经济发展。早在春秋时期，齐国政治家管仲就提出"富国强兵"思想。他认为"粟多则国富，国富者兵强，兵强者战胜，战胜者地广"，"甲兵之本，必先于田宅"。秦以后的汉、唐、明、清各朝代，前期都注重劝课农桑，发展生产，从而奠定了国防强大的基础，造就了国防史上的伟业。各朝代后期的国防衰败，也都毫无例外地由于经济萧条，动摇了国家基础，削弱了国防，致使内忧外患加剧。

2. 政治清明是国防巩固的根本

综观中华民族古代发展历程，凡是兴盛时期，都十分注重修明政治，实行比较清明的治国安邦之策。秦国原为西部小国，自商鞅变法以后，修政治、明法度、发展生产，国力和国防日渐强盛，战胜六国，统一中国，修筑长城，国防巩固。汉、唐强盛时期，情况也与此相似。清朝中后期和民国时期，政权腐败，政府无能，导致国防衰弱、有国无防、丧权辱国。

3. 国家统一、民族团结是国防强大的关键

纵观中国数千年国防史，凡是国家统一、民族团结时期，国防就强大；凡是国家分裂、民族对立时期，国防就衰弱。清朝后期，在西方列强大举入侵面前，腐朽的清政府不依靠和发动人民群众进行反侵略战争，反而认为"患不在外而在内"、"防民甚于防火"，对人民群众自发组织的反侵略斗争残酷镇压，军队武器装备又严重落后，结果屡战屡败，任人宰割，国家逐步沦为半封建半殖民地社会。抗日战争时期，中国共产党积极倡导和组织各党派建立广泛的抗日民族统一战线，团结全国人民和一切抗日力量，依靠人民战争打败侵略者，取得抗日战争的彻底胜利。

4. 军事技术优劣对国防成败具有重要影响

军事技术决定武器装备、战略战术并严重影响着作战结果。唐朝以前的冷兵器时代，由于冶炼铜铁和指南针的发明运用，使中国各朝代兵种部队及其武器装备领先于周边和世界。宋朝以后的冷、热兵器并用时代，特别是火药的发明和运用，使清朝中期以前的火器领先世界。清朝后期的大刀、长矛和拙劣火器对抗西方列强的"坚船利炮"，是我们不堪回首的优劣武器装备惨烈较量的一幕。虽然武器装备不是战争胜负的决定因素，但对战争胜负有重要影响。"落后就要挨打"，所谓"落后"，除了政治的、经济的、国家不统一、民族不团结的落后外，军事技术和武器装备落后，确是关系着国防和战争成败极其重要的因素。

思考题 ✍

1. 国防的含义是什么？
2. 现代国防的基本特征有哪些？
3. 中国国防历史的启示有哪些？

第二节　国防法规

国防法规是调整国防和武装力量建设领域各种社会关系、法律规范的总和，是国家法律体系的重要组成部分，是加强国防和武装力量建设的基本依据。在依法治国、社会主义市场经济体制不断完善的新形势下，国防法规对于保障国防和军队建设的顺利进行、做好军事斗争准备具有十分重要的意义。

一、国防法规的特性

(一) 调整对象的军事性

法律是调整社会关系的行为规范，不同的法律规范用来调整不同领域的社会关系，国防法规所调整的是国防和武装力量建设领域的各种社会关系，包括武装力量内部的社会关系、武装力量与外部的社会关系等。这些带有军事性的社会关系是国防法规特有的调整对象，是其他任何法律规范所不能代替的，这是国防法规特性的基本表现。

调整对象的军事性并不意味着国防法规只适应军队，不适应地方。国防是国家行为。国防和武装力量建设领域的社会关系是军事性的，但这些社会关系所涉及的行为主体并不都是军队和军人，政治、经济、外交、文化科技和教育等各个部门和社会各阶层人士都与国防有关。因此，一切社会团体和个人都必须按照国防法规的要求，履行自己的国防义务。

(二) 司法适用的优先性

国防法规优先适用，是指在解决与国防利益、军事利益有关的法律问题时，如果国防法规和普通法都有相关的规定，要以国防法规的规定作为评判是非的标准和采取行动的准则。优先适用不是指先后顺序，而是一种排他性的单项选择。在涉及国防利益、军事利益的案件中，只适用国防法规，不适用普通法。"特别法优先于普通法"是国际公认的法律适用原则。特别法是对特定人、特定领域、特定事项在特定时间内有效的法律。国防法规属于特别法。

(三) 处罚措施的严厉性

国防法规所保护的国防利益，是关系国家兴衰存亡的最根本的国家利益，因而对危害国防利益的犯罪也要实行比较严厉的处罚。

同一类型的犯罪，危害国防利益的从重处罚。《中华人民共和国刑法》(以下简称《刑法》)规定，抢劫罪通常处 3 年以上 10 年以下有期徒刑；而冒充军警人员抢劫的，抢劫军用物资的，处 10 年以上有期徒刑、无期徒刑或者死刑。

(1) 战时从重处罚：所谓战时，是指国家宣布进入战争状态、部队受领作战任务或者遭敌袭击之时；部队执行戒严任务或者处置突发性暴力事件也以战时论。《中华人民共和国兵役法》(以下简称《兵役法》)、《刑法》的许多条款都申明战时从重处罚。《兵役法》规定，平时应征公民拒绝、逃避征集拒不改正的，在两年内不得被录取为国家公务员、国有企业职工，不得出国或者升学，还可同时处以罚款；而战时要依法追究其刑事责任。

(2) 对军人违反职责的犯罪从重处罚：《刑法》规定的军人违反职责罪有 30 项罪名，其中 12 项罪名最高刑罚为死刑。对军人犯罪给予较重的处罚，是军事斗争的特殊性决定的，是保障完成军事任务的需要。

二、国防法规体系

国防法规体系是指由不同层次、不同门类的国防法律规范构成的相互联系、相互制约和协调的有机整体。我国的国防法规体系按立法权限区分为四个层次：第一是法律，由全国人民代表大会及其常务委员会制定；第二是法规，由国务院和中央军委制定，其中由中央军委制定的为军事法规，由国务院制定或国务院与中央军委联合制定的为军事行政法规；第三是规章，由中央军委各总部、各军兵种、各军区制定的为军事规章，由国务院有关部委与军委有关总部联合制定的为军事行政规章；第四是地方性法规，即由各省、自治区、直辖市人民代表大会及其常务委员会制定的贯彻执行国家国防法规的实施办法、实施细则和补充规定等。我国的国防法规按调整领域可以划分为 16 个门类，即国防基本法类、国防组织法类、兵役法类、军事管理法类、军事刑法类、军事诉讼法类、国防经济法类、国防科技工业法类、国防动员法类、国防教育法类、军人权益保护法类、军事设施保护法类、特区驻军法类、紧急状态法类、战争法类、对外军事关系法类。不同门类的国防法规，其调整和规范国防与军事活动的领域不同。

三、公民的国防义务和权利

(一) 公民的国防义务

公民的国防义务主要有下面五个方面。

1. 兵役义务

兵役义务是公民在参加国家武装力量和以其他形式接受军事训练方面应当履

行的责任。《兵役法》第 3 条规定："中华人民共和国公民,不分民族、种族、职业、家庭出身、宗教信仰和教育程度,都有义务依照本法的规定服兵役。"公民履行兵役义务的主要形式有三种。

1) 服现役

现役是公民在军队中所服的兵役。参加中国人民解放军和武装警察部队都是服现役。按照《兵役法》的规定,每年 12 月 31 日以前,年满 18 岁的男性公民,应当被征集服现役。当年未被征集的,在 22 岁以前,仍可以被征集服现役。根据军队需要,也可以征集 18 岁至 22 岁的女性公民服现役。同时,《兵役法》还规定,不得征集正在受到侦查、起诉、审判或者被判刑的公民。《兵役法》对有关违法行为也做出了惩处的规定。如有服兵役义务的公民拒绝、逃避征集的,政府可以做出其两年内不得被录取为国家公务员、国有企业职工,不得出国或者升学的决定。

2) 服预备役

预备役是公民在军队以外所服的兵役,是国家储备后备兵员的形式。根据《兵役法》规定,预备役分为军官预备役和士兵预备役,并区分为第一类预备役和第二类预备役。公民服士兵预备役的年龄为 18~35 岁。

服预备役有以下三种形式。

一是登记服预备役。每年 9 月 30 日之前,兵役机关要对到年底满 18 岁的男性公民进行兵役登记。

二是参加民兵组织。民兵是不脱离生产的群众武装组织,是国家武装力量的重要组成部分,是中国人民解放军的助手和后备力量。民兵分为基干民兵和普通民兵。28 岁以下退出现役的士兵和经过军事训练的人员,以及选定参加军事训练的人员,编为基干民兵;其余 18 岁至 35 岁的男性公民,编为普通民兵。根据需要,吸收部分女性公民参加基干民兵。我国实行民兵与预备役相结合的制度,所有的民兵同时都是预备役人员,参加民兵组织也是服预备役。

三是编入预备役部队。预备役部队是以现役军人为骨干,以预备役军人为基础,按照军队的编制体制建立起来的军事组织。是战时成建制快速动员的重要形式。公民编入预备役部队担任预备役军官或士兵,属于服第一类预备役。

3) 学生参加军事训练

《兵役法》第 43 条规定:"高等院校的学生在校就学期间,必须接受基本军事训练。"第 45 条规定:"高级中学和相当于高级中学的学校,配备军事教员,对学生实施军事训练。"这些规定表明,接受军事训练是学生必须履行的兵役义务。学生参加军事训练依据国家教育部和解放军总参谋部、总政治部联合制定的《普通高等学校军事课教学大纲》、《高级中学和相当于高级中学军事课教学大纲》组织实施。高等院校将军事课(含军事理论教学和军事技能训练)作为必修课，纳入教学计划。军事理论课教学时间为 36 学时，军事技能训练时间为 2～3 周，实际训练时间不得少于 14 天。各项教学和训练都规定有明确的内容和目标，必须严格执行。考试成绩记入学生档案，考试不合格的，按高等院校学籍管理办法和有关规定处理。高级中学和相当于高级中学的学校将军事训练纳入学生必修内容，将考试成绩记入学生的学籍档案，作为考评学生综合素质和报考高一级学校的重要依据。高级中学的学生军训包括集中军事训练和军事知识讲座两部分，时间为 7～14 天。在高等院校和高级中学就读的学生，应自觉服从学校的军事训练安排，认真履行应承担的军训义务，完成军事训练科目，达到训练目标。

2. 接受国防教育的义务

国防教育是国家为防备和抵抗侵略，制止武装颠覆，保卫国家的主权统一、领土完整和安全，对全体公民所进行的一种具有特定目的和内容的教育活动，是国家整体教育事业的组成部分，是建设和巩固国防的基础，是增强民族凝聚力、提高全民素质的重要途径。国家通过立法把国防教育作为公民的法律义务规定下来。

《中华人民共和国宪法》(以下简称《宪法》)、《中华人民共和国国防法》(以下简称《国防法》)、《中华人民共和国国防教育法》(以下简称《国防教育法》)、《全民所有制工业企业法》等，都对国防教育作出了明确规定。2001 年 4 月 28 日第九届全国人民代表大会常务委员会第二十一次会议通过的《国防教育法》，对国防教育的地位、目的、方针、原则，国防教育领导、保障，学校的国防教育、社会的国防教育和法律责任等作出了具体规定。2001 年 8 月 31 日第九届全国人民代表大会常务委员会第二十三次会议通过《关于设立全民国防教育日的决定》，确定每年 9 月第三个星期六为全民国防教育日。依照法律规定，全体公民都是国防教育的对象，都有接受国防教育的权利和义务。

国防教育的内容主要包括国防理论教育、国防精神教育、国防知识教育和国防技能教育，以及战备形势教育、国防任务教育、敌情教育等特定教育。这些教育相互联系、相互渗透、相互促进，其核心都是爱国主义精神教育。

3. 保护国防设施的义务

国防设施是指国家直接用于国防目的的建筑、场地和设备，包括军事设施、人民防空设施、国防交通设施和其他用于国防目的的设施。国防设施是国防建设的成果，是国防活动的依托，是抵抗侵略、保卫祖国的物质条件，在巩固国防、维护国家安全利益方面具有重要作用。国家采取一切必要措施保护国防设施。

公民在从事经济、文化和其他社会活动时，应当遵守法律规定，自觉保护国防设施。公民对于破坏、危害国防设施的行为，应当检举、控告或制止。破坏、危害国防设施的，要承担相应的法律责任。

4. 保守国防秘密的义务

国防秘密是指关系国家安全利益，在一定时间内只限一定范围人员知悉的军事或与军事有关的政治、经济、外交、科技和教育等方面的事项。国防秘密的主要表现形式是国防秘密信息和国防秘密载体。保守国防秘密事关国家的安危。公民应当遵守《中华人民共和国保守国家秘密法》以及有关的保密规定，严格保守国防方面的国家秘密。发现国防方面的国家秘密已经泄露或者可能泄露时，应立即采取补救措施并及时报告。

5. 支持国防建设、协助军事活动的义务

我国的国防是全民国防，公民应当积极参与和支持国防建设。支持国防建设的形式是多种多样的，公民所做的一切有利于国防建设的事都是支持国防建设。

(二) 公民的国防权利

《国防法》第54条规定："公民和组织有对国防建设提出建议的权利、有对危害国防的行为进行制止或者检举的权利。"第55条规定："公民和组织因国防建设和军事活动在经济上受到直接损失的，可以依照国家有关规定取得补偿。"

1. 提出建议权

公民依法对国防建设的指导思想、方针、原则、规章制度和实施方法等提出建议，是公民依照宪法享有的对国家事务建议权在国防建设方面的体现。

2. 制止和检举权

制止危害国防利益的行为，是指公民依法采取一定的方式、方法使危害国防的行为停止下来，从而维护国防利益。对于危害国防安全的行为，公民有权采取一切合法手段制止其发生、发展。

3. 获得补偿权

《国防法》规定公民享有获得补偿权。国家进行国防建设，武装力量开展军事活动，在某些情况下可能对公民的合法权益产生一定的影响甚至造成经济损失，公民可以按国家有关规定请求政府或军事机关予以补偿。

(三) 国防义务与国防权利的关系

国防义务与国防权利是对立统一的关系。所谓对立，是指两者各有不同的含义，

有质的不同。权利是主动的，义务是被动的；权利可以放弃，义务必须履行。所谓统一，是指两者同时产生、密切联系、互为条件、相辅相成，具有一致性。

国防义务与国防权利的一致性主要表现在三个方面。一是对等性。从权利和义务之间的关系来考察，公民所承担的国防义务和享有的国防权利相对应而存在，两者在总量上是相等的。《国防法》第 9 章规定，公民的国防义务有五项，国防权利有三项，在数量和分量上不完全对应。但《宪法》规定国家武装力量的任务之一是"保卫人民的和平劳动"，表明公民还享有和平劳动被保护的权利，这是一项很重要的国防权利。公民履行各种国防义务，同时享受和平劳动以及正常的生活和学习被保护的权利，这是权利义务总量相等最突出的表现。二是平等性。从人与人之间的关系上来考察，公民在享受权利和承担义务方面是平等的。《宪法》规定："中华人民共和国公民在法律面前人人平等。""任何公民都享有宪法和法律规定的权利，同时必须履行宪法和法律规定的义务。"依照宪法和法律，我国公民平等地享有法定的国防权利，也平等地承担国防义务。没有只享受权利而不履行义务的公民，也没有只履行义务而不享受权利的公民。三是同一性。有些国防权利和国防义务是同一的。如《国防教育法》第 5 条规定："中华人民共和国公民都有接受国防教育的权利和义务。"表明接受国防教育既是国防权利，又是国防义务。公民依法服兵役的权利和义务也是同一的。《兵役法》规定，依照法律被剥夺政治权利的人，不得服兵役，这是从权利角度规定的。被剥夺政治权利的人，同时也被剥夺了服兵役的权利。《兵役法》还规定，身体残疾不适合服兵役的人，免服兵役，这是从义务角度规定的。免除残疾人服兵役的义务，是国家对残疾人的照顾。权利和义务的一致性在国防方面有特殊的表现。在其他社会活动中，权利和义务的一致性通常是直观的，但在国防活动中，权利和义务的一致性却并不直观，甚至在一定局部、一定层次上表现为不对等、不平等。另外，由于国防的组织、领导权集中掌握在国家手中，一般公民在国防活动中往往更多的是履行义务，而非享有权利。

学习国防法规，应把理解国防义务作为重点。关于权利义务，《宪法》的表述是"公民的基本权利和义务"，而《国防法》的表述是"公民、组织的国防义务和权利"。由此可见，在国防领域更强调义务，同时要明确，国防义务与国防权利在根本上是一致的。公民履行国防义务维护国家的安全，实质上是维护自身的安全。而且，国家的安全利益得到保障，公民的政治权利、经济权利、文化权利和其他权利才能得到实现。因此，应树立正确的权利与义务观，增强国防义务观念，自觉为国防事业贡献力量。

思考题 ✍

1. 什么是国防法规，国防法规的主要特性是什么？
2. 中国国防法规体系由哪些层次和门类构成？
3. 公民履行兵役义务的途径有哪些？

第三节　国 防 建 设

国防建设，是指国家安全利益需要为提高国防能力而进行的各方面的建设。它是国家建设的重要组成部分，主要包括：武装力量建设，边防、海防、空防、人防及战场建设，国防科技与国防工业建设，国防法规与国防动员建设，国防教育以及与国防相关的交通运输、邮电、能源、水利、气象、航天等方面的建设等。中华人民共和国成立后，国家把国防建设摆在十分重要的位置，取得了举世瞩目的成就，赢得了国际社会的普遍尊重。本节主要阐述中华人民共和国国防体制、国防建设目标和政策、国防建设成就及武装力量建设。

一、国防领导体制

国防体制是国家防卫机构的设置、管理权限划分以及领导体系的制度。它是国家体制的重要组成部分，与国家的政治、经济、文化教育等体制既互相联系又相对独立。内容包括：国防领导体制、武装力量体制、国防经济体制、国防科学技术和武器装备发展的管理体制、兵役制度、动员制度、国防教育制度以及国防法制等。这里重点阐述中华人民共和国国防领导体制。

（一）国防领导体制的特征及组织形式

国防领导体制是指国防领导的组织体系及相应制度。中华人民共和国成立以来，为使国防领导体制适应国家政治、经济、科技的发展特别是军事发展和保障国家安全的需要，国防领导体制进行了多次调整改革，在实践中不断发展和完善。

1975 年和 1978 年通过的《中华人民共和国宪法》规定，中华人民共和国武装力量由中国共产党中央委员会主席统率。1982 年 9 月，第五届全国人民代表大会第五次会议通过的第四部宪法规定，设立中华人民共和国中央军事委员会，领导全国的武装力量。中央军事委员会实行主席负责制，主席由全国人民代表大会选举或罢免，对全国人民代表大会和全国人民代表大会常务委员会负责。与此同时，中共中央军事委员会继续存在，其职能和国家中央军委完全相同，从而确立了党和国家高度集中统一的行使领导职权的国防领导体制。

我国国防领导体制的一个基本特征，就是强调党在国防领导中的决定性地位和作用。我们党和国家对国防的领导，核心是制定战略方针，对武装力量和国防建设事业实施全面的领导与管理。战略方针是国防建设、武装力量建设的根本依据，它的正确与否，关系到国家的安全与发展。武装力量是国家政权的主要组成部分，是国防建设的核心，是国家军事实力的主体。武装力量的建设和发展，直接关系到国家的安危。国防建设事业的领导和管理，涉及国家整体力量的正确运用和作用的发挥，是治理国家的大事之一，也直接关系到国家安全与发展。所以，党和国家对国防的领导是国家的重要职能，是国家政权机构行使最高国家权力的一种表现。正是由于国家对国防领导的这种职能，决定国防领导在组织上具有最高层次性，在意志上具有最高权威性，在内容上具有极大的广泛性，在活动方式上具有严密的整体性等特征。

我国最高国防领导的组织形式，体现了国体、政体和传统的一致性。新中国成立以来，中国共产党成为执政党，是国家和社会主义建设事业的领导核心。我国的最高国防领导，也在实践中不断发展完善，其根本的一条，就是坚持中国共产党的核心领导。因此，我国最高国防领导体制的组织形式，既体现了党对武装力量和国防建设事业的领导，又有利于国家机构领导全国武装力量，领导和管理国防建设事业的职能，这对于国家加强武装力量的革命化、现代化、正规化建设，增强国防力量，实现国防现代化的宏伟目标，是强有力的组织保证。

(二) 中华人民共和国国防领导职权

根据《宪法》和《国防法》，中华人民共和国的国防领导职权由中共中央、全国人大及其常务委员会、国家主席、国务院、中央军委行使。

1. 中共中央的国防领导职权

中国共产党作为执政党，是领导中国社会主义事业的核心力量。中共中央在国家建设包括国防事务中发挥决定性的领导作用。有关国防、战争和军队建设的重大问题，都是由中共中央、中央军委、中央政治局及其常务委员会作出决策并通过必要的法定程序，作为党和国家的统一决策贯彻执行的。

2. 全国人民代表大会及常务委员会的国防职权

中华人民共和国全国人民代表大会是最高国家权力机关，它在国防方面的职权主要有：全国人民代表大会选举国家中央军委主席，根据中央军委主席的提名，决定中央军委其他组成人员的人选，决定战争与和平的问题，并行使宪法规定的国防方面的其他职权。

全国人大常委会在全国人民代表大会闭会期间决定战争状态的宣布，决定全国总动员或者局部动员，并行使宪法规定的国防方面的其他职权。

3. 国家主席在国防方面的职权

中华人民共和国主席在国防方面的职权主要有：根据全国人民代表大会的决定和全国人民代表大会常务委员会的决定，宣布战争状态；根据全国人民代表大会的决定和全国人民代表大会常务委员会的决定，发布动员令；公布全国人民代表大会及其常务委员会制定的有关国防方面的法律；根据全国人民代表大会常务委员会的决定，授予国防方面国家的勋章和荣誉称号；根据全国人民代表大会常务委员会的决定，批准和废除同外国缔结的有关国防方面的条约和重要协定。

4. 国务院在国防方面的职权

中华人民共和国国务院是最高国家权力机关的执行机关，是最高国家行政机关。它在国防方面的职权是领导和管理国防建设事业，包括：编制国防建设发展规划和计划；制定国防建设方面的方针、政策和行政法规；领导和管理国防科研生产；管理国防经费和国防资产；领导和管理国民经济动员工作和人民武装动员、人民防空、国防交通等方面的有关工作；领导和管理拥军优属工作和退出现役军人的安置工作；领导国防教育工作；与中央军事委员会共同领导中国人民武装警察部队、民兵的建设和征兵、预备役工作以及边防、海防、空防的管理工作；法律规定的与国防建设事业有关的其他职权。

5. 中央军事委员会在国防方面的职权

中华人民共和国中央军事委员会是最高国家军事机关，负责领导全国武装力量。其职权主要包括：统一指挥全国武装力量；决定军事战略和武装力量的作战方针；领导和管理中国人民解放军的建设，制定规划、计划并组织实施；向全国人民代表大会或者全国人民代表大会常务委员会提出议案；根据宪法和法律，制定军事法规，发布决定和命令；决定中国人民解放军的体制和编制，规定军委各职能部门以及战区、军兵种等单位的任务和职责；依照法律、军事法规的规定，任免、培训、考核和奖惩武装力量成员；批准武装力量的武器装备体制和武器装备发展规划、计划，协同国务院领导和管理国防科研生产；会同国务院管理国防经费和国防资产；法律规定的其他职权。

中央军委实行主席负责制，中央军委主席即为全国武装力量的统帅。中央军委组成人员为：中央军委主席，副主席若干人，委员若干人。中央军委下设7个部(厅)、3个委员会、5个直属机构共15个职能部门，即军委办公厅、军委联合参谋部、军委政治工作部、军委后勤保障部、军委装备发展部、军委训练管理部、军委国防动员部、军委纪委、军委政法委、军委科技委、军委战略规划办公室、军委改革和编制办公室、军委国际军事合作办公室、军委审计署、军委机关事务管理总局。军委机关多部门制是按照军委管总、战区主战、军种主建的总原则，优化军委机关职能配置和机构设置，突出核心职能，整合相近职能，加强监督职能，充实协调职能，使军委机关成为军委的参谋机关、执行机关、服务机关。

中国人民解放军五大战区，即东部战区、南部战区、西部战区、北部战区和中部战区，归中央军委建制领导，根据中央军委赋予的指挥权责，对所有担负战区作战任务的部队实施统一指挥和控制。战区是本战略方向的唯一最高联合作战指挥机构，按照平战一体、常态运行、专司主营、精干高效的要求，履行联合作战指挥职能，担负应对本战略方向安全威胁、维护和平、遏制战争、打赢战争的使命。

二、国防建设成就

中华人民共和国成立后，经过 60 多年的艰苦努力，我国国防取得了举世瞩目的成就。今天的中国之所以能巍然屹立在世界东方，并享有很高的声誉，主要是我国在政治上独立、经济上发展和国防的不断强大。

(一) 捍卫和维护了国家安全利益

新中国成立以来，我们先后取得了抗美援朝、中印边境自卫反击战、抗美援越援老等战争的胜利，有效地捍卫和维护了国家安全利益。

1950 年 6 月 25 日，朝鲜内战突然爆发。美国迅即进行武装干涉，并操纵联合国安理会通过决议，纠集 16 国军队组成以美国为首的所谓"联合国军"。同时，美国第 7 舰队侵入台湾海峡，阻止中国人民解放台湾。美国当局还不顾中国人民的一再抗议和警告，以飞机轰炸中国东北边境地区的城镇乡村，并命令其侵朝部队越过北纬三十八度线，向中朝边境进攻，将战火烧到鸭绿江边。朝鲜民主主义人民共和国处境危急，中国的安全受到严重威胁。为此，中共中央和毛泽东毅然作出"抗美援朝，保家卫国"的重大战略决策，组成中国人民志愿军，于 10 月 19 日跨过鸭绿江。抗美援朝战争是一场现代化程度较高的国际性局部战争，其规模为第二次世界大战后所罕见。这也是中国人民解放军首次在地理条件特殊的异国同高度现代化装备的强敌作战。当时美国拥有世界上最强大的经济力量和最现代化的武器装备，敌我经济实力和武器装备相差悬殊。战争第一阶段，中朝军队连续进行五次战役，将美军为首的"联合国军"和南朝鲜军队从鸭绿江边赶回到"三八线"附近。第二阶段，双方在"三八线"附近进行攻防拉锯战，边打边谈。最终，迫使美国当局于

1953 年 7 月签订"朝鲜停战协定",结束战争。

1962 年爆发的中印边界自卫反击战,缘于 1914 年英国殖民者非法制造的"麦克马洪线",把属于中国的大片领土划归印度。自 1951 年起,印度当局趁新中国成立初期和进行抗美援朝战争,无暇顾及中印边界问题之机,指使印军逐步蚕食,非法控制了中印边界东段的大片中国领土。1959 年,印度正式向中国提出领土要求,把中印边界东段、西段的中国领土划入印度版图。当印度方面步步紧逼时,中国政府提出了和平解决边界问题的原则立场,中国边防部队奉命采取一系列缓和冲突的措施。但印度当局把我方的一再忍让视作软弱可欺,1962 年 10 月 20 日,印军在边界全线对我发动大规模武装进攻,中国边防部队在东、西两段被迫发起反击作战,经过两个阶段作战,打退印军全面进攻后,中国边防部队单方面从 1959 年 11 月 7 日实际控制线我方一侧后撤 20 千米,主动释放和遣返了全部被俘印军,并向印方交还了大批缴获的武器装备。

1965 年后,美国扩大对印度支那的侵略战争,并强化对中国的围堵政策。应越南、老挝党和政府的要求,从 1965 年至 1974 年,中国人民解放军先后派出数万人,分批进入越南和老挝北方,担负防空作战,修建和维护铁路、公路,修建机场、通信设施和国防工事以及沿海扫雷等任务,支援越南和老挝人民的抗美救国战争。与此同时,中国人民还向越南和老挝军队无偿提供了大量武器装备和军用物资,帮助培训了军事指挥干部和专业技术人员。中国人民的巨大援助,对越南和老挝人民取得抗美救国战争的胜利,起到了重要作用。

除此之外,我军还取得了珍宝岛、西沙、南部边境地区自卫还击战等军事斗争的胜利,充分体现了新中国珍爱和平,积极防御,自卫反击,坚决捍卫国家主权和安全的国防政策。

(二) 铸造了一支现代化强大军队

新中国成立以来,中国人民解放军不断向现代化、正规化和革命化迈进。特别是改革开放以来,国防现代化建设有了突破性进展,取得了一系列重大成就。中国人民解放军实现了由单一陆军向诸军兵种合成军队的发展,不仅掌握了种类比较齐全的常规武器装备,而且拥有了具备一定威慑力的原子弹、氢弹等核战略武器。

进入新世纪,中国人民解放军继续向着更高阶段迈进。根据信息化战争的特点和要求,开始把军事斗争准备的立足点放在打赢信息化条件下的局部战争上,军队建设逐步实现由数量规模型向质量效能型、由人力密集型向科技密集型的转变。在武器装备发展方面,根据信息化条件下局部战争的需要,努力发展高技术"杀手锏";在体制编制调整方面,进一步压缩了军队规模,优化了诸军兵种比例结构,完善体制,使军队体制编制更加适应现代联合作战的需要；在教育训练方面，着力培养新型高素质军事人才，推进机械化条件下军事训练向信息化条件下军事训练转变。

(三) 创立了国防科技和工业体系

国防科技是国防的根基和不可替代的战斗力要素。新中国成立以来，我国的国防科技工业从无到有，从小到大，从落后到先进，建立起了包括电子、船舶、兵器、航空、航天、核能等门类齐全和综合配套的国防科技工业体系，取得了一大批具有国内、国际先进水平的科研成果，为国防、军队现代化建设和增强综合国力作出了重要贡献。

军事电子科技工业方面，逐步发展了一批具有相当规模、门类齐全的新兴科技工业部门，为国防和军队提供了各种新式装备和产品，特别是在指挥信息系统、情报侦察、预警探测、电子对抗和通信等方面的新技术、新装备，大大增强了侦察、通信、指挥和作战能力。

船舶科技工业方面，先后自行研制建造了多种型号的常规动力潜艇、核动力潜艇、弹道导弹核潜艇、导弹驱逐舰、导弹护卫舰(艇)、导弹快艇等，以及各种辅助船舶和新型鱼雷、水雷、反水雷武器等新装备。

兵器科技工业方面，研制生产了一大批具有先进性能的装甲车辆、火炮、弹药、轻武器、军用光电器材和综合火控、指挥系统等新型武器装备，为我军现代化作出了重要贡献。

航空科技工业方面，已能够生产先进的歼击机、歼击轰炸机、轰炸机、强击机、直升机、运输机、教练机等，基本满足了空、海军作战和飞行训练的需要。

航天科技工业方面，已拥有地地、地空、海空和空空导弹武器系统，运载火箭、各种应用卫星的研制、实验和发射能力，以及载人航天能力，在世界高技术领域占有一席之地。

核科技工业方面，我国不仅能够生产制造原子弹、氢弹，还掌握了弹道导弹核潜艇技术，形成了核威慑力量，在和平利用核能方面也取得了突破性进展。

(四) 国防后备力量不断发展壮大

新中国成立后，党和国家十分重视国防后备力量建设。特别是党的十一届三中全会以来，党中央、国务院、中央军委明确提出"精干的常备军和强大的后备力量相结合，是建设现代化国防的必由之路"的基本指导方针，使国防后备力量建设进入新阶段。实现了国防后备力量建设指导思想的战略性转变，明确了和平时期稳步发展，更好地适应新时期军事战略方针和发展社会主义市场经济的指导方针；形成了民兵与预备役相结合的具有中国特色的国防后备力量体系，下大力重点抓了基干民兵队伍建设和预备役部队建设，加强了训练，改进了武器装备，使后备兵员的整体素质有了明显提高；注重宏观指导，边海防、大中城市和重点地区的国防后备力量合理布局；民兵、预备役部队在参战支前、保卫边疆、发展生产、扶贫帮困、抢险救灾、维护社会治安等方面发挥了重要作用，为国家的改革、发展和稳定作出了巨大的贡献；健全了国防动员机构，能够保证国家在发生战争的情况下，很快由平时状态转入战时状态，调动足够的人力、财力和物力应对战争；加强了国防教育，学生军训工作全面展开，发展形势良好。

三、新时期中国国防政策

国防政策，是国家在一定时期所制定的关于国防建设和国防斗争的行动准则。我国的国防政策，是党中央、国务院、中央军委从维护国家安全和发展利益的需要出发，依据宪法和法律，着眼国际安全形势的特点和变化，立足于我国的政治、经济、军事、科技、文化和地理等方面的客观实际，在科学总结中国革命战争和国防建设历史经验的基础上制定的，对国防建设和国防斗争具有全面的指导作用。《2010 年中国的国防》白皮书对我国现行的国防政策进行了全面表述。

中国奉行防御性的国防政策。依照宪法和法律，中国武装力量肩负对外抵抗侵略、保卫祖国，对内维护社会大局稳定、保卫人民和平劳动的神圣职责。建设与国家安全和发展利益相适应的巩固国防和强大军队，是中国现代化建设的战略任务，是中国各族人民的共同事业。

中国的发展道路、根本任务、对外政策和历史文化传统，决定中国必然实行防御性的国防政策。中国坚定不移地走和平发展道路，对内努力构建社会主义和谐社会，对外推动建设持久和平、共同繁荣的和谐世界。中国坚定不移地推进改革开放和社会主义现代化建设，既利用和平的国际环境发展自己，又通过自己的发展维护世界和平。中国坚定不移地奉行独立自主的和平外交政策，在坚持和平共处五项原则的基础上同所有国家发展友好合作。中国坚定不移地秉承中华民族优秀文化传统和以和为贵的和平理念，主张用非军事手段解决争端、慎重对待战争和战略上后发制人。不论现在还是将来，不论发展到什么程度，中国都永远不称霸，永远不搞军事扩张。

新时期中国国防的目标和任务，主要有以下内容

1. 维护国家主权、安全、发展利益

防备和抵抗侵略，保卫领陆、内水、领海、领空的安全，维护国家海洋权益，维护国家在太空、电磁、网络空间的安全利益。反对和遏制"台独"，打击"东突"、

"藏独"等分裂势力，捍卫国家主权和领土完整。服从服务于国家发展战略和安全战略，维护国家发展的重要战略机遇期。贯彻新时期积极防御的军事战略方针，坚持独立自主和全民自卫原则，加强武装力量建设和边防、海防、空防建设，加强国家战略能力建设。中国始终奉行不首先使用核武器的政策，坚持自卫防御的核战略，不与任何国家进行核军备竞赛。

2. 维护社会和谐稳定

中国武装力量忠实践行全心全意为人民服务的宗旨，积极参加和支援国家经济社会建设，依法维护国家安全和社会稳定。发挥人才、装备、技术、基础设施等方面的有利条件，为地方基础设施和重点工程建设、扶贫帮困和改善民生、生态环境建设贡献力量。科学组织非战争军事行动准备，针对面临的非传统安全威胁搞好战略预置，加强应急专业力量建设，提高遂行反恐维稳、应急救援、安全警戒任务的能力。坚决完成抢险救灾等急难险重任务，保护人民群众生命财产安全。把维护社会大局稳定作为重要任务，坚决打击敌对势力颠覆破坏活动，打击各种暴力恐怖活动。发扬拥政爱民光荣传统，严格遵守国家政策法规，巩固军政军民团结。

3. 推进国防和军队现代化

着眼 2020 年基本实现机械化并使信息化建设取得重大进展的目标，坚持以机械化为基础，以信息化为主导，广泛运用信息技术成果，推进机械化信息化复合发展和有机融合。拓展和深化军事斗争准备，牵引和带动现代化建设整体发展。深化信息化条件下联合作战理论研究，推进高新技术武器装备建设，发展新型作战力量，着力构建信息化条件下联合作战体系。深入推进机械化条件下军事训练向信息化条件下军事训练转变，加紧实施人才战略工程，加大全面建设现代后勤力度，提高以打赢信息化条件下局部战争能力为核心的完成多样化军事任务能力，全面履行新世纪新阶段军队历史使命。统筹经济建设和国防建设，实行军民融合式发展，建立完善军民结合、寓军于民的武器装备科研生产体系、军队人才培养体系和军队保障体系。积极稳妥地深化国防和军队改革，加强战略筹划和管理，努力推进国防和军队建设科学发展。

4. 维护世界和平稳定

坚持互信、互利、平等、协作的新安全观，主张用和平方式解决地区热点问题和国际争端，反对任意使用武力或以武力相威胁，反对侵略扩张，反对霸权主义和强权政治。按照和平共处五项原则开展对外军事交往，发展不结盟、不对抗、不针对第三方的军事合作关系，推动建立公平有效的集体安全机制和军事互信机制。坚持开放、务实、合作的理念，深化国际安全合作，加强与主要国家和周边国家的战略协作和磋商，加强与发展中国家的军事交流与合作，参加联合国维和行动、海上护航、国际反恐合作和救灾行动。支持按照公正、合理、全面、均衡的原则，实现有效裁军和军备控制，维护全球战略稳定。

四、武装力量建设

武装力量是国家或政治集团所拥有的各种武装组织的总称。一般以军队为主体，由军队和武装警察、后备部队、群众武装等正规的和非正规的武装组织组成。通常由国家或政治集团的最高领导人统率。

我国《中华人民共和国国防法》（简称《国防法》）和《中华人民共和国兵役法》（简称《兵役法》）规定：中华人民共和国的武装力量，由中国人民解放军现役部队和预备役部队、中国人民武装警察部队、民兵组成。中国武装力量在国家安全和发展战略全局中具有重要地位和作用，肩负着维护国家主权、安全、发展利益的光荣使命和神圣职责。

（一）中国人民解放军现役部队和预备役部队

中国人民解放军是中国武装力量的主体和骨干，是抵抗侵略、保卫祖国、维护国家主权和安全的主体力量。它由现役部队和预备役部队组成。

1. 中国人民解放军现役部队

中国人民解放军现役部队是国家的常备军，由陆军、海军、空军、火箭军和战略支援部队组成。

1）陆军

陆军始建于1927年8月1日，是中国共产党最早建立和领导的武装力量，历史悠久，敢打善战，战功卓著，为党和人民建立了不朽功勋。陆军对维护国家主权、安全和发展利益具有不可替代的作用。陆军是主要在陆地上遂行作战任务的军种，它具有强大的火力、突击力和快速机动能力，既能独立作战，又能与其他军兵种联合作战，是陆战场上决定胜负的主要力量。

陆军由步兵、炮兵、装甲兵、防空兵、航空兵、工程兵、防化兵、通信兵、电子对抗兵等兵种及各种专业勤务部队组成。步兵是徒步或搭乘装甲输送车、步兵战车实施机动和作战的兵种，由摩托化步兵、机械化步兵、山地步兵组成；炮兵是以各种压制火炮、反坦克火炮、反坦克导弹和战役战术导弹为基本装备，遂行地面火力突击任务的兵种；装甲兵是以坦克及其他装甲战车、保障车辆为基本装备，遂行地面突击任务的兵种；陆军防空兵是以高射炮、地空导弹武器系统为基本装备，遂行对空作战任务的兵种；陆军航空兵是装备攻击直升机、运输直升机和其他专用直升机及轻型固定翼飞机，遂行空中机动和支援地面作战任务的兵种；工程兵是担负工程保障任务的兵种，由工兵、舟桥、建筑、伪装、野战给水工程、工程维护等专业部(分)队组成。

陆军部队包括机动作战部队、边海防部队、警卫警备部队等。陆军机动作战部队包括 18 个集团军和部分独立合成作战师(旅)，现有 85 万人。基本组织结构层次为集团军、师(旅)、团、营、连、排、班。陆军领导机关设有参谋部、政治工作部、后勤部、装备部、纪律检查委员会。领导所辖部队的军事、政治、后勤、装备工作，参与联合作战指挥。

陆军建设发展的战略要求：按照机动作战、立体攻防的战略要求，实现区域防卫型向全域作战型转变，加快小型化、多能化、模块化发展步伐，适应不同地区不同任务需要，组织作战力量分类建设，构建适应联合作战要求的作战力量体系，提高精确作战、立体作战、全域作战、多能作战、持续作战能力。

经过多年的建设和发展，陆军的武器装备已经有了质的飞跃。以新一代主战坦克、火炮、反坦克武器、武装直升机等为代表的一批高新技术武器装备，其技术性能已经接近或达到世界先进水平。基本上形成了立体机动作战的装备体系和比较配套的支援和保障体系，独立作战的能力得到了进一步的增强，为今后遂行诸军兵种联合作战任务创造了有利的条件。

2) 海军

海军成立于 1949 年 4 月 23 日，是主要遂行海洋作战的军种。海军担负着保卫国家海上方向安全、领海主权和维护海洋权益等任务。海军具有在水面、水下、空中及岸上实施攻防作战和战略袭击能力，既能独立在海上作战，又能与其他军兵种联合作战；具有常规作战能力和战略核打击能力，是海上作战行动的主体力量。

海军主要由潜艇部队、水面舰艇部队、航空兵、陆战队、岸防部队等兵种及各种专业保障部队组成。

潜艇部队是指在水下遂行作战任务的兵种。按潜艇动力分为常规动力潜艇部队、核动力潜艇部队；按武器装备分为鱼雷潜艇部队、导弹潜艇部队和战略导弹潜艇部队。潜艇部队具有在水下使用鱼雷、水雷、导弹武器对敌方实施攻击的能力。它主要用于消灭敌方大中型运输舰船和作战舰艇，破坏敌方海上交通线，保护己方海上交通线，破坏、摧毁敌方基地、港口和岸上重要目标；还可以遂行侦察、布雷、反潜、巡逻和运送人员物资等任务。其基本编制为支队，辖有若干艘潜艇。

水面舰艇部队是指在水面遂行作战任务的兵种，包括战斗舰艇部队和勤务舰船部队，具有在广阔海域进行反舰、反潜、防空、水雷战和对岸攻击等作战能力。它主要用于攻击敌方海上兵力和岸上目标，支援登陆、抗登陆作战，保护或破坏海上交通线，进行海上封锁或反封锁作战，运送作战兵力和物资，参加夺取制海权和海洋制空权的斗争等。平时还用于保卫大陆架、专属经济区，保卫和参加海上科学试验与调查作业、开发海洋资源，维护国家海洋权益。其编制层次通常为支队、大队、中队，如驱逐舰支队、护卫舰大队、导弹快艇中队等。

海军航空兵是指主要在海洋上空遂行作战任务的兵种，通常由轰炸航空兵、歼击轰炸航空兵、歼击航空兵、强击航空兵、侦察航空兵、反潜航空兵部队和执行预警、电子对抗、运输、救护等保障任务的部队编成。它是夺取和保卫海洋战区制空权的重要力量，是海军的主要突击兵力之一，能对海战的进程和结局产生重大影响。其编制层次为舰队航空兵、航空兵师、团、大队、中队。

海军陆战队是指海军中担负渡海登陆作战任务的兵种，是实施两栖作战的快速突击力量，通常由陆战步兵、炮兵、装甲兵、工程兵及侦察、通信等部（分）队组成。其基本任务是独立或协同陆军实施登陆作战、抗登陆作战。其编制序列为旅、营（团）、连、排、班。

海军岸防兵是指海军部署于沿海重要地段、岛屿，以火力遂行海岸防御任务的兵种，通常由海岸导弹部队和海岸炮兵部队组成。其基本任务是封锁海峡、航道，消灭敌方舰船，掩护近岸海区的己方交通线和舰船；支援海岸、岛屿守备部队作战，保卫基地、港口和沿海重要地段的安全。其编制有独立团、营、连等，分属于海军基地或水警区。

海军领导机关设有参谋部、政治工作部、后勤部、装备部、纪律检查委员会，领导所辖部队的军事、政治、后勤、装备工作，参与联合作战指挥。海军现有23.5万人，下辖北海、东海和南海3个舰队，舰队下辖舰队航空兵、基地、支队、水警区、航空兵师和陆战旅等部队。

海军建设发展的战略要求：按照近海防御、远海护卫的战略要求，逐步实现近海防御型向近海防御与远海护卫型结合转变，构建合成、多能、高效的海上作战力量体系，提高战略威慑与反击、海上机动作战、海上联合作战、综合防御作战和综合保障能力。

近年来，海军装备建设取得长足进展，体系结构逐步优化，整体作战能力不断提高。新一代战舰密集下水，快速形成战斗力。驱逐舰、护卫舰、综合登陆舰、综合补给船等新型水面舰艇装备批量装备部队，新型舰艇总体、动力机电和舰载系统等方面的多项关键技术得以突破，装备综合作战能力大大提升。

3) 空军

空军成立于1949年11月11日，是主要遂行空中作战的军种。空军担负着保卫国家领空安全、保持全国空防稳定等任务。它具有快速反应、高速机动、远程作战和猛烈突击的能力，既能独立遂行战役、战略任务，又能与其他军兵种联合作战，是空中作战行动的主体力量。

空军主要由航空兵、地空导弹兵、高射炮兵、空降兵、雷达兵、通信、电子对抗等兵种组成。

空军航空兵是空军的主要组成部分和作战力量，包括歼击航空兵、强击航空兵、轰炸航空兵、侦察航空兵、运输航空兵等。歼击航空兵是歼灭敌空中飞机和飞航式空袭兵器的兵种；强击航空兵是攻击敌地面部队或其他目标的兵种；轰炸航空兵是对地面、水面目标实施轰炸的进攻兵种；侦察航空兵是以侦察机为基本装备，从空中获取情报的兵种；运输航空兵是装备军用运输机和直升机，遂行空中输送任务的兵种。

地空导弹兵是指装备地空导弹，执行防空任务的兵种，通常与歼击航空兵、高射炮兵共同行动。

高射炮兵的主要任务是防空作战，歼灭敌方空中目标，协助歼击航空兵夺取制空权。

空降兵是以降落伞和陆战武器为基本装备，以航空器为运输工具，主要遂行伞降和机降作战任务的空军兵种。

雷达兵是以对空情报雷达为基本装备，主要遂行对空目标探测和报知空中情报任务的兵种。

空军领导机关设有参谋部、政治工作部、后勤部、装备部、纪律检查委员会。领导所辖部队的军事、政治、后勤、装备工作，参与联合作战指挥。空军现有 39.8 万人，下辖 5 个战区空军和一个空降兵军。战区空军下辖基地、航空兵师(旅)、地空导弹师(旅)、雷达旅等。

空军建设发展的战略要求：按照空天一体、攻防兼备的战略要求，实现国土防空型向攻防兼备型转变，构建适应信息化作战需要的空天防御力量体系，提高战略预警、空中打击、防空反导、信息对抗、空降作战、战略投送和综合保障能力。

近年来，空军装备取得了丰硕的成果。聚焦强军目标，空军武器装备加速升级换代，一批新型国产战机批量装备部队，预警机、加油机等特种飞机陆续列装，一系列新型空空、空地、地空导弹不断出现，空军正在形成完整先进的作战体系。随着我国空军装备自主创新程度不断加深、成果不断涌现，中国空军的整体实力将不断提升。

4) 火箭军

火箭军成立于 2015 年 12 月 31 日，由第二炮兵更名而来，是中国人民解放军陆基战略导弹部队的代称。这支部队组建于 1966 年 7 月 1 日，由中央军委直接领导指挥。火箭军主要担负遏制他国对中国使用核武器、遂行核反击和常规导弹精确打击任务。它是我国战略威慑的核心力量，是我国大国地位的战略支撑，是维护国家安全的重要基石。

火箭军由地地战略导弹部队、常规战役战术导弹部队和相应保障部队组成。

地地战略导弹部队是指装备地地战略导弹武器系统，遂行战略核反击任务的部队。它的主要任务是遏制敌人对中国使用核武器，在敌人对中国发动核袭击时，遵照统帅部的命令，独立地或联合其他军种的战略核部队对敌人实施有限而有效的自卫反击，打击敌人的重要战略目标。它由中程、远程和洲际导弹部队、工程部队以及作战保障、装备技术保障和后勤保障部队组成。

常规战役战术导弹部队是指装备常规战役战术导弹武器系统，遂行常规导弹突击任务的部队。它由近程、中近程常规导弹部队，工程部队以及作战保障、装备技术保障和后勤保障部队组成。

火箭军领导机关设有参谋部、政治工作部、后勤部、装备部、纪律检查委员会，领导所辖部队的军事、政治、后勤、装备工作，参与联合作战指挥。火箭军下辖导弹基地、训练基地、专业保障部队、院校和科研机构等。

火箭军建设发展的战略要求：按照精干有效、核常兼备的战略要求，加快推进信息化转型，依靠科技进步推动武器装备自主创新，增强导弹武器的安全性、可靠性、有效性，完善核常兼备的力量体系，提高战略威慑与核反击和中远程精确打击能力。

经过 50 年的建设和发展，火箭军已经形成核常兼备、固液并存、射程衔接、战斗部种类配套的武器装备体系。近年来，一批不同型号和不同发射方式的现代化导弹阵地，在祖国的崇山峻岭之间竣工；核导弹与常规导弹兼有、近中远和洲际导弹齐备的武器系列，成为能够实施自卫核反击和纵深常规打击的战略力量；快速机动能力和准确打击能力迅速提高，部队的整体作战能力实现了历史性飞跃。

5) 战略支援部队

战略支援部队成立于 2015 年 12 月 31 日，是维护国家安全的新型作战力量，是我军新质作战能力的重要增长点，主要是将战略性、基础性、支撑性都很强的各类保障力量进行功能整合后组建而成的。战略支援部队就是支援战场作战，保证作战的顺利进行，它是联合作战行动的重要力量，与陆军、海军、空军和火箭军的行动融为一体，贯穿整个作战始终，是战争制胜的关键力量。

战略支援部队主要由网军、天军、电子对抗等部队组成。

战略支援部队建设发展的战略要求：坚持体系融合、军民融合，努力在关键领域实现跨越发展，高标准、高起点推进新型作战力量加速发展、一体发展，努力建设一支强大的现代化战略支援部队。

总之，面对未来信息化战争，军种的建设和发展尤为重要，军种强则军队强，军队强则国家强。只有加强军种建设，才能打好联合作战的基础。同时，只有通过联合作战，才能充分体现出军种的独特作用和丰富内涵。

2. 中国人民解放军预备役部队

中国人民解放军预备役部队是国防后备力量的重要组成部分，组建于 1983 年，是以现役军人为骨干、以预备役官兵为基础，按照军队统一的体制编制，为战时实施成建制快速动员而组建起来的部队。预备役部队实行统一编制，师(旅)、团列入军队建制序列，授有番号、军旗，执行中国人民解放军的条令、条例。平时隶属于省军区(卫戍区、警备区)建制领导，战时动员后归指定的现役部队指挥或单独遂行作战任务。

预备役部队的基本任务：努力提高部队的军政素质，不断增强现代条件下快速动员和遂行作战任务能力；切实做好战时动员的各项准备工作，随时准备转为现役部队，执行作战任务；积极参加社会主义现代化建设，在物质文明和精神文明建设中发挥骨干带头作用。

(二) 中国人民武装警察部队

中国人民武装警察部队组建于 1982 年 6 月 19 日，是中国武装力量的重要组成部分，是保卫社会主义现代化建设的一支重要力量，是以武装的形式执行国内安全保卫任务的现役部队。《国防法》规定，中国人民武装警察部队(武警部队)担负国家赋予的安全保卫任务，维护社会秩序。

武警部队属于国务院编制序列，由国务院、中央军委双重领导，实行统一领导管理与分级指挥相结合的体制。武警部队根据人民解放军的建军思想、宗旨、原则以及命令、条例和有关制度，结合武警部队的特点进行建设，执行《中华人民共和国兵役法》，享有人民解放军的同等待遇。武警部队设总部、总队(师)、支队(团)三级领导机关。武警总部直辖若干师和大专院校。省级设武警总队，地区级设武警支队，县级设武警中队。

中国人民武装警察部队依其任务不同分为三类：

第一类是内卫部队。这是武警部队主要组成部分，由各省总队和武警机动师组成，受武警总部的直接领导管理。其主要任务：一是承担固定目标执勤，保障国家重要目标的安全；二是处置各种突发事件，维护国家安全与社会稳定；三是反恐怖任务，主要是反袭击、反劫持、反爆炸；四是支援国家经济建设，遇有严重灾害时，执行抢险救灾任务。

第二类是边防、消防和警卫部队。这是列入武警序列由公安部门管理的部队。其中，边防部队主要担负边境检查、管理和部分地段的边界巡逻以及海上缉私任务；消防部队主要担负防火灭火任务；警卫部队主要担负党和国家领导人、省市主要领导及重要来访外宾的警卫任务。

第三类是黄金、水电、交通和森林部队。这是列入武警序列受国务院有关业务部门和武警双重领导的部队。其中，黄金部队主要担负黄金地质勘察、黄金生产以及为军事地质服务任务；水电部队主要承担国家能源重点建设项目，包括大中型水利、水电工程以及其他建设任务；交通部队主要担负国家交通重点建设项目，包括公路、港口及城建等施工任务；森林部队主要担负森林的防火灭火以及维护林区治安、保护森林资源的任务。

武警部队建设发展的战略要求：按照多能一体、有效维稳的战略要求，发展执勤安保、处突维稳、反恐突击、抢险救援、应急保障、空中支援力量，完善以执勤处突和反恐维稳为主体的力量体系，提高以信息化条件下执勤处突能力为核心的完成多样化任务能力。

中国人民武装警察部队的武器装备轻便、精良。以步兵轻武器为主，兼有少量重型武器和特种武器。武警部队自重新组建以来，在巩固和加强人民民主专政、维护社会治安、维护国家主权和尊严、参加社会主义现代化建设等各项任务中，发挥了重要作用。武警部队直接关系到国家和社会的稳定，关系着人民生命财产的安全和人民民主专政的巩固，是我国必不可少的人民武装力量。

(三) 中国民兵

中国民兵是中华人民共和国武装力量的组成部分，是不脱离生产的群众武装组织，是中国人民解放军的有力助手和强大的后备力量。

2011 年 10 月修正的《中华人民共和国兵役法》，对民兵的任务作出明确规定："参加社会主义现代化建设；执行战备勤务，参加防卫作战，抵抗侵略，保卫祖国；为现役部队补充兵员；协助维护社会秩序，参加抢险救灾。"

新时期的民兵建设，已经取得了显著成绩，并以法律的形式确立了在国务院、中央军委领导下的民兵组织领导体制。全国民兵工作由国防动员部主管，各省军区、军分区和县(市)人民武装部是本地区的民兵领导指挥机关；乡、镇、部分街道和企事业单位设有人民武装部，负责民兵和兵役工作。地方各级人民政府对民兵工作实施原则领导，对民兵工作实施组织和监督。

1）民兵制度

民兵分为基干民兵和普通民兵。28 岁以下退出现役的士兵、经过军事训练的人员以及选定参加军事训练的人员，编入基干民兵组织。其余 18～35 岁符合服兵役条件的男性公民，编入普通民兵组织。女民兵只编基干民兵，人数控制在适当的比例内。陆海边疆、少数民族地区和城市有特殊情况的单位，基干民兵的年龄可适当放宽。民兵必须是身体素质良好、政治可靠的人员。《兵役法》规定，实行民兵与预备役相结合的制度。其具体内容：一是规定基干民兵为一类预备役，普通民兵为二类预备役；二是把参加民兵组织和服预备役人员的年龄、政治、身体条件统一起来；三是在有民兵组织的地方，在基层工作上把两者结合起来，使基层民兵组织成为预备役的基本组织形式。对于未编入民兵组织，但符合民兵条件的人员，进行预备役登记。

2）民兵编组

一般以乡（镇）、行政村和厂矿企业为单位，按照民兵人数多少，分别编为班、排、连、营、团。基干民兵和普通民兵，男民兵和女民兵，应分别编组。行政村一般编民兵连（营），领导本村的基干民兵和普通民兵；县、乡（镇）所属企业单位，凡人员比较稳定，行政、党团组织比较健全，可建立民兵组织，属乡（镇）武装部直接领导；乡（镇）编基干民兵营或连，领导全乡的基干民兵；大型厂矿企业可以车间、分厂为单位编组，中小企业可实行跨车间、班组编组。

3）民兵训练

民兵干部和基干民兵的训练原则上由县（市、区）人民武装部组织实施。根据训练大纲的要求，干部训练时间为 30 天，一般在一年内完成；民兵训练时间为 15 天，一次完成。通过训练，干部具备相应的军事技能和组织指挥能力，并提高开展本职工作的能力；民兵学会使用手中武器装备，掌握基本军事技能，分队能担负一般战斗任务。民兵干部主要进行本级指挥和教学法训练，基干民兵主要进行技术和战术基础训练。专业技术兵的训练时间可根据需要适当延长，一般比步兵训练时间多一些。

在未来现代化战争中，需要更多的民兵在更广的范围、更大的规模上配合和支援军队作战。因此，民兵在未来战争中具有重要的战略地位，仍然是反抗外来侵略，进行人民战争的重要武装组织形式和巨大的力量。

思考题 ✍

1. 我国国防的领导体制和组织形式是怎样的？
2. 我国国防政策的主要内容有哪些？
3. 我国国防的基本目标是什么？
4. 中国武装力量的基本体制是什么？

第四节　国 防 动 员

国防动员亦称战争动员，是指国家为准备战争和实施战争而在相应的范围内由平时状态转入战时状态所采取的，对人力、物力和财力统一调动的紧急措施。2010年 2 月，全国人大常委会审议通过《中华人民共和国国防动员法》，规范了国防动员平时准备和战时实施的基本内容，规定了公民和组织在国防动员活动中的义务、权利，完善了国防动员的基本制度。

一、国防动员概述

(一) 国防动员的产生与发展

国防动员与战争紧密相连，是战争活动的重要组成部分和前提条件，因此最早被称做战争动员。

战争动员产生于奴隶制社会时期，发展于封建社会和资本主义社会时期。自资本主义工业革命后，战争动员进入全面发展时期。尤其是 20 世纪规模空前的两次世界大战的发生，为战争动员的进一步发展提供了客观条件。该时期战争动员的特点：一是动员的规模空前。如第二次世界大战中，参战各国动员的总兵力达到 1.1亿人。其中，德国为 1700 万人，日本近 1000 万人，苏联为 1136 万人，美国为 1212.3万人，人力、物力、财力的动员量高于以往任何战争。二是动员的范围进一步扩展。两次世界大战期间，真正将经济、政治、外交等领域全部纳入了战争动员范围，将工业、农业、商业、财政金融、交通运输和邮电通信等经济部门进一步纳入了战时轨道，使得整个战争动员体系日趋完备，"综合动员"的性质日益明显。三是动员呈现出持续性的特征。在整个战争期间连续多批次地实施人力、物力和财力的动员，已成为参战各国的普遍做法。四是动员体制和制度不断完善。到第二次世界大战前夕，各参战国纷纷建立或改组了战争动员领导机构，对战争动员实施统一的领导，如美国设立了战时资源委员会，法国、德国等国也分别设立了类似的专门机构。与此同时，战争动员法规日臻完善。如德国的《战时授权法案》、日本的《国家总动员法》、英国的《紧急全权国防法案》、法国的《总动员法》和苏联的《关于战时状态法令》等，对动员的基本和重大事项都做出了规定。

在中国现代革命史上，中国共产党人成功地领导了多次战争动员活动。历次革命战争中，在毛泽东关于动员和武装群众、进行人民战争的战略思想指导下，中国共产党实行全党动员、全民动员的方针，成功地实施了军事、政治、经济、文化等动员，为壮大人民军队、夺取革命战争的胜利发挥了巨大作用。如抗日战争时期，为了夺取抗日战争的胜利，中国共产党进行了广泛深入的政治、军事和经济等方面的动员。1937 年 8 月，中国共产党发表了《抗日救国十大纲领》，号召全国各族人民和社会各阶层、各民主党派团结起来，积极参加抗日战争，形成了全国的抗日民族统一战线，出现了全面抗战的总动员局面。各抗日根据地广泛动员人民群众参军参战，开展游击战争，在敌后战场给日寇以沉重打击。中华人民共和国成立后，在历次局部战争的作战中，都进行了不同规模的战争动员。如在抗美援朝战争中，在全国深入进行了抗美援朝、保家卫国的宣传教育，激发了广大军民的爱国热情，在全国迅速动员了 200 多万民兵、青年参加中国人民志愿军，还动员了大批汽车司机、铁路员工和医务、通信人员担负战争勤务。与此同时，在全国开展的捐献运动，共捐献人民币 5.56 亿元。为保障战争的胜利做出了重要贡献。

（二）国防动员的地位与作用

国防动员是国防活动的重要内容之一，是准备和实施战争的重要措施。无论是古代战争还是现代战争，无论是全面战争还是局部战争，无论是常规战争还是非常规战争，都离不开动员。因此，国防动员在保障赢得战争胜利等诸多方面，都具有十分重要的地位与作用。

1. 国防动员是打赢战争的基础环节

为遏制战争爆发并夺取战争的胜利积聚强大的战争力量，是国防动员的基本功能与任务。这是因为，战争是实力的较量，任何不具备强大实力的国家，要赢得战争的胜利是不可想象的。战争动员不仅能够通过平时的准备，为战争实施积聚强大的战争潜力，而且可以通过建立一套平战转换机制，使这种潜力在战争爆发后迅速转化为实力，从而为保障战争的胜利奠定必要而坚实的物质基础。同时，现代战争的巨大破坏性，使人们不得不把制止战争的爆发作为降服战争这个恶魔的重大步骤予以重视，因此，在这种情况下，战争动员所积聚的巨大能量同样是战略家们所倚重和借助的力量。另外，战争动员还是遏制危机的有效手段。实践中，有许多国家通过积聚力量和显示使用力量的决心，有效地制止了战争的爆发。

2. 国防动员是应对紧急突发事件的有效措施

国防动员的最初功能是应对战争的需要，但现代条件下，随着各种灾难事故和突发事件的频繁发生，人们已把国防动员的功能予以拓展，让它同样可以在应对和处置各类突发事件中发挥应有作用。因此，当国家遇到此类突发事件时，国防动员活动可以凭借自身的准备和特有的机制，使国家或地区在需要时进入一定的应急状态，动员国家、军队和社会的一定力量，抗御自然灾害、处置各种自然和人为的事故与灾难，使国家和社会处于正常运转状态，维护人民群众的生命财产安全。

3. 国防动员是支援经济和社会发展的重要力量

国防动员实行"平战结合、军民结合、寓军于民"的原则，在和平时期国防动员建设的成果可以直接为经济建设服务，于军于民均可节约国防开支，有利于国家集中力量发展经济。和平时期，国家的中心任务是提高社会生产力，改善人民生活，对国防建设不可能有很多的投入。必须提高国防建设的效益，要用有限的国防经费，获得尽可能强的国防力量，其有效办法是建设精干的常备军，大力加强后备力量建设，健全完善动员体制，做到"平时少养兵，战时多出兵"。这样，不仅可以经常保持较强的国防整体威力，为国家提供可靠的安全保障，而且可以减轻国家负担，促进经济和社会发展。

二、国防动员的内容

(一) 人民武装动员

人民武装动员，是国家将后备力量充实到军队，使军队和其他武装组织由平时状态转入战时状态所进行的活动。战争是武装力量的直接对抗，各个领域的动员活动都要围绕武装力量的作战行动展开，而人民武装动员与武装力量的作战行动关系最直接。因此，人民武装动员是战争动员的核心。人民武装动员通常包括现役部队动员、后备兵员动员、预备役部队动员和民兵动员。

现役部队动员，是指将中国人民解放军各军兵种部队和武装警察部队从平时编制转为战时编制，按动员计划进行扩编，达到齐装满员。现役部队动员的主要活动包括：一是进入临战状态。接到动员命令后立即召回外出人员，停止转业、复员、退伍、探亲和休假等活动，启封库存的武器装备，做好战斗准备。二是实行战时编制。不满编的部队迅速按战时编制补充兵员和装备，达到齐装满员。三是扩建现役部队。扩建部队以现役部队为基础，扩建时的兵员空缺由预备役官兵补充。四是组建新的部队。按照动员计划和部队编制方案，从现役部队或军事院校抽调官兵，搭建部队的架子，同时征召预备役官兵，组成新的部队。

后备兵员动员，是征召适龄公民到军队服现役的活动。主要是征召预备役军官和士兵补充现役部队。根据战争的需要，国务院、中央军委还可以决定征召 36～45 岁的男性公民服现役。后备兵员动员是直接为现役部队动员服务的，是与现役部队动员同步的活动，其主要有三种用途：一是补充不满编的现役部队；二是补充扩建和新组建的部队；三是补充战斗减员的部队。

预备役部队动员，是指预备役部队成建制转服现役的活动，是战时快速动员的一种重要方式。《国防法》规定，预备役部队"战时根据国家发布的动员令转为现役部队"。

民兵动员，主要是指组织发动民兵担负参战支前任务。民兵是保卫祖国的一支重要力量，战时可以配合军队作战和担负支援保障任务，也可以独立担负后方防卫作战和维稳任务。

（二）国民经济动员

国民经济动员的基本政策是：根据国家发展战略，依托国民经济实力发展国民经济动员，把国防经济建设寓于国家的经济发展之中；发挥国民经济动员在国家经济建设与国防常备能力之间的桥梁纽带作用，在国家经济结构调整中统筹考虑军需民用、平战衔接，使平时的国防经济保持在合理的水平上；加强高新科学技术和军民两用技术的开发利用，注重高科技产品的动员和高技术储备，从整体上提高国民经济动员基础的科技水平；按照平时服务、急时应急、战时应战的功能定位，构建与社会主义市场经济相适应的应战、应急结合的国民经济动员体制、机制、法制；坚持全民自卫原则，提高适应信息化条件下防卫作战需要的国民经济动员能力。国民经济动员的主要目标是，建成比较完善的应付战争兼顾应对突发事件双重功能的国民经济动员体系，形成与国民经济有机融合的国民经济动员基础，能够从经济上保障和应付局部战争及突发事件的需要。

随着国民经济的快速发展，国民经济动员能力不断提高。在信息通讯、公路、铁路、桥梁、隧道、机场、港口、码头和城市重大基础设施的建设中更加注重兼顾国防要求，加大平战结合力度；加强应战应急相结合的国民经济动员机制建设，建立了平战兼顾的国民经济动员预案体系；在机械、兵器、航空、航天、船舶、化工等领域建立国民经济动员中心，优化了国民经济动员能力建设的结构和布局；基本完成国民经济动员潜力调查，初步建成国家和部分省市国民经济动员管理信息系统。各级国民经济动员机构作为国家应急力量的组成部分，建立了国民经济动员机构与突发事件应急管理机构之间的联系机制，参与处置突发公共事件应急保障，积极为公共安全建设服务。

（三）人民防空动员

人民防空与要地防空、野战防空共同构成中国三位一体的国土防空体系。新时期的人民防空，战时担负保护人民生命财产安全和国家经济建设成果的任务，平时担负防灾救灾和处置突发公共事件的任务。人民防空经费由国家和社会共同负担。国家颁布了人民防空法，各级人民政府制定完善了相配套的人民防空法规及规章。县级以上人民政府将人民防空建设纳入国民经济和社会发展规划。

近年来，人民防空战备水平、城市整体防护能力和应付突发公共事件能力明显提升。初步建立起省、市、县三级互联互通的指挥通信和警报通信专用网，健全了城市防空预警报知网络，重点城市的警报音响覆盖率达到85%以上，多数人民防空重点城市建成人民防空指挥所。各大中城市组建了抢险抢修、医疗救护、消防、治安、防化防疫、通信、运输等防护救援队伍，组织短期脱产集训及重大灾害事故应急救援演练，对人民群众进行人民防空知识教育和技能培训，将人民防空教育列入学校教学计划和教学大纲，一些厂矿、企业和社区还组建了民防志愿者队伍。

（四）国防交通动员

国防交通动员是指在全国或部分地区调集交通力量，全力保障战争需要的紧急行动。国防交通动员通常是在国家动员领导机构的统一领导下，由国防交通主管机构组织，协同政府、军队有关部门共同实施。国防交通动员准备包括：在平时制定完备的国防交通动员的法规和计划、健全国防交通机构和机制、建立国防交通保障队伍、储备必要的国防交通物资和器材等。

国防交通动员的主要任务包括：根据战争规模和作战需要，有计划地将平时国防交通领导机构迅速按方案扩编为战时交通运输指挥机构，政府交通运输部门随即转入战时体制；根据作战保障需要，动员、征用社会运输力量，必要时对交通运输系统实行不同范围不同形式的军事化管理；动员、组织各交通保障队伍和交通保障物资器材迅速到位，遂行运输、抢修、防护任务；根据统帅部规定，做好对弃守地区的交通遮断准备，保证及时遮断。

三、国防动员的组织与实施

国防动员的组织实施，通常按照进行动员决策、发布动员令、充实动员机构、修订和落实动员计划等步骤进行。

（一）进行动员决策

进行动员决策，是战争动员实施过程中首先需要解决的问题。只有实施了动员决策，整个国家的政治、军事、经济、文化和外交等部门或领域才能相应地转入战时体制，进行动员的各项活动。

进行战争动员决策的关键，是正确分析判断敌情。必须充分利用各种手段，广泛收集各国尤其是敌国的政治、经济、军事等各方面的情况，并对这些情况进行综合分析，尽早洞察敌国的战争企图，从而视情况确定动员实施的时机、规模和方式等。

（二）发布动员令

动员令是宣布全国或部分地区、某些部门转入战时状态的命令。动员令的发布，关系战争的胜负和国家的命运，各国大都由最高权力机关或国家元首、政府首脑发布。《国防法》第10条规定，全国人民代表大会依照宪法规定，决定战争与和平的问题。全国人民代表大会常务委员会依照宪法规定，决定战争状态的宣布，决定全国总动员或者局部动员。第11条规定，中华人民共和国主席根据全国人民代表大会的决定和全国人民代表大会常务委员会的决定，宣布战争状态，发布动员令。

发布动员令的方式，分为公开发布和秘密发布两种。公开发布动员令，一般是在战争即将或已经爆发的情况下，运用一切宣传工具和通信手段，把爆发战争的真实情况和战略态势告诉全体军民。秘密发布动员令，一般是在战争已不可避免、但尚未爆发的情况下施行，通常执行严格的保密限制，只秘密通知政府有关部门和军事机构等。

（三）充实动员机构

动员机构是指平时负责动员准备、战时负责动员实施的组织领导机构。一旦实施战争动员，和平时期的动员机构，无论在人力上还是物力上，都难以适应需要，必须及时调整和加强。一是要扩大组织，增加人员。二是要增加支出，保障需要。与此同时，还要赋予其应有的职权，使其具有较高的权威性。战争动员事关国家安危，责任重大，如果权力有限，指挥无力，处处受制，就难以完成繁重的动员任务，影响战争的顺利进行。

（四）修订动员计划

战争动员计划，是实施战争动员的依据。在面临战争的情况下，由于国际战略环境和国内条件都发生了变化，事先制定的动员计划难免与战争的实际情况不完全吻合，所以要及时予以修订。修订战争动员计划，一般与充实动员机构同时进行。

（五）落实动员计划

落实动员计划，是使计划见之于行动，实施战争动员的关键环节。动员令发布之后，负有动员任务的地区和部门，应根据修订的动员计划，迅速转入战时体制。各行业以及社会生活的各个方面，都应以保障战争胜利为轴心迅速进行调整。其中，武装力量要迅速转入战时状态。现役军人一律停止转业和退伍，停止探亲和休假，外出人员立即归队。预备役部队应迅速集结、发放武器装备，并抓紧时间进行训练，准备承担作战任务。民兵应做好应征准备，同时启封武器装备，成建制进行训练，并准备承担各项任务。地方政府要根据上级下达的动员任务，积极实施动员行动。各行业、各阶层都要动员起来，落实战争动员任务，为赢得战争胜利贡献自己的力量。

四、国防教育

国防教育，是国防领域的教育活动，是为捍卫国家主权、统一、领土完整和安全，防御外来侵略、颠覆和威胁，维护世界和平，对全体公民进行有组织、有计划的教育活动，包括在国防政治、思想品德、军事理论、军事技术战术和身体素质及国防形势等诸方面的一切活动。其主要内容有：国防理论、国防历史和地理、爱国主义思想、革命英雄主义精神、国防法制、国防常识、国防科技知识、国防体育等。

（一）国防教育的意义和作用

国防教育是建设和巩固国防的基础工程。建设强大的国防，既需要雄厚的物质力量，又需要强大的精神力量，两者相辅相成，缺一不可。没有雄厚的物质力量，不可能建设一个强大的国防；但仅有物质力量，而人民缺乏应有的国防观念和爱国热情，缺乏强大的精神力量作支柱，即使有再雄厚的物质力量也难以建设一个强大的国防。战争力量的对比不仅是军力和经济力的对比，更是人的精神、意志、信念和智慧的较量。国防建设的实践表明，建设和巩固强大的国防，不仅要有一支强大的人民军队，更需要有为保卫祖国而战的全体公民。强国必先强民，强民必先强心，强大的国防必须建立在对全民进行长期不懈的国防教育基础之上。

国防教育是增强民族凝聚力的重要途径。民族凝聚力是国家综合国力的重要组成部分。民族凝聚力的形成与强化，既有历史的长期积淀，又依赖于持续的教育引导和精神培育。广泛深入地开展国防教育，可以极大地激发人们的爱国之情、忧国之心、报国之志，增强建设祖国和保卫祖国的责任感、使命感，始终把国家和民族的利益放在首位。中华民族发展的历史，特别是中国共产党领导中国人民走过的90 多年艰苦卓绝的奋斗历程雄辩地证明，在国家和民族面临危亡的关键时刻，当社会发展处于重要的历史转折关头，举国上下强烈的爱国激情，可以把不同民族、不同阶层、不同信仰的人们最广泛地动员和团结起来，凝聚民心，振奋士气，筑起万众一心、坚不可摧的精神长城。在我国全面建设小康社会、实现富国与强军相统一的历史进程中，更需要普及和加强国防教育，把公民强烈的国防观念转化为巨大的民族凝聚力，为推进中国特色社会主义事业提供强大的精神动力。

国防教育是提高公民素质和实现人的全面发展的重要举措。马克思主义认为，人的全面发展是经济社会发展的根本目的。教育是实现人的全面发展的基础性工程。国防教育是国民教育体系的一个有机组成部分，对于实现人的全面发展具有独特的功能和作用。国防教育不仅是对公民思想和精神上的教育，而且是向公民普及国防知识、传授军事技能的教育；不仅是军事教育，而且是与国防有关的政治、经济、外交和科技等方面的综合教育。因此，普及和加强国防教育，不仅能增强公民的思想和精神素质，还能使公民学习和掌握国防知识以及与国防相关的其他知识，学习和掌握必要的军事技能，增强体魄，在思想、知识、技能和体质等各方面得到全面发展。

（二）国防教育的方针与原则

1. 国防教育方针

（1）全民参与。国防教育是全民性的巨大社会工程，是一项涉及社会各个方面的多层次的社会性教育。普及和加强国防教育是全社会的共同责任，参与和接受国防教育是全体公民的权利和义务，绝不允许任何单位、任何团体和任何个人以任何借口拒绝参与和接受国防教育。

（2）长期坚持。培养公民的国防意识和国防精神是一项长期性任务，决非一朝一夕所能完成的，必须持久地开展，常抓不懈。因此，国防教育不仅要在组织形式和法规制度上予以保障，更要在教育内容上下功夫，逐步形成系统化、规范化的一整套教材，使国防理论能真正发挥作用。

（3）讲究实效。国防教育事关国家的安危，因而容不得半点虚假。在进行国防教育时，必须把着眼点始终放在教育的实效上，坚决防止弄虚作假、形式主义、走过场等不良倾向。要从国情出发，着眼于国防教育的特点和发展，着眼于未来反侵略战争的需要，着眼于国际国内形势的发展变化，有针对性地施教；要注意提高教员队伍的素质，运用现代化教育工具，搞好各种教学保障。

2. 国防教育的原则

（1）经常教育与集中教育相结合。从教育形式看，经常教育和集中教育是国防教育的两种基本形式。经常教育就是通过广播、电影、电视、报刊等大众传媒的国防教育节目、栏目，以及结合思想工作、业务工作等所进行的国防教育，使人们在日常生活和工作中受到熏陶，通过潜移默化、点滴积累，增强人们的国防观念。集中教育通常是结合重大的国家和国防纪念活动、部队和民兵训练、征兵、学生军训、举办国防教育学习班以及战争动员等时机所进行的系统的国防理论和国防知识教育。集中教育的效果往往比较明显。经常教育和集中教育是相辅相成、有机统一的整体。前者是后者的基础，后者是前者的深化和提高。

（2）普及教育与重点教育相结合。从教育对象看，国防教育可以分为普及教育和重点教育两种类型。普及教育是对全体公民进行的普遍教育，主要是进行国防建设和战争的基本理论、基础知识、基本技能教育，以及国防法规教育、"三防"知识教育等。重点教育是对重点团体、重点单位和重点地区的教育对象进行较系统的国防建设和战争的专门理论知识及技能教育。普及教育和重点教育是一个有机整体。普及教育是基础教育、共性教育、长期教育，是全体公民必须接受的教育。没有普及教育，国防教育就没有坚实的基础，国防观念、国防意识就不可能深入到每个公民的心中。重点教育是在普及教育基础上的提高教育，不抓好重点教育，那些担负特殊任务的团体和人员，那些作为国家和社会后续发展的重要力量，就不可能得到应有的提高，就不能胜任自己所担负的建设国防、保卫祖国的任务。

（3）理论教育和行为教育相结合。就教育内容和方法看，国防教育包括理论教育和行为教育两个方面。理论教育包括国防建设理论、国防知识等教育；行为教育包括参加和支持国防建设教育、参军参战和支前教育、爱护和保护国防设施教育以及军事训练、实际操作、战备演习等教育。理论教育和行为教育的作用虽然各不相同，但两者相互依存、相互促进。只有将两者紧密结合起来，才能使受教育者提高国防综合素质和能力，保证国防教育的正确方向，有效地增强教育效果。

（三）国防教育方式

国防教育方式，是国防教育组织形态和样式的总称。教育方式是连接教育者、受教育者和教育内容各要素的纽带，是实施教育目的的"桥"和"船"。教育方式是否科学，将影响教育对象对教育内容的接受和理解。目前我国的国防教育对象，涵盖了全国党政军民学各个领域的成员。在新形势下，应根据国防教育的对象、内容等客观条件的变化，坚持与时俱进、改革创新的原则，努力探索行之有效的教育方式，不断增强国防教育效果。

1. 利用学校环境开展国防教育

由于学校国防教育的对象在年龄、思维水平、文化程度、接受能力和身心素质等方面有很大差别，因此，小学、初中阶段，主要采取"渗透"教育等方式，把国防教育内容融入课堂教学、娱乐活动、参观游览之中，使学生在潜移默化中接受教育；高中、大学阶段的学生，基本具备了成年人的抽象思维能力，因而，教育方式应由环境渗透向理论讲授、讨论研究、正规训练转移。只有对处于不同年龄阶段和不同级别学校的学生施以不同的教育方式，才能取得较好的教育效果。

2. 利用重要节日开展国防教育

利用重要节日开展国防教育，有助于激发国民的危机感和历史责任感，增强民族自尊心和自信心，培养广大人民群众热爱祖国、献身国防、为国效力的良好心理。应根据重大节日、纪念日的历史背景和特定内涵，结合实际设置具有国防特色的活动主题，开展丰富多彩的活动。

3. 利用征兵活动开展国防教育

一年一度的征兵活动，为公民自觉履行国防义务搭建了良好舞台，也为开展国防教育提供了有利时机。各级政府、国防教育机构、征兵机构应采取舆论引导、思想动员、奖优罚劣等形式，对广大适龄青年和其他公民进行系统的国防观念教育，把征兵工作和国防教育结合起来，充分调动广大适龄青年参军入伍的积极性，形成征兵宣传与国防教育互动"双赢"的良好局面。

4. 利用媒体开展国防教育

国防教育是一项覆盖全社会的教育活动，它不仅要求广大人民群众积极参与，也要求党和国家的思想文化宣传部门密切配合，充分发挥报刊、电视、电影、广播、网络等传播媒体的重要作用，创造浓厚的爱国、爱党、爱军、爱社会主义的社会氛围。因此，思想文化部门和大众传播媒体的领导及工作人员，应以高度的爱国热忱和历史责任感，充分利用自身的优势，加强对国家安全形势、国防政策和国防战线先进人物的宣传报道，多出优秀节目和精品栏目，在普及和加强国防教育中发挥主力军的作用。

5. 利用国防教育场所开展国防教育

国防教育场所，一般是指有形的、直观的、相对稳定的开展国防教育的地点和环境，是传播国防知识、施加国防影响的特定教育环境。各级政府、学校和国防教育机构应利用烈士陵园、革命遗址、纪念馆、博物馆等场所，通过组织参观学习、开展军事训练及其他灵活多样的活动，开展生动活泼的国防教育活动。

在新的历史时期，国防教育的方法，主要是继承以往行之有效的方法，并不断进行改革，以适应新形势的需要，使国防教育广泛、深入、持久地开展下去。

思考题 ✍

1. 国防动员的地位和作用是什么？
2. 国防动员的主要内容有哪些？
3. 开展国防教育的基本方式有哪些？
4. 国防教育的对象和内容有哪些？

第 2 章

军 事 思 想

学习目标 📖

了解军事思想的形成与发展过程，熟悉我国军事思想的主要内容、地位作用及科学含义，树立科学的战争观和方法论。增强学习军事思想对深入了解、研究现代战争规律，以及军事思想对现代战争具有指导意义重要性的认识。

第一节 军事思想概述

军事思想是关于战争和国防基本问题的理性认识，是人们长期从事军事实践的经验总结和理论概括。按照不同社会历史发展阶段、阶级和国家进行区分，军事思想可分别划分为古代、近代、现代军事思想，奴隶主阶级、封建地主阶级、资产阶级、无产阶级军事思想，外国和中国的军事思想等。

一、军事思想的发展概况

人类对战争和军队问题的认识，有一个历史发展的过程。从社会历史发展阶段的角度讲，军事思想可划分为古代、近代、现代三个发展阶段。

（一）古代军事思想

古代军事思想的产生、发展主要集中在两个相对独立的区域，即中国和地中海一带沿海国家，内容包括奴隶社会和封建社会两个时期的军事思想。至于在此之前的军事思想萌芽，已无文字可以考证。

中国古代军事思想最早出现在公元前 21 世纪至公元前 8 世纪，此时中国为奴隶社会时期，建立了军队，出现了具有真正意义上的战争，军事思想开始萌芽，并逐渐成为专门学科。专门研究军事的著作有《军政》、《军志》等。从公元前 8 世纪至公元前 3 世纪，当时处于社会大变革时期，中国古代军事思想取得了空前的辉煌成就，涌现出许多杰出军事家及军事著作，如闻名中外的孙武所著《孙子兵法》等。中国进入封建社会后，由于铁兵器的广泛推广，火药的逐步应用，步、骑、车、水军诸兵种的发展变革，不同性质战争的交织进行，客观上促进了军事思想的丰富发展。

与中国古代军事思想相比，外国古代军事思想起步晚，认识不够全面、深刻，其成果主要散见于当时的一些历史和文学著作中，缺乏系统论述。公元前 8 世纪至公元 5 世纪，是西方古代的奴隶制社会时期。在这个时期古希腊、古罗马等奴隶制国家，为了扩张领土、建立霸权、掠夺奴隶和财物，频繁发动战争。在长期的战争实践中，涌现出许多著名的将领和统帅，产生了丰富的古希腊和古罗马的军事思想。

古希腊的军事思想概括起来主要有：战争是由根本利害矛盾引起的；战争的目的是为了征服，谋求城邦、国家利益和霸主地位；战争的胜败取决于政治、军事、经济、精神等条件；作战前必须对双方的军力、财力、人力等方面的长处和短处进行认真的分析对比；注意激励军队的士气，立足以优势力量建立己方胜利的信心；采取出乎敌人意料的行动使之惊慌失措等。

古罗马的军事思想源于古希腊而又有所发展，主要表现在：战争有正义与非正义之分；把军事作为实现政治目的的工具，而政治又是配合军事行动达成军事目的的手段；通过外交广泛联盟，孤立对手，恩威并举，实现自己的目的；主张以进攻为主防御为辅；在被迫处于防御地位时，也总是通过向敌后等薄弱处进攻，力求改变攻防态势，变防御为进攻；主张建立一支忠于自己的部队，以金钱、土地、建筑、妇女等物质利益保证部队的忠诚，以精神鼓励、严格的纪律保持部队的战斗力。

从公元 476 年西罗马帝国灭亡，到 1640 年英国资产阶级革命，为欧洲的中世纪。在这长达 1100 多年的"黑暗"时代，由于封建割据的庄园经济、宗教思想和经院哲学的禁锢，极大地限制了军事思想的发展。"整个中世纪在战术发展方面，也像其他科学方面一样，是一个毫无收获的时代"(恩格斯)。直到封建社会后期，随着中国火药、火器的传入及意大利文艺复兴的影响，外国古代军事思想才有了缓慢发展。此时军事思想可概括为以下几个方面：战争被披上宗教外衣，掩盖统治集团间的利益争夺；宣扬战争是人类一生中的一部分，是原始罪恶之果，也是教会权力的支柱；在战争中丧失生命的人，可以进入天国，赎免一切罪恶。这其实是对战争认识的倒退。重视军队建设，把军队看成国家的重要工具。对雇佣兵制的弊端有了初步认识，主张实行义务兵制。初步涉及战略学、战术学概念；另外还认识到制海权的重要，认为控制了海洋，可以赢得和守住巨大的海外领土。

（二）近代军事思想

从 1640 年英国资产阶级革命至俄国十月革命，为世界近代史。此时西方走向资本主义，并向帝国主义发展。由于以下几个原因，外国军事思想一改中世纪时期低迷不前的状况，取得了长足的发展进步。这一时期，封建与反封建的战争、资本主义与反资本主义之间的战争、帝国主义国家之间的战争、殖民与反殖民的战争，各种不同性质战争交织在一起，频繁发生，为人们研究军事思想提供了实践依据。工业文明和科学技术的进步，使军队装备发生了较大变化，热兵器被广泛使用（火药为主），从而产生了与之相适应的军事思想。

外国近代军事思想可划分为两大体系，即资产阶级军事思想和无产阶级军事思想。

1. 资产阶级军事思想

资产阶级军事思想形成于 17 世纪中叶至 19 世纪中叶，代表人物及其著作很多。主要有：俄国苏沃洛夫的《制胜的科学》，瑞士若米尼的《战争艺术概论》、《战略学原理》，普鲁士克劳塞维茨的《战争论》，比洛的《新战术》、《最新战法要旨》，法国吉贝特的《战术通论》，美国马汉的《海权对历史的影响》、《海军战略》等。其中，克劳塞维茨的《战争论》是外国近代军事思想的杰出代表。著名军事家如拿破仑、库图佐夫等虽然没有给后人留下著作，但其丰富的军事实践也蕴藏着崭新的军事思想。这一时期的军事思想主要表现在：反对战争认识问题上的不可知论，提出军事科学的概念；军事科学包括战略与战术两个重要组成部分；主张探讨战争的本质、规律，研究军队、装备、地理、政治和士气等因素在战争中的作用；重视对战史的研究。认为战争无非是政治通过另一手段的继续，是迫使敌人服从己方意志的一种暴力行为，具有盖然性和偶然性，是政治的工具；认识到民众武装在战争中的重要作用，但民众武装不是万能的，使用要有条件；重视建立一支反映资产阶级利益的部队；重视和平时期军队建设和战争准备，以随时应对战争；认识到新发明对于军队的组织、武器装备和战术的影响，装备的变化必然引起战术的变化；认识到作战中士气的作用，因而把思想教育训练放在重要位置；认为海权是推动国家以至历史发展的决定因素；控制了海洋就控制了整个世界；树立歼灭战思想，军事行动的目的是在不设防的野战中消灭敌人的军队，而不是占领敌人的领土和要塞；与歼灭战相适应，大多数军事家都强调进攻，认为只有进攻才能消灭敌人；防御不能是单纯的防御，而是由巧妙的打击组成的盾牌；要在主要方向和重要时刻集中兵力，快速机动是集中兵力的重要途径；认为作战应确立打击重心、保持预备队等。

2. 无产阶级军事思想

无产阶级军事思想的主要代表是马克思、恩格斯和列宁，马克思、恩格斯所处的时代是自由资本主义高度发展并开始走向反动的时代，无产阶级登上历史舞台。列宁生活于帝国主义和无产阶级革命的时代。他们坚持唯物论，以唯物辩证法研究军事，吸收资产阶级军事思想的有益成分，因而能对战争一系列重大问题有深刻认识。其军事思想的主要内容包括：认为战争和军事是一个历史范畴，随着私有制和阶级的产生而产生、消灭而消亡；战争是政治通过另一种手段的继续，要反对非正义战争，拥护正义战争；在帝国主义阶段，帝国主义是战争根源；无产阶级必须用暴力推翻资产阶级建立自己的统治；以组织城市工人武装起义为中心，先占领城市，夺取国家政权；无产阶级夺取政权、巩固政权都必须要有自己的新型的军队；无产阶级代表人民利益，有能力有条件把人民武装起来实行人民战争，并强调军队与人民群众相结合；认识到科学技术的进步必然引起战略战术的变革；战争的奥妙在于集中兵力，主张积极防御、主动进攻，慎重决战，灵活机动。

近代中国自 1840 年鸦片战争后逐步沦为半封建半殖民地社会，当时清政府中许多有识之士看到武器装备对于战争胜负的重要性，从西方引进先进技术，开办工厂，制造枪械，因此当时军事学术主要是介绍武器性能和操作使用的。甲午战争后，清政府意识到仅靠坚船利炮而作战思想落后亦不能赢得战争，于是又师承西方学习军事理论，翻译西方重要军事论著，如《大战学理》(即克劳塞维茨的《战争论》)等。自行撰写的代表作有《兵学新书》、《军事常识》、《兵镜类编》等。主要军事观点有：师夷长技，重整军备；依靠民众，积极备战；避敌之长，求吾之短；以弃为守，诱敌入险。总之，在近代，外国军事思想成就突出；而中国的军事变革是在外敌入侵的情况下被迫进行的，缺乏主动性，认识不够深刻，且鱼目混珠，有照搬照抄之嫌，远远落后于西方。

(三) 现代军事思想

俄国十月革命及第一次世界大战以后，世界进入现代史。这个时期，科学技术突飞猛进，武器装备发生巨大变化，巨炮、雷达、坦克、飞机、航空母舰、远程导弹、精确制导武器层出不穷，热兵器能量的运用从火药转为炸药，进而是原子释放，武器破坏力大大增加，作战效能成倍增长，对战争的进程乃至结局影响越来越大。因此，不但社会、政治、经济等各种因素对军事理论的研究有倾向性的影响，军事理论往往侧重对先进作战武器的探讨。

1. "空中战争"理论，又称空军制胜论

意大利的杜黑、美国的米切尔、英国的特伦查德被认为是这一理论的先驱，特别是杜黑在其著作《制空权》中对这一理论叙述较为细致，主要观点有：由于飞机

的广泛应用，将出现空中战争，空中战争的胜负决定战争结局，为此要建立与海军、陆军并列的独立空军。夺得制空权是赢得战争的必要条件，空军的首要任务是夺取制空权。空中战争是进攻性的，空军的核心是轰炸机部队，要对敌国纵深政治、经济、军事目标实施战略轰炸，迫其屈服。

2. "机械化战争"理论，又称坦克制胜论

英国的富勒、奥地利的艾曼斯贝格尔、法国的戴高乐、德国的古德里安、英国的利德尔·哈特是这一理论的倡导者，主要内容是：装甲坦克是战争的决定性力量，是陆军的主体；大量集中使用坦克和航空兵，实施突然有力的突击，可以迅速突破对方主要集团的防线，深入敌纵深，摧毁一个战备力量不足的国家；主张军队改革，建立少而精的机械化部队，机械化包括补给和战斗机械化。

3. "总体战"理论

德国的鲁登道夫在其著作《总体战》中提出的理论，其主要观点是：现代战争是总体战，它既针对军队，也针对平民，战争具有全民性，强调民族的团结在战争中的重要性；主张实行国民经济军事化；要建设好一支平时就准备好的军队；重视统帅在总体战中的作用；战争的突然性意义重大，力求闪击对方。

4. "核武器制胜"理论

第二次世界大战战后至 1991 年苏联解体的冷战时期，霸权主义成为局部战争的根源，高技术在作战中逐步运用，世界处在核阴影之中，美苏两霸动辄进行核恫吓。此时军事理论研究往往围绕核武器及高技术展开，从美苏两国军事思想可以清楚看到这一点。如美国，就以核实力确定军事战略，在杜鲁门时期，美国核力量处于绝对优势，提出遏制战略，对苏联及其他社会主义国家实施核讹诈；朝鲜战争后，为了以最小的军事代价取得最大的威慑力量，采取大规模报复战略；在苏联打破核垄断及越南战争后，又分别推行灵活反应、现实威慑、新灵活反应等战略。在处于核优势时期，美国认为自己能打赢全面核战争，则主张削减常规力量，重点发展核武器和战略空军；而在苏联打破其核优势、局部战争不断发生时，美国在确保核威慑的前提下，不断发展常规力量。认为核战争会造成灾难性后果，核时代的战争必然是有限战争。

与各自的国家战略相适应，西方各国军事思想呈现不同的特点。

美军军事思想的特点是：以遏制、预防潜在"全球性竞争对手"为目的，加大常规、核、太空优势，建立导弹防御系统，确保自身绝对安全；重视质量建军，加强数字化、信息化建设；重视非对称作战，确保自身绝对安全；重视非接触作战，实施远距离精确打击，力求零伤亡；进一步发展空地一体战理论，提出"空地一体

运筹作战"的思想(又称"空地海天联合作战");"9·11"事件后,美国总统布什认为陆军的作用越来越小,有强调海空天作战趋势。

英、法、日、德等国家军事思想的共同点是:采取以维护自身利益为出发点的战略方针;增强军事实力,逐步摆脱对美军事依赖(英国除外),或以其他联盟的方式挑战美国的军事地位;重视发展高技术以带动军事技术的进步;依据各自国情、军队现况走质量建军的道路,确立与国家和军事战略相适应的军队规模。

俄罗斯认为,核战争的可能性大大降低,主要威胁是局部战争和武装冲突;在经济、军事力量弱于美国的情况下,提出了"纯防御"、"积极防御"和"现实遏制"战略;走质量建军之路,明确建军原则、目标,发展太空技术,确保合理够用的核攻击力量等。

中国自俄国十月革命及五四运动后至今,中国共产党在长期的革命战争和国防建设实践中,吸收古今中外军事思想的有益精华,逐渐形成了毛泽东军事思想、邓小平军队建设思想、江泽民国防和军队建设思想、胡锦涛关于国防和军队建设的重要论述。

二、军事思想的指导作用

(一) 军事思想是军事实践的行动指南

军事思想是军事实践的能动反映、理论概括,揭示了军事领域的一般规律,所以能对军事实践起指导作用。军事思想对军事领域的规律反映得愈深刻、愈正确,它对军事实践的指导作用也就愈大,人们就可以在战争中掌握主动,少犯错误,多打胜仗。在战争史上,每一次取得伟大胜利的战争,都有正确的军事思想作指导。毛泽东的军事思想,在中国半殖民地半封建社会性质的条件下,指导中国人民以弱胜强,逐步壮大,取得了革命战争的伟大胜利。没有正确的军事思想作指导,即使具备取得战争胜利的物质条件,也难以赢得战争的胜利。战争实践证明,在客观物质条件许可的范围内,军事思想正确与否决定着战争的胜败。

(二) 军事思想是研究各门具体军事学科的理论基础和根本方法

军事思想研究的是战争和军事领域的一般规律,而各门具体的军事学科所研究的是各自领域的特殊规律。如果只研究各自领域的特殊规律,而不懂得战争和军事领域的一般规律,脱离一般规律的指导,就不能从总体上把握战争,也就不能真正认识和把握各门具体学科所研究的各自领域的特殊规律。军事思想对各门具体军事学科的研究提供方法论。譬如,军事思想关于保存自己、消灭敌人的论述,深刻地揭示了两军相争的战争目的和战争本质,它是一切战争行动的根据,从技术行动到战略行动，一切技术的、战术的、战役的、战略的原理原则，都要贯彻这个战争的军事目的和军事本质。它普及于战争的全体，贯彻于战争的始终。它对军队和国防建设、战争指导及其战略战术，都具有普遍的指导作用，因而无疑对军事科学的各门具体学科的研究也具有普遍的指导作用。

（三）军事思想对其他社会实践有着重要的借鉴意义

先进的、科学的军事思想贯穿着唯物论和辩证法。学习和研究军事思想，不仅可以学到正确的观察和解决问题的立场、观点和方法，而且可以学到如何把军事的基本原理同现实实际情况相结合，正确地运用这些原理来解决实际问题，增强我们在工作中的原则性、系统性、预见性和创造性。譬如，军事斗争最注重效益，要以最小的代价获取最大的胜利，经济工作也讲效益。孙武提出的"知彼知己，百战不殆"的战争指导规律，已成为政治、外交斗争和进行经济建设的座右铭。战略和战役战术的关系，要求人们也必须正确处理全局和局部的关系。"战略"概念的运用，早已跨出军事的范围，而出现了政治战略、外交战略、经济发展战略、农业发展战略、城市发展战略等等。体育比赛中重视对进攻和防御战术的研究和运用，市场竞争中借鉴军事思想提出许多巧妙的策略和艺术等，都说明军事思想对其他领域具有广泛的借鉴意义。

思考题 🖊

1. 从社会历史发展的角度来看，军事思想的发展可以划分为哪三个阶段？
2. 古代军事思想启蒙最早、发展相对完整的是哪几个国家？
3. 外国现代军事思想中最具代表的几种作战理论是什么？

第二节　中国古代军事思想

一、中国古代军事思想概述

中国古代军事思想，是指我国在奴隶社会、封建社会时期，各阶级、集团及其军事家和军事论著者对于战争与军队问题的理性认识。它随着社会的前进、战争的发展而不断深化，经历了发生、发展的沿革过程。

（一）中国古代军事思想的形成与发展

1. 我国古代军事思想的初步形成(夏、商、西周时期)

公元前 21 世纪至公元前 8 世纪，我国先后建立了夏、商、西周三个奴隶制王朝。这是中国奴隶社会从确立、发展到鼎盛的整个历史阶段，也是我国古代军事思想的初步形成时期。由于对战争客观规律认识的局限，战争受迷信的影响极大，经常以占卜、观察星象等来决定战争行动，产生了以靠天命观为中心内容的战争指导思想。军队的治理以"礼"和"刑"为基础。"礼"主要适于上层的贵族和军官，讲究等级名分、上下有序；对下级和士兵的管理主要靠严酷的刑法。这个阶段已产生了一些萌芽形态的兵书。商代甲骨文、商周的金文中就有大量关于军事活动的记载。西周时期已出现《军志》、《军政》等军事著作，虽早已失传，但这是我国古代军事思想形成的重要标志。

2. 中国古代军事思想趋向成熟(春秋战国时期)

公元前 8 世纪初到公元前 3 世纪末，即春秋战国时期，它是我国从奴隶制向封建制的过渡时期。是我国古代政治、经济、文化、科技大发展的一个历史阶段，也是古代军事大发展的时期。阶级矛盾的不断深化，使战争连绵不断，战争规模扩大，战争频繁而形式多样。许多代表新兴地主阶级的军事家和兵书著作不断涌现，从战争论、治兵论、用兵论及研究战争的方法论等方面，全面奠定了我国古代军事思想的基础，标志着我国古代军事思想已基本成熟。现存最早，影响最大的就是春秋末期孙武所著《孙子兵法》。它是新兴地主阶级军事理论的奠基作，它标志着封建阶级军事思想的成熟，成为后世兵书的典范。其他影响较大的兵书还有《吴子》、《司马法》、《孙膑兵法》、《尉缭子》、《六韬》等著作。

3. 中国古代军事思想进一步的丰富和发展(秦—五代时期)

公元前 3 世纪初至公元 10 世纪中叶，是中国封建社会发展的上升阶段。这期间主要经历了秦、汉、晋、隋、唐等几个大的王朝。其中汉、唐两代是中国封建社会的盛世，军事思想也进一步得到了丰富和发展。

秦以后进入了以铁兵器为主的时代，骑兵成为战争力量的主角，舟师水军参战也更多了。这就要求作战指挥必须加强步、骑、水军的配合作战。从汉到隋曾多次发生如赤壁之战、淝水之战等这样大规模、多兵种、大集团的配合作战。在这些战争中，政治斗争与军事斗争的结合，谋略与决策的运用，以及作战指挥艺术都达到了相当高的水平。战争的发展使得战略战术的运用和指挥艺术都得到高度发展，战略思想也日臻成熟。诸葛亮的《隆中对》成为当时战略决策的一代楷模。

这个时期出现了许多总结军事斗争经验的兵书。其中汉初出现的《黄石公三略》和后来的《李卫公问对》等，是传世的重要著作。《黄石公三略》是一部从政治与军事关系上论述战争攻取的兵书，它进一步阐述了"柔能制刚，弱能制强"的朴素的军事辩证法思想，并指出最高统治者必须广揽人才，重视民众与士卒的作用。《李卫公问对》一书，结合唐代初期的战争经验，对以往的兵书进行了探讨，对《孙子》提出的虚实、奇正、攻守等原则及其内在联系，作了比较辩证的论述，而且在某些方面提出了更新的见解，发展了前人的思想，深化了先秦某些用兵原则的内涵。特别是论从史出，以史例论兵的研究方法，开创了结合战例探讨兵法的新风，受到历代兵家的高度赞赏和效仿。

4. 中国古代军事思想形成体系化(宋—清前期)

公元 960 年到 1840 年，历经宋、元、明、清(前期)四个朝代。这期间，中国封建社会已进入后期。火器逐渐普遍使用，使战争进入了冷、热兵器并用的时代。宋朝从建国之初，就面临着民族矛盾扩大、阶级矛盾激化和统治阶级内部矛盾加剧的局面。因此，当政者为了维护统治，确立了兵书在社会的正统地位，武学开始纳入国家教育体系。北宋中叶开始重视武事，开办武学，设立武举，发展军事教育。统治者为了教习文臣武将熟悉军事，命曾公亮等编纂《武经总要》，总结古今兵法和本朝方略，并颁布《孙子》、《吴子》、《司马法》、《六韬》、《尉缭子》、《三略》和《李卫公问对》为《武经七书》，官定为武学教材。武举的设立，武学的兴办，武经的颁定，培养了大批军事人才，繁荣了军事学术。

这个时期，是中国古代军事思想历经漫长的丰富和发展之后，走上体系化的时期。其主要表现是兵书数量繁多，门类齐全；兵书概括性强，自成体系。成为我国古代兵书数量最多的一个时期。据《中国兵书总目》统计，宋、元、明、清(不含近代)四个朝代兵书总共有 1815 种，占我国古代兵书总数的 3/4 以上。而且内容丰富，分门别类地概括了军事思想的各个方面，形成逻辑性较强的比较完整的体系。

(二) 中国古代军事思想的基本内容

1. 战争的起源、性质和作用

(1) 战争的起源。《吴子》认为："一曰争名，二曰争利，三曰积恶，四曰内乱，五曰因饥。"就是说引起战争的原因有五个方面：一是争夺霸主地位；二是争夺土地、财产和人口；三是积恨深怨；四是国家发生了内乱；五是国家发生了饥荒。

(2) 战争的性质。《吴子》指出："一曰义兵，二曰强兵，三曰刚兵，四曰暴兵，五曰逆兵。"即禁暴除乱、拯救危难的军队叫义兵；仗恃兵强、征伐列国的军队叫强兵；因君王震怒而出师的军队叫刚兵；背理贪利的军队叫暴兵；不顾国乱民疲，兴师伐众而出征的军队叫逆兵。

(3) 战争的作用。《司马法》指出："是故杀人安人，杀之可也；攻其国爱其民，攻之可也；以战止战，虽战可也。"《尉缭子》则明确指出："故兵者，所以诛暴乱，禁不义也。"

2. 战争与政治

《孙子兵法》指出："用兵者，修道而保法，故能为胜败之政。"《尉缭子》指出，"兵者，以武为植，以文为种；武为表，文为里"。《淮南子·兵略训》指出："兵之胜败，本在于政。……为存政者，虽小必存；为亡政者，虽大必亡。"《司马法》指出："以义治之之谓正，正不获意则权，权出于战争，不出于中人。"意思是说采用合于正义的措施治理国家，这是正常的方法。用正常的方法达不到目的就采取特殊的手段，特殊手段是以战争方式表现出来的，而不是以和平方式表现出来。

3. 战争与经济

经济是战争的物质基础，战争是以巨大的物质消耗为代价的，这一点我国古代军事家认识是比较深刻的。《孙子兵法》指出："凡用兵之法，驰车千驷，革车千乘，带甲十万，千里馈粮；则内外之费，宾客之用，胶漆之材，车甲之奉，日费千金，然后十万之师举矣。"因此，又指出"善用兵者，役不再籍，粮不三载，取用于国，因粮于敌，故军食可足也。"春秋时期的管仲也曾较深刻地论述："地之守在城，城之守在兵，兵之守在人，人之守在粟。"因此，他明确指出："一期之师，十年之蓄积殚；一战之费，累代之攻尽。"

4. 战争与主观指导

《孙子兵法》明确指出，"因利而制权……故兵无常势，水无常形，能因敌变化而取胜者，谓之神。"因为"兵无常势"，指挥者必须不断根据敌情、我情的变化修正主观指导，采取克敌制胜的有效手段。《草庐经略》中则说得更明确，"夫敌情叵测，常胜之家必先翻敌之情也。其动其静，其强其弱，其治其乱，其严其懈，虚虚实实，进进退退，变态万状，烛照数计，或谋虑潜藏而直钩其隐状，或事机未发而预揣其必然。盖两军对垒，胜负攸悬，一或不审，所失匪细。必观其将帅察其才，因其形而用其权；凡军心之趋向，理势之安危，战守之机宜，事局之究竟，算无遗漏，所谓运筹帷幄，决胜千里也。"掌握客观规律，充分发挥主观指导作用，就能赢得胜利。

5. 将帅修养

古代军事家特别重视将帅在战争中的地位和作用，认为"知兵之将，民之司命，国家安危之主也"。为此，从封建统治阶级的利益出发，提出了将帅修养的标准。《孙子兵法》强调"将者，智、信、仁、勇、严也"。《吴子》兵法中则提出，"总文武者，军之将也"。故将之所慎者五："一曰理，二曰备，三曰果，四曰戒，五曰约"。怎样考核将帅呢？《武经总要·选将》提出"九验"："远使之以观其忠，近使之以观其恭，繁使之以观其能，卒然问焉以观其智，急与之以观其信，委之以货财以观其仁，告之以危以观其节，醉之以酒以观其态，杂之以处以观其色。"

6. 治军

一是法规法令的建设与实施。《尉缭子》中设有《重刑令》、《伍制令》、《勒卒令》、《经卒令》和《兵令》等，就是为了"明刑罚，正功赏"，"鼓之，前如雷霆，动如风雨，莫敢当其前，莫敢蹑其后"。使军队"方亦胜，圆亦胜，错邪亦胜，临险亦胜"。二是教练。《吴子》指出，"故用兵之法，教戒为先。一人学战，教成十人。十人学战，教成百人。百人学战，教成千人。千人学战，教成万人。万人学战，教成三军"。《兵略丛言提纲》指出，"不教则不明，不练则不习"。在训练方法上主张"教得其道"、"练心"、"练胆"、"练艺"。

7. 战略战术

古代兵书中关于战争谋略与战术的论述，有许多是很有见地的。如："上兵伐谋"，"以全争于天下"的全胜论；"不战而屈人之兵"的威慑论；"度势"、"料势"、"为势"的"胜可为"论；"先人有夺人之心"的"兵贵先"的先发制胜论；"后人发，先人至"的后发制胜论；"制人者，握权也；见制于人者，制命也"，"致人而不致于人"的掌握战争主动权论；"战势不过奇正，奇正之变，不正胜穷也"，"善用兵者，无不正，无不奇，使敌莫测"的奇正相变论；"我专而敌分，我专为一，敌分为十，是以十攻其一也"的"以众击寡"论；"避其锐气，击其惰归"，"以治待乱，以静待哗"，"以近待远，以佚待劳，以饱待饥"，"无邀正正之旗，勿击堂堂之阵"的"治气"、"治心"、"治力"、"治变"的四治论等等。

8. 战争保障

(1) 物质储备和后方补给。《孙子兵法·军争篇》指出，"军无辎重则亡，无粮食则亡，无委积则亡"。《六韬·军略》则说，"三军用备，主将何忧"。因此，古代军事思想家提出，"取用于国，因粮于敌"。

(2) 地形。《孙子兵法·地形篇》指出，"夫地形者，兵之助也"，"知天知地，胜乃不穷"。《武经总要·九地》提出，"夫顿兵之道有地利焉。我先据胜地，则敌不能以胜我；敌先居胜地，则我不能以制敌"。

(3) 用间。《孙子兵法·用间篇》提出，"三军之事，莫亲于间"。"先知者，不可取于鬼神，不可象于事，不可验于度，必取于人，知敌之情者也"。又说，"无所不用间也"。《行军须知·用间》则说，"间谍之法，于兵家尤为切要也"。

此外还有阵法、行军、安营、警戒等方面的论述。

二、《孙子兵法》简介

《孙子兵法》，史记为 82 篇，图 9 卷，现存仅为 13 篇，6076 字，其他的如八阵图、战斗六甲法等已失传。13 篇可分为 3 个部分：第一部分由《汁》、《作战》、《谋攻》、《形》、《势》和《虚实》组成，侧重论述军事学的基础理论和战略问题。主要强调战略速决和伐谋取胜，另外包含对战争总体、实力计算和威慑力量的深刻认识。第二部分由《军争》、《九变》、《行军》、《地形》和《九地》组成，侧重论述运动战术、地形与军队配置，攻防战术和胜败关系。具体包括奇正、虚实、勇怯、专分、强弱、治乱、进退、动静和死生等辩证关系。第三部分由《火攻》和《用间》组成，论述了战争中的两个特殊问题。以下从三个方面对《孙子兵法》作简要介绍。

(一)《孙子兵法》的作者

据史书记载，《孙子兵法》由我国古代大军事家孙武所著。据现实考证，1972 年山东临沂银雀山汉墓出土的《孙子兵法》竹简和 1978 年 7 月青海大通县上孙家寨西汉木简《孙子兵法》的出土，进一步肯定了孙武编有兵法 13 篇。孙武字长卿，为春秋末期齐国乐安人(今山东惠民县)。孙武出生在一个精通军事的世袭贵族家庭，从小就受到家庭的熏陶。当时齐国是春秋时代的五霸之一，一度成为政治、经济、文化、外交和军事活动的中心，豪杰荟萃(孔子、管仲、姜子牙等)。社会环境和家庭影响为孙武的成长提供了优越的条件，加之勤奋好学，青年时代的孙武就显露出卓越的军事才华。后来，齐国发生了"四姓(田、鲍、栾、高)之乱"，孙武出奔吴国。他一边潜心研究兵法，观察吴国的政治动向，一边过着半自耕农式的生活。公元前 512 年，经大臣伍子胥 7 次推荐，吴王阖闾会见了孙武并细读了孙武兵法的 13 篇，聆听了孙武对战争和时局惊世骇俗的见解，观看了孙武演兵，亲身感受到他的才华横溢，即委任孙武为将。

孙武在近 30 年的戎马生涯中，为吴国的崛起和扩张立下了赫赫战功。例如：公元前 506 年，吴楚柏举之战，吴军对楚国实施千里奔袭，以 3 万精兵破楚 20 万大军，连续五战五捷，攻入楚国都郢城，把一个长期雄踞江汉、称霸中原的头等大国打得落花流水；公元前 484 年，艾陵战役，吴军重创齐军，使 10 万齐兵几乎被全歼；公元前 482 年，黄池会盟，吴国威逼晋国，取代其霸主地位。这些都有孙武的重大战功。

对孙武晚年的考证不详，据《越绝书》的记载，江苏吴县东门外有孙武的坟墓。《吴县县志》也有"孙子祠"的记录。由此推断，孙武最终可能隐居民间，老死于山林之中。

(二)《孙子兵法》的影响

《孙子兵法》是我国奴隶制向封建制过渡的社会大变革时代的产物，也是孙武革新进步的军事思想所结出的硕果。它被誉为古今中外现存古书中最有价值、最有影响的古代第一兵书。

1. 中国历代兵家名将无不重视对其研究与应用

我国历史上曾有 200 多位注释家拟文著书，注解赞崇《孙子兵法》。三国时代著名军事家曹操说，"吾观兵书战策多矣，孙武所著深矣"。明代的茅元仪高度赞扬道，"前孙子者，孙子不遗；后孙子者，不能遗孙子"。宋朝将《孙子兵法》列为《武经七书》之首，成为习武必读的教科书。

中国革命的先驱者——孙中山对《孙子兵法》评价极高："就中国历史来考究，两千多年的兵书有十三篇，那十三篇兵书，便成为中国的军事哲学。"我们党许多老一辈革命家——毛泽东、朱德、刘伯承和叶剑英等都十分重视对《孙子兵法》的学习和研究。1936 年毛泽东在写给叶剑英的信中说："前买回的书，大多不合用，我要的是战略和战役的书，特别要买一本《孙子兵法》"。毛泽东称孙武是"中国古代大军事学家"，并在他的著作中系统引用《孙子兵法》的一些原则说明问题。新中国成立后，《孙子兵法》一书曾多次再版，有些原则还列入了我军的战斗条令之中，并且在军事科学院及其他军事院校建立专门机构，组织人员进行研究。同时，《孙子兵法》一直作为军队院校中高级干部的必修课。刘伯承元帅在担任军事学院第一任院长时，就亲自讲授过《孙子兵法》。

2.《孙子兵法》在国外久负盛名

在唐朝初期，《孙子兵法》传入日本，18 世纪下半叶传入欧美等国，成为近代资产阶级军事理论的一个重要思想来源。现在世界上有许多种《孙子兵法》译本流传，并一致受到高度赞扬。

公元 735 年，日本学者吉备真贝，第一个把《孙子兵法》带回日本，并在其国内讲授。从那时开始，日本皇室贵族及各界人士都非常重视对《孙子兵法》的学习研究。在长达 800 多年的时间里，《孙子兵法》一直作为日本朝廷的秘密图书，仅限在宫廷学者和武将间传播。他们把孙武推崇为"百世兵家之师"、"东方兵学的鼻祖"。称《孙子兵法》为"兵学圣典"和"世界古代第一兵书"。并说，"孔夫子者，儒圣也，孙夫子者，兵圣也。后世儒者不能外于孔夫子而他求，兵家不得背于孙夫子而别进矣。是以文武并立，而天地之道始全焉，可谓二圣人功，极大极盛矣"。

《孙子兵法》流传到欧洲晚于日本、朝鲜和越南等亚洲国家，起初只是由少数精通汉语的欧洲军官用口语进行传播。到 18 世纪后半叶，第一个用欧洲文字翻译

《孙子兵法》的是曾在中国居住 43 年的法国神父阿米奥(中文名叫王若瑟),他把《孙子十三篇》、《吴子六篇》等中国兵书翻译成法文,以《中国军事艺术》为书名于 1772 年出版。该书在欧洲非常畅销,流传很广,影响巨大。如,叱咤风云的军事家拿破仑,在戎马倥偬的作战间隙,手不释卷地披阅《孙子兵法》。德皇威廉二世发动第一次世界大战失败后,在没落的侨居中,不禁兴叹:"早二十年读《孙子兵法》,就不至于遭受亡国之痛苦了。"著名的资产阶级军事理论家克劳塞维茨也受到《孙子兵法》的影响。

在美国,《孙子兵法》中的有些原则,如"知彼知己,百战不殆","攻其不备,出其不意"等被列入《美军作战纲要》之中,以指导美军的作战训练。美国著名战略家利德尔·哈特指出,在导致人类自相残杀、灭绝人性的核武器研制成功后,就更需要重新而且更加完整地翻译《孙子兵法》这本书了。他称《孙子兵法》"深邃的军事思想是不朽的,"对于核时代战争是很有帮助的。美国战略研究中心斯坦福研究所主任、美国第一流战略家福斯特首次提出,并和日本东京都产业大学教授三好修合作研究运用《孙子兵法》,三好修称之为"孙子的核战略"。这种新核战略不仅影响了美国政府的战略政策,而且在全世界也产生了深刻影响。

3.《孙子兵法》在许多社会领域有着广泛的影响

在哲学界,《孙子兵法》被公认为是一部有价值的著作,因为它全书充满了朴素的唯物主义和辩证法的色彩。正如日本军事理论家小山内宏所称,"是一部有深刻含意的战争哲学"。

在文学上,它也有很高的水平。它结构严谨,逻辑严密,语言生动、准确、简练,修辞方式丰富多彩,文意精辟,是一部难得的优秀文学作品。近年来对《孙子兵法》的研究与应用几乎遍及各个领域,它极大地吸引着一些政治家、哲学家、文学家、历史学家,甚至连企业家、商人等也争相拜读。《孙子兵法》俨然成了取之不尽、用之不竭的百科宝库。军事家称之为"兵学圣典";文学家评之为"不朽不灭的大艺术品";哲学家颂之为"人生的哲学";政治家视之为"政治秘诀","外交教科书";医学家赞之为"治病之法尽之矣"。商人和管理学家则把《孙子兵法》定为企业管理和市场竞争的必读教材。日本企业家大桥武夫所著《兵法经营全书》,对如何在经营管理中进行"庙算"、"料敌"、"任将"、"出奇"等问题,作了详细的论述,并指出,采用中国兵法思想指导企业经营管理,比美国的企业管理方式更合理、更有效。美国的著名管理学家乔治在《管理思想史》一书中指出,《孙子兵法》在用人方面的论述,对今天的企业管理有很大的价值,甚至说:"你想成为管理人才吗?必须去读《孙子兵法》"。

本世纪中期,日本创办了世界上第一所兵法经营学校,培养出了一批优秀的企业家。1996 年初，我国第一所兵法经营管理学校在京创立。名誉校长、著名外交家、古代兵法研究权威符浩指出，我国市场经济靠冒险成功的"英雄时代"已经过去，跨入了以高技术、高智慧为手段的"儒商"时期。作为人类智慧高度结晶的兵法，也是逐鹿商海的锦囊。

总之，《孙子兵法》是古今中外军事学术史上一部出类拔萃的兵书，是几千年来一直为人们所尊崇，并且现在仍享有巨大声誉和具有极高科学价值的军事理论名著。因此，无论从继承、发扬我国民族历史遗产的角度，还是从学习研究现代军事思想的角度，《孙子兵法》都是值得认真钻研和必修的军事教科书。

（三）《孙子兵法》的主要军事思想

1. 重战、慎战、备战思想

（1）重战思想。《孙子兵法》开篇就指出："兵者，国之大事，死生之地，存亡之道，不可不察也。"战争是国家的大事，关系到军民生死，国家存亡，是不可不认真研究的。这段关于战争的精辟概括，是孙武军事思想的基本出发点。春秋末期，诸侯兼并，战乱频繁，战争不仅是各国维持其政治统治，向外扩张发展的主要手段，而且关系到国家的存亡。孙武总结了一些国家强盛，一些国家灭亡的经验和教训，提出"兵者，国之大事"的著名论断，这对于人类认识战争的实质，无疑是一个巨大的贡献。

（2）慎战思想。"亡国不可以复存，死者不可以复生，故明君慎之，良将警之"。国家灭亡了就不能再存在，人死了就不能再活。所以，对待战争问题，明智的国君要慎重，贤良的将帅要警惕。从这点出发，孙武主张，"非利不动，非得不用，非危不战"。不是对国家有利的，就不要采取军事行动；没有取胜把握的，就不能随便用兵；不处在危急紧迫情况下的，就不能轻易开战。

（3）备战思想。"用兵之法，无恃其不来，恃吾有以待也；无恃其不攻，恃吾有所不可攻也"。用兵的原则，不要寄希望于敌人不会来，而要依靠自己有充分的准备；不要寄希望于敌人不会来攻，而要依靠自己有使敌人无法攻破的条件。战争的立足点要放在事先做好充分准备，严阵以待，使敌人不敢轻易向我发动进攻的基点上。

2. "知彼知己，百战不殆"的战争指导思想

"知彼知己，百战不殆；不知彼而知己，一胜一负；不知彼，不知己，每战必殆。"了解敌人又了解自己，则百战不败；不了解敌人而了解自己，可能胜也可能败；既不了解敌人，又不了解自己，那就会每战必败。

孙武用简明扼要的语言，指明了战争指导者了解敌我双方情况与战争胜负的关系，从而揭示了指导战争的普遍规律。这一思想是极富科学价值的。自有战争以来，

古今中外的战争指导者，都不能违背这一规律。毛泽东对此曾有高度评价，在《论持久战》一文中指出：“战争不是神物，乃是世间的一种必然运动，因此，孙子的规律‘知彼知己，百战不殆’乃是科学的真理。”这条规律，从哲学意义上讲，是实事求是的朴素的唯物主义思想；从战争理论上讲，是分析判断情况的根本规律；从指导战争的意义上讲，是先求可胜的条件，再求必胜之机的重要抉择。

3. 以谋略制胜为核心的用兵思想

谋略是指用兵的计谋。《孙子兵法》军事思想的核心是谋略制胜。它认为军事斗争不仅仅是军事力量的竞赛，而且是敌我双方政治、经济、军事和外交等综合斗争，也是双方军事指导艺术的较量，即斗智。孙武谋略制胜思想突出体现在以下几个方面。

(1) “庙算”制胜。“多算胜，少算不胜，而况于无算乎！吾以此观之，胜负见矣。”战前，计算周密，胜利条件多，可能胜敌；计算不周，胜利条件少，不能胜敌；而何况于根本不计算，没有胜利条件呢！我们从这些方面来考察，谁胜谁负就可以看出来。庙算制胜，主要是指战前要从战争全局上，对战争诸因素进行分析对比，决定打不打？怎么打？用什么部队打？在什么时间、地点打？打到什么程度？如何进行战争准备和后方保障？做到有预见、有计划、有保障，心中有数，打则必胜。也就是说先求“运筹于帷幄之中”，然后才能“决胜于千里之外”。

(2) 诡道制胜。“兵者，诡道也”，“兵以诈立”。用兵打仗是一种诡诈行为，要依靠诡诈多变取胜。军事上的诡道是指异于常规的一些做法。“兵不厌诈”，古今常理。在战争的舞台上，如果对敌人讲“君子”之道，就必然被敌所制；如果能较好地运用诡道，造成敌人的过失，创造战机，那就会陷敌于被动。这种战例，举不胜举，如马陵道之战，诸葛亮的“空城计”，日本偷袭珍珠港，诺曼底登陆等等。孙武将诡道归纳为十二法，“能而示之不能，用而示之不用，近而示之远，远而示之近，利而诱之，乱而取之，实而备之，强而避之，怒而挠之，卑而骄之，佚而劳之，亲而离之，攻其无备，出其不意，此兵家之胜，不可先传也”。

(3) “不战而屈人之兵”。“故百战百胜，非善之善者也；不战而屈人之兵，善之善者也”。在战争中，百战百胜，并不是好中最好的，不战而使敌人屈服才是好中最好的。所以，孙武主张“上兵伐谋；其次伐交；其次伐兵；其下攻城”。最好的是以谋制胜，使敌人屈服。其次是通过外交途径，分化瓦解敌人的同盟，迫使敌人陷入孤立，最后不得不屈服。例如，战国时，秦国采取“远交近攻”的政策，逐步灭了六国，就是以外交手段配合军事进攻而取得胜利的。再次是伐兵，即用武力战胜敌人。最下策是攻城，硬碰硬的攻坚战。孙武指出：“善用兵者，屈人之兵而非战也，拔人之城而非攻也，毁人之国而非久也，必以全争于天下。故兵不顿而利可全，此谋攻之法也。"善于用兵的人，使敌人屈服不用直接交战，一定要用全胜的计谋争胜于天下，这样，军队就不至于疲惫受挫，而又能获得全胜的利益。这就是以计谋攻敌的原则和孙武全胜的思想。

当然，"全胜"的思想，不战而胜，是要以强大的武力作后盾的，如果没有强大的军事力量，就不可能达到不战而胜的目的。如1949年平津战役时，之所以能取得傅作义起义、和平解放北平的胜利，其前提条件是由于我军西克张家口、东陷天津、百万大军兵临城下，使北平之敌处于一无逃路、二无外援，战则必败的境地，加上我党的政策的感召等。

总之，孙武"不战而屈人之兵"的思想，对后世的影响很大，并为世界所公认。中国孙子兵法研究会名誉会长、军事科学院原副院长高锐将军称，"这是军事思想史上的一个独创"，是"最完美的战略"。

孙武还总结了若干作战用兵原则。如：先胜而后求战的原则；示形、动敌的原则；避实而击虚的原则；我专而敌分的原则；因敌而制胜的原则等。

4. "文武兼施，恩威并用"的治军思想

"卒未亲附而罚之，则不服，不服，则难用；卒已亲附而罚不行，则不可用。故令之以文，齐之以武，是谓必取"。"令素行者，与众相得也"。将帅还没有取得士卒的爱戴和拥护就去惩罚他们，他们就不会心服，心不服就很难用他们去作战。将帅已经取得了士卒的爱戴和拥护，而不能严格执行纪律，也不能用他们去作战。因此，一方面要用体贴和爱护使他们心悦诚服；另一方面要用严格的纪律使他们行动整齐。这样才能战必胜。平素命令之所以能贯彻执行，都是由于将帅与士卒相互信赖的缘故。

5. 朴素唯物论和原始辩证法思想

《孙子兵法》之所以具有极大的时空跨度，经久而不衰，与它反映的朴素唯物论和原始辩证法思想是分不开的。

兵法中反映的唯物论，主要包括三个方面：一是对战争的认识，冲破了"鬼神论"和"天命论"；二是把客观因素作为决定战争胜负的基础；三是注意到时间和空间在军事上的作用。

原始辩证法思想主要表现在能够正确认识战争中各种矛盾的对立统一及相互转化的关系。《孙子兵法》中的辩证概念和范畴有85对，使用260次之多。如敌我、攻守、胜负、迂直、强弱、勇怯、奇正、虚实、分合、久速等。并充分论述了在一定条件下这些是可以转化的。

《孙子兵法》作为一部伟大的军事著作，它的科学价值和历史功绩是不可磨灭的。但是，由于它诞生在2500多年前的古代，难免具有时代和阶级的局限。其主

要表现：战争观方面未能区分战争的性质；治军方面的愚兵政策；军队补给方面的抢掠政策以及作战原则方面存有某些片面性等。虽然，我们在学习和运用《孙子兵法》中应注意剔析这些缺点，但在认识这部伟大著作时，决不能求全责备。因为《孙子兵法》不仅是春秋战国时代军事思想中最光辉灿烂的部分和杰出的代表，而且它具有超越时间和空间的科学价值，它是我国乃至世界最宝贵的文化遗产之一。

思考题 ✍

　　1. 中国古代军事思想的形成与发展经历了哪几个阶段？

　　2. 为什么说《孙子兵法》是中国古代军事思想成熟的标志？

　　3.《孙子兵法》的主要影响有哪些？

第三节　毛泽东军事思想

一、毛泽东军事思想的科学含义

　　毛泽东军事思想是毛泽东关于当代中国革命战争和军队问题的科学理论体系，是马克思列宁主义普遍原理与中国革命战争的具体实践相结合的产物，是中国革命武装斗争历史经验的总结，是中国共产党集体智慧的结晶，是毛泽东思想的重要组成。这一定义不仅科学地揭示了毛泽东军事思想的基本内涵，而且充分反映了毛泽东军事思想的本质特征。

（一）马列主义原理与中国革命实际相结合

　　列宁、斯大林开创了工人武装通过城市武装起义取得政权的先例。以毛泽东为代表的中国共产党人根据中国大革命夭折的教训，建立了我党领导的以农民为主体的新型人民军队，开辟了以农村为根据地、走农村包围城市的革命道路，从而将马列主义的普遍原理与中国革命战争的具体实践科学地结合起来，在这种结合中，产生了第一次历史性的飞跃，从而形成了具有中国特色的完整科学的军事思想体系——毛泽东军事思想。因此，毛泽东军事思想可以说是马克思列宁主义普遍原理与中国革命战争具体实践相结合的第一次历史性飞跃的产物，是马克思列宁主义军事理论在中国革命战争实践中的具体运用和发展。这就是说，毛泽东军事思想是马克思列宁主义的，但又不是马克思列宁主义的简单照搬，而是中国化的马克思列宁主义军事理论。

(二) 军事实践经验的科学总结

中国的革命战争主要包括国共合作的北伐战争、土地革命战争、抗日战争、解放战争。中国革命战争规模之巨大、情况之复杂、道路之曲折、形式之多样、内容之丰富，不仅在中国历史上是空前的，在世界历史上也是罕见的。通过这些战争和武装斗争，我党领导中国人民推翻了旧中国的反动政权，粉碎了外敌入侵，捍卫了民族独立，建立了新中国，并通过抗美援朝战争和边境自卫反击作战，巩固了国防，维护了国家安宁和世界和平。理论来源于实践而又被实践检验证明是正确的才是科学的理论。毛泽东军事思想不是个别天才头脑里主观臆造的理论概念，不是先于中国革命战争实践的神秘产物，而是以毛泽东为代表的中国共产党人对中国革命战争实践经验的科学总结，是来源于中国革命战争实践而又被中国革命战争实践所证明是正确的科学理论。

(三) 毛泽东军事思想是毛泽东思想的重要组成部分

党的十一届六中全会通过的《关于建国以来党的若干问题的决议》指出，毛泽东思想主要内容的基本点：一是关于新民主主义革命的理论；二是关于社会主义革命和社会主义建设的理论；三是关于革命军队的建设和军事战略的理论；四是关于政策和策略的理论；五是关于思想政治工作和文化工作的理论；六是关于党的建设的理论。其中第三点就是军事思想。在取得全国政权前的 22 年，军事斗争是我们党的工作重心，占有最突出的地位。毛泽东和他的战友们以极大的精力研究军事以指导战争，因而军事著作很自然地在他的著作中占有大量篇幅和重要地位。毛泽东在指导战争的过程中，将军事、政治、哲学、经济、文化、党的建设等熔于一炉，因而在他的其他部分论著中，也大量涉及军事斗争问题。蕴藏在毛泽东军事思想中的许多原理，也经常被毛泽东引申到重大的政治、经济等理论著作中。毛泽东对军事实践活动倾注了大量的精力，指导战争又是他一生中最光辉的经历。因而其军事思想部分必然在其整个思想体系中占有重要的位置。国外众多著名军事理论研究者普遍认为，共产党军事思想的最好阐述见诸于中国。

(四) 集体智慧的结晶

毛泽东军事思想虽然是以毛泽东命名的，但它不是毛泽东一个人智慧的产物，而是中国共产党人集体智慧的结晶。这是因为，中国革命战争及其人民军队的创建是在以毛泽东为代表的中国共产党人共同领导下进行的。加之毛泽东在指导中国革命战争的过程中不仅能听取各战略区指挥员的意见，而且善于把各战略区作战、建军的经验教训上升到理论高度加以认真地总结和抽象。所以，毛泽东在 1942 年延安整风时说，毛泽东思想这不是我一个人的思想，是千百万先烈用鲜血写出来的，是党和人民的集体智慧。如同用马克思的名字来命名马克思主义这一科学理论一样，中国共产党也以毛泽东的名字来命名这一中国化的马克思主义军事理论——毛泽东军事思想。

二、毛泽东军事思想的主要内容

毛泽东军事思想是一个内容极为丰富的科学体系，基本内容主要包括：战争观和军事问题方法论、人民军队建设思想、人民战争思想、人民战争的战略战术思想、国防建设思想等五个方面。

（一）战争观和军事问题方法论

毛泽东运用辩证唯物主义和历史唯物主义，研究并指导中国革命斗争问题而形成的战争观和方法论，是毛泽东军事思想的理论基础。毛泽东军事思想对战争起源、战争性质、战争目的、现代战争根源，以及对战争的态度、作战指导、国防与军队建设等问题，都做了唯物辩证的论述。

（1）在阶级社会中，战争是用以解决阶级和阶级、民族和民族、国家和国家、政治集团和政治集团之间在一定发展阶段上的矛盾的一种最高的斗争形式。战争是政治性质的行动，自古以来没有不带政治性质的战争。然而，战争不等于一般的政治，而是流血的政治。政治发展到一定的阶段，再也不能前进了，于是利用战争以扫清政治道路上的障碍。历史上的战争分为正义的和非正义的两大类，一切进步的符合人民利益、推动社会向前发展的战争是正义战争，一切违背人民根本利益、阻碍社会向前发展的战争是非正义战争。共产党人反对一切阻碍进步的非正义战争，支持进步的正义战争，根本目的是最终消灭一切战争，实现人类永久和平。

（2）战争同其他客观事物一样，存在着内部矛盾运动发展的规律。战争规律分为一般规律和特殊规律。存在于一切战争之中的诸如敌我、攻防、进退、胜败等相互联结又相互斗争的矛盾运动发展的本质性规律，是战争的一般规律。不同时间、地域和性质的战争，又各有其特殊性，存在着不同于其他战争的特殊规律。一般战争规律寓于特殊战争规律之中。战争规律不是一成不变的，随着客观物质条件的发展，战争规律也不断发展。

（3）认识和掌握战争规律是为了解决指导战争的问题。使主观指导和客观实际相符合是正确地指导战争的前提和基础。熟识敌我双方各方面的情况，找出其行动规律，并且运用这些规律于自己的行动，是正确进行作战指导的基本方法。

此外，毛泽东的战争观和方法论，还运用于正确处理国防建设和军队建设中的各种矛盾关系。经济建设是国防建设的物质基础。在相对稳定的和平时期，国防建设必须服从经济建设，国防建设与经济建设之间也需要正确解决需要与可能、战时与平时、军用与民用等方面的矛盾关系，这是搞好国防建设，促进国民经济协调发展的重要前提。

(二) 人民军队建设思想

人民军队建设思想，是以毛泽东为代表的老一辈无产阶级军事家，作为进行武装革命的首要问题提出来的。毛泽东从中国革命战争的实际需要出发，提出必须把建立一支人民的军队作为武装斗争的首要问题。要建设一支无产阶级性质的新型人民军队，必须确立和坚持一系列基本的建军原则。

(1) 紧紧地和人民站在一起，全心全意地为人民服务是人民军队的唯一宗旨。在建立全国政权之后，人民军队既是保卫社会主义制度的钢铁长城，又是建设社会主义物质文明和精神文明的重要力量。

(2) 党对军队的绝对领导是人民军队建军的根本原则。中国人民解放军是中国共产党缔造和领导的执行革命的政治任务的武装集团，在党与军队的关系上只能是党指挥枪，而绝不允许枪指挥党。

(3) 强有力的革命政治工作是人民军队的生命线。政治工作应坚持以马克思列宁主义为指导，根据中国共产党在不同历史时期的总任务，以及由此规定的军队的具体任务而展开。政治工作应服务于军队的革命化、现代化、正规化建设，从思想上、政治上、组织上保证党对军队的绝对领导，保证军队内部的团结和军政、军民团结，保证军队战斗力的提高和各项任务的完成。

(4) 加强军事建设是人民军队履行自身职责的重要保证。毛泽东强调，人民军队要由低级阶段不断向高级阶段发展。革新军制离不开现代化，要贯彻精兵的原则，以精简、统一、效能、节约和反对官僚主义为目的，使体制、编制从带游击性的旧阶段逐步发展到更带正规性的新阶段。要高度重视武器装备的发展，适时进行整训，努力提高军队的文化素质以及指挥员的军事理论和作战指挥水平，不断提高战斗力。

(三) 人民战争思想

毛泽东把马克思主义的历史唯物主义原理，创造性地运用于中国革命战争实践，创立了一整套具有中国特色的人民战争理论。

(1) 依靠人民群众进行战争。毛泽东指出，革命战争是群众的战争，只有动员群众才能进行战争，只有依靠群众才能进行战争。

(2) 建立农村革命根据地。毛泽东认为，在半殖民地半封建的中国，帝国主义、封建地主阶级和官僚资产阶级在很长一个时期里势力非常强大，并且控制着中心城市，实行法西斯统治，中国革命的武装斗争首先从城市开始并没有取得胜利。因此，中国革命应当走先占领农村，以农村包围城市，最终夺取城市的道路。

(3) 建立三结合的武装力量体制。人民军队是开展人民战争的骨干力量，必须按照无产阶级的建军原则，建立一支强大的人民军队。同时，根据不同的任务特点和要求，将人民军队划分为野战军和地方军，并同游击队与民兵有机地结合起来，形成三结合的武装力量体制。

(4) 把武装斗争同其他斗争形式结合起来。只有武装斗争，而无其他斗争形式相配合，还不是全面的、彻底的人民战争，因此要在进行武装斗争的同时，在政治、经济、思想、文化、外交等多条战线上，以各种形式广泛、全面地展开对敌斗争。

(四) 人民战争的战略战术思想

毛泽东根据中国革命战争的规律和特点，领导人民军队和人民群众，在同强大敌人进行的长期革命战争的实践中，为了达到以弱胜强、克敌制胜的目的，创建了极具中国特色的、从实际出发、以机动灵活为主要特点的战略战术理论，其内容极为丰富精彩。

(1) 战争的目的是保存自己，消灭敌人。毛泽东认为，保存自己，消灭敌人是战争的最高目的，古今中外，概莫能外。在二者的关系中，消灭敌人是主要的，保存自己是第二位的，只有大量地消灭敌人，才能有效地保存自己；保存自己的目的在于消灭敌人，而消灭敌人又是保存自己的最有效手段。

(2) 战略上藐视敌人，战术上重视敌人。毛泽东指出，在战争中，要认识到反动势力是反人民的、落后的、腐朽的力量，是纸老虎，终究要走向灭亡，因而在战略上、在全局上藐视它，树立斗争的勇气和胜利的信心。但同时也要看到反动势力又是活生生的真老虎，暂时是强大的，并且不会自行灭亡，因而在战术上又要重视它，对每一个局部、每一场作战都要采取谨慎的态度，讲究斗争艺术，运用适当战法，集中力量战胜它。

(3) 实行积极防御，反对消极防御。毛泽东指出，积极防御又叫攻势防御、决战防御；消极防御又叫专守防御、单纯防御。消极防御实际上是假防御，只有积极防御才是真防御，才是为了反攻和进攻的防御。中国革命战争应当采取积极防御的战略方针，在战略上把防御和进攻辩证地统一起来。

(4) 集中优势兵力，各个歼灭敌人。毛泽东强调，在战略上敌强我弱、敌优我劣的条件下，为了改变敌我进退、攻防和内外线的形势，将被动转为主动，要贯彻在战略上"以一当十"，在战术上"以十当一"的思想，实行集中优势兵力，各个歼灭敌人的作战原则。

(5) 适时进行战略转变，灵活运用各种作战形式。毛泽东指出，适时进行军事战略的转变，对于战争的坚持、发展和胜利具有重要意义。战略转变通常反映在运动战、阵地战、游击战三种作战形式的转换上。他强调，运用作战形式必须适时得体、巧妙结合，根据战争各时期、各阶段、各地区敌我力量的不同情况，灵活地选择主要作战形式，并且把三种作战形式有机地结合起来。

(6) 不打无准备之仗，不打无把握之仗。毛泽东从中国革命战争敌强我弱的客观条件出发，把不打无准备之仗，不打无把握之仗，作为一条重要的军事原则，强调每仗均应力求有充分准备，力求在敌我条件对比上确有胜利的把握。

(7) 执行有利决战，避免不利决战。毛泽东指出，决战是解决两军之间胜负问题的根本方式，也是战争或战役中最激烈、复杂、多变的时节，要选准决战的时机，一切有把握的战役和战斗应坚决地进行决战，一切无把握的战役和战斗则应避免决战。

(8) 力争战争的主动权，正确地把握灵活性和计划性。主动权是军队的自由权。军队如果被逼处于被动，不恢复主动，就要失败。因此，要力争主动、力避被动。

(五) 国防建设思想

新中国成立以后，毛泽东在领导党和人民进行社会主义革命和社会主义建设的过程中，在正确分析国际战略形势和国家安全环境的基础上，提出了一系列关于加强国防建设和保卫国家安全的原则、目标、计划和措施等，逐步形成了关于建设现代化国防和保卫国家安全的理论，有力地指导了国防现代化建设和多次自卫反击作战。

(1) 必须建立巩固的国防。为了有效地抵御外来反动势力的侵略，保卫人民的胜利果实，保证社会主义革命和社会主义建设事业的顺利进行，取得了胜利的中国人民不能不建立巩固的国防，在英勇的、经过考验的人民解放军的基础上，人民武装力量必须保存和发展起来。不仅要有强大的陆军，而且要有强大的海军和强大的空军。

(2) 实行积极防御的战略方针。我国是社会主义性质的国家，不会侵略别国。我国奉行和平外交政策，主张与不同社会制度的国家和平共处，以和平共处五项原则来建立国与国之间的关系，以谈判的方式而不是战争的方式来解决国际争端。据此，我们的国防执行的是积极防御的战略方针。

(3) 建设强大的国防军。建设一支强大的国防军以保卫我国社会主义建设，抵御外来侵略，是和平时期人民军队建设的总方针和总任务。相对稳定和平时期的军队建设，必须继承和发扬我军的优良传统，全面加强军队的现代化建设。建立正规化制度，发展现代军事理论，培养适应现代战争的合格人才。

(4) 建立独立、完整的国防科技和国防工业体系。为了给军队现代化建设提供强大的技术和物质基础，必须建立独立、完整的国防科技和国防工业体系。

(5) 建设强大的国防后备力量。要从总体上加强国防后备力量建设，以适应未来战争的需要；民兵是巩固国家政权的重要力量之一，要将民兵同预备役结合起来；大力开展国防教育，抓好对青少年的军训工作。

三、毛泽东军事思想的历史地位和现实意义

以毛泽东为主要代表的中国共产党人，在长期的中国革命战争和军队建设过程中，把马克思列宁主义军事理论同中国革命战争的具体实践相结合，形成了当代最先进的军事科学——毛泽东军事思想。它深刻地揭示了战争的本质和基本规律，全面回答和解决了当代面临的一系列重大军事问题，创造性地丰富和发展了马克思列宁主义军事理论，指导中国革命战争取得了伟大的胜利。毛泽东军事思想在中国乃至世界军事史上独树一帜，具有极其重要的历史地位。

(一) 创造性地丰富和发展了马克思主义军事理论

中国革命战争是中外历史上最宏伟的一场人民革命战争，以毛泽东为代表的中国共产党人，为了正确指导这场战争，一方面完全忠实于马克思列宁主义的基本原理，用它的立场、观点、方法认识和解决革命战争中的实际问题；另一方面，又完全从中国的实际情况出发，独立地、创造性地解决革命战争中的实际问题。因而，毛泽东军事思想是对马克思主义军事理论创造性地运用和发展，极大地丰富和发展了马克思主义军事理论。

(二) 中国革命战争胜利的理论指南

先进的军事思想一旦被群众所掌握，就会产生巨大的物质力量。毛泽东军事思想是中国革命战争的光辉记录，中国革命战争的胜利，正是在它的指引下取得的。发生在 20 世纪前叶的中国革命是中国历史上的一个伟大事件，要在这一场史无前例的革命战争中取得胜利，如果没有先进的军事理论作指导，那是不可能的。正如邓小平所说的：“没有毛主席，至少我们中国人民还要在黑暗中摸索更长的时间。毛主席最伟大的功绩是把马列主义的原理同中国革命的实际结合起来，指出了中国夺取革命胜利的道路。”

(三) 毛泽东军事思想在世界上具有广泛影响

由于毛泽东军事思想科学地揭示了革命战争的客观规律，因而受到了为民族独立和解放而斗争的第三世界国家人民的重视，他们十分注意吸取和运用毛泽东军事思想。阿尔及利亚军民在反对法国殖民主义的武装斗争中，曾经从《中国革命战争

的战略问题》一书中吸取力量，经过 7 年多的战争，终于战胜法国殖民主义者，赢得了民族独立。莫桑比克、津巴布韦、几内亚等国的自由战士，运用毛泽东人民战争理论，结合本国实际情况，在农村建立根据地，建立民兵、游击队和正规军，开展游击战争，最后取得了独立。国外一些军事理论家、评论家对毛泽东军事思想给予了高度评价。美国前国务卿基辛格在《核武器与外交政策》一书中说："关于共产党军事思想的最好阐述，不见诸苏联的著作，而见诸中国的著作"，"毛泽东基于大家熟悉的列宁主义学说，即战争是斗争的最高形式，研究出一套军事理论。这套理论表现出高度的分析力、罕有的洞察力……"英国军事评论家巴特曼在《在东方的失败》一书中指出："毛泽东是掌握打开这个时代军事奥秘之锁的全套钥匙的一个时代的人物。"毛泽东军事著作已成为各国军事家必读的经典，有的国家还把毛泽东军事思想列为军事院校的必修课。毛泽东军事思想在世界军事思想史上占有重要的地位，是当代世界具有重大影响的军事思想。

在新的历史条件下，学习毛泽东军事思想，掌握它的科学原理，对于加强我军新时期国防和军队建设，做好新时期军事斗争准备，打赢未来可能发生的信息化条件下的局部战争，无疑是一项根本性大计。

思考题 ✍

1. 毛泽东军事思想的形成和发展经历了哪几个阶段？
2. 毛泽东军事思想的主要内容是什么？
3. 毛泽东军事思想的核心是什么？

第四节　邓小平新时期军队建设思想

邓小平新时期军队建设思想，是毛泽东军事思想发展的一个新阶段，反映了新时期军事斗争的客观规律，抓住了新时期军队建设的关键，指明了新时期军事工作的方向，回答了新形势下军事实践迫切需要解决的理论问题，对于新时期军队建设和军事斗争准备，具有极其重要的现实意义和深远的历史意义。

一、邓小平新时期军队建设思想的主要内容

邓小平新时期军队建设思想是建立在毛泽东军事思想科学体系基础之上的，几乎涵盖了毛泽东军事思想体系的各个组成部分和基本内容，并有所创新，有所发展。

(一) 关于战争与和平思想

如何看待战争与和平问题，是马克思主义军事理论的一个重大问题，邓小平新时期关于战争与和平思想是其军事思想的理论基础，只有对战争与和平的形势做出科学的判断，才能正确确立我国国防和军队建设的指导思想，制定我军的军事战略。因此，战争与和平思想在邓小平新时期军队建设思想中起到根本依据的作用。邓小平根据国际形势的发展，运用毛泽东研究和指导战争的认识论和方法论，正确指出战争的威胁依然存在，但推迟或制止世界战争的爆发已成为可能，对于采取什么手段才能赢得和平的问题，邓小平做出了富有创新性的论述，提出了稳定世界局势的新途径和新办法，这就是以"和平方式"和"共同开发"的办法解决国际争端。

(二) 国防建设思想

正确处理现代化建设各方面的关系，把国防建设摆在一个恰当位置上，有计划、有步骤地实现国防现代化的宏伟目标，这是邓小平新时期军事思想体系中的一个极为重要的内容。国防现代化是国家现代化不可或缺的组成部分，也是实现其他领域现代化的重要保证。党的第十一届三中全会以后，随着全党工作重点的转移，邓小平全面分析了当时的国际环境和我国建设所面临的矛盾和关系，逐步形成了建设中国特色社会主义现代化国防的思想。这一思想内容主要包括：一是国防建设指导思想从长期以来立足于"早打，大打，打核战争"的临战状态，转变到和平时期现代化建设的轨道上来。二是正确处理国防建设和经济建设的关系。三是国防建设要与经济建设协调发展。

(三) 军队建设思想

军队建设思想是邓小平新时期军事思想的核心和重点内容。它总结了党的第十一届三中全会以来军队建设的新经验，创造性地回答了新形势下军队建设亟待解决的重大问题，成为和平时期我军现代化建设的纲领。邓小平新时期军队建设思想的内容十分丰富，主要包括：关于革命化为前提、现代化为中心、正规化为重点，全面建设军队的思想；关于把教育训练摆到战略地位，努力提高部队战斗力的思想；关于搞好体制改革和精简整编，建立科学的体制编制的思想；关于实现军队正规化，以法治军，科学化管理的思想；关于实现干部队伍革命化、年轻化、知识化、专业化的思想；关于加强和改进新时期政治工作，保证党对军队的绝对领导，保证军队的高度稳定和集中统一思想，等等。

(四) 现代条件下的人民战争思想

在新的历史时期，邓小平根据现代战争的特点，结合我国的实际情况，在继承毛泽东人民战争思想的基础上，提出了"现代条件下人民战争"的思想。围绕这一思想，邓小平特别强调了人民战争的形式要与现代战争的特点相吻合；强调现代条件下从事人民战争的人必须具有很高的素质；强调在军队精简整编的情况下，尤其要搞好民兵和预备役的建设等。邓小平关于现代条件下的人民战争思想，不仅符合我国的国情和军情，而且符合社会主义国防现代化建设的基本规律。正因为如此，现代条件下的人民战争思想是邓小平新时期军事思想体系的重要组成部分。

（五）军事战略思想

军事战略是军事斗争实践的客观反映，是基于对战略环境的科学分析而做出的判断和指导。战略环境发生了变化，必然导致战略指导的改变。20 世纪 80 年代以后，国际战略形势发生了历史性变化，邓小平依据马克思主义和毛泽东军事思想的基本原理，对国际战略格局和世界战略形势的发展趋势，做出了正确判断，提出了一整套适应当今世界发展的战略思想。主要包括：实行积极防御战略方针，把立足点放在遏制战争的爆发上；注重研究现代战争，把着眼点放在打赢现代条件下的局部战争上；军事战略要从维护国家安全利益出发，创造和平方式解决对抗性争端和矛盾；注重发展综合国力，从根本上增强军事实力，提高威慑能力。

在新的历史时期，邓小平根据国际形势和敌我双方政治、经济、军事、地理多方面的情况分析，科学预见现代战争的发生、发展，并深刻揭示了其特点和规律，提出了我国在和平时期和战争条件下的许多新的军事战略指导，赋予军事战略新的内涵，充实和完善了军事战略理论体系。他为我军建设指导思想实行战略性转变和国防建设指明了正确的发展方向，起着纲举目张的作用。

二、邓小平新时期军队建设思想的地位作用

邓小平新时期军队建设思想，指引我们党正确解决了在和平与发展成为时代主题、我国进行改革开放的历史条件下走中国特色精兵之路，建设强大的现代化、正规化革命军队的重大课题。邓小平新时期军队建设思想源于实践，高于实践，对于指导新时期我国国防、军队建设以及未来作战的实践，都具有十分重要的现实意义和历史意义。

（一）新时期继承和发展毛泽东军事思想的典范

在新的历史条件下，邓小平新时期军队建设思想为毛泽东军事思想的继承和发展做出了历史性贡献。邓小平作为我党第二代领导集体的核心和我军统帅，不仅是毛泽东军事思想的创建者之一，也是毛泽东军事思想在新的历史条件下的主要坚持者和发展者。首先，强调要坚持和发展毛泽东军事思想，必须采取正确的态度，反

对错误的态度。其次，强调要坚持和发展毛泽东军事思想，必须完整准确地理解毛泽东军事思想的科学体系。第三，强调要坚持和发展毛泽东军事思想，必须运用毛泽东军事思想的立场，观点和方法。因此，邓小平新时期军队建设思想，是新时期继承和发展毛泽东军事思想的典范，也是新时期发展了的毛泽东军事思想。

（二）新时期我军军事理论的集中体现

邓小平对新时期军队建设和军事斗争中许多重大问题的研究和探讨，都是以新的认识，新的理论深度，在总结我军历史经验的基础上．来探索新的建军经验的。邓小平继承和发展了毛泽东军事思想，比较系统地回答了在当代中国如何建设一支现代化革命军队的重大问题，提出了新时期我军建设中一系列重大方针和原则，形成了新时期我军军事理论的主体。

（三）新时期我军建设的强大思想武器

伟大的实践需要科学理论的指导，科学的理论只有在指导实践中才能发挥巨大的作用。坚持运用科学的军事理论去指导新时期的军事实践，不仅关系到军队建设和国防建设的前途和命运，而且关系到整个国家的盛衰和兴亡。如今，我军与过去相比，有了令人瞩目的变化。然而，实现现代化、正规化革命军队的目标，还需要我们不断地实践和探索。邓小平新时期军队建设思想为我们完成这个伟大的实践和探索提供了世界观和方法论的指导，它将有效地保证我军建设沿着正确的轨道前进。

思考题 ✍

1. 国防和军队建设指导思想实行战略性转变的实质是什么？
2. 军队现代化建设的主要内容是什么？
3. 邓小平军队建设思想的地位和作用是什么？

第五节 江泽民国防和军队建设思想

江泽民主持中央军委工作后，创造性地坚持和运用毛泽东军事思想和邓小平新时期军队建设思想，研究新情况，解决新问题，科学地揭示了新的历史条件下战争与和平的特点与规律、国防和军队建设的特点与规律，形成了具有鲜明时代特色的国防和军队建设思想。江泽民国防和军队建设思想，指引我们党正确解决了在世界新军事变革蓬勃进行、我国社会主义市场经济深入发展的历史条件下，积极推进中国特色军事变革，保证人民军队打得赢、不变质的重大课题。

一、江泽民国防和军队建设思想的主要内容

江泽民国防和军队建设思想，着眼于时代的发展变化，立足于我国的国情、军情，科学地阐明了国防和军队建设的地位作用、目标任务、指导方针、总体思路、根本途径、战略步骤、发展动力和政治保证等，提出了一系列新思想、新观点、新论断，形成了一个完整的军事理论体系。江泽民国防和军队建设思想内容丰富，博大精深，涵盖了对国际形势和我国安全环境的战略判断、国防和军队建设与改革、高技术局部战争及其战略战术等方方面面；既提出了未来打什么样的仗的问题，又回答了怎样打仗的问题；既提出了新形势下建设一支什么样的军队的问题，又回答了怎样建设这支军队的根本性问题。

第一，在国防与军队建设的地位和作用问题上，强调虽然世界大战打不起来，但世界并不太平，国内外还面临许多不安全、不稳定因素，尤其我国还未完全实现统一大业。因此，加强国防和军队建设、履行其根本职能，还任重道远。强调我军是人民民主专政的坚强柱石，是保卫社会主义祖国的钢铁长城，是建设社会主义物质文明和精神文明的重要力量。要为国家改革开放和现代化建设提供坚强有力的安全保障，要为实现祖国统一大业而努力奋斗，国防和军队建设只能加强，不能削弱。

第二，在国防和军队建设的领导力量和政治保证问题上，强调始终不渝地坚持党对军队的绝对领导，坚持以毛泽东军事思想和邓小平新时期军队建设思想为根本指导，把思想政治建设摆在全军各项建设的首位，坚持和发扬优良传统，高度重视建设高素质的干部队伍，加强廉政建设，拒腐蚀、永不沾，从组织上、思想上、政治上确保人民军队的性质和本色不变。

第三，在国防和军队建设的根本任务问题上，强调围绕"打得赢"、"不变质"和履行维护社会稳定、推进祖国统一、保卫国家安全的神圣使命，以新时期军事战略方针指导和统揽全局，提出"政治合格、军事过硬、作风优良、纪律严明、保障有力"五句话的总要求，全面推进军队革命化、现代化、正规化建设。强调坚持精干的常备军与强大的后备力量相结合的方针，在加强常备军建设的同时，加强人民武装警察部队建设和民兵、预备役部队建设，加强国防教育，提高国防观念，搞好军政军民团结。强调居安思危，加强战争准备，研究打赢现代技术特别是高技术局部战争条件下的人民战争的战略战术。

第四，在国防和军队建设发展道路问题上，强调从中国的国情军情和时代形势的战略要求出发，走有中国特色的精兵之路。鉴于我国尚处于社会主义初级阶段、国防投入不足的情况，强调走出一条投入较少、效益较高的路子。强调要在坚持全

面发展的同时，突出应急机动作战部队建设，海军、空军、第二炮兵等军兵种建设，高素质的复合型军事人才建设和"杀手锏"武器的科技装备建设。

第五，在国防和军队建设动力问题上，强调认真研究时代和世界战略格局的发展变化及其对我国国防和军队建设带来的机遇和挑战，切实把握世界军事变革发展的特点和趋势，认真研究海湾战争、科索沃战争和台海局势的发展趋向及对我们的启示，增强责任感和使命感。强调国防和军队建设要服从经济建设大局，随着经济建设的不断发展而发展，使国防建设与经济建设协调发展。强调加强军事科学研究，积极探索新形势下国防与军队建设的特点和规律，以先进的军事理论引导国防与军队建设。强调深化改革，扩大开放，在坚持自力更生的基础上，注重引进先进技术和有益经验，以军事斗争准备为龙头，加紧研究和制定克敌制胜的方针和对策，并落实各种举措。

第六，在国防和军队建设发展战略步骤问题上，强调与国家三步走的发展战略相适应，坚持科技强军、勤俭建军、依法从严治军的方针，逐步实现国防和军队建设三步走的发展目标。鉴于我国国防和军队建设尚处于机械化和信息化两大历史任务并举的阶段，为了加速国防和军队建设的前进步伐，要贯彻科技强军战略，实行跨越式发展，积极实现"两个根本性转变"。

第七，在国防和军队建设基本经验规律问题上，强调认真总结改革开放 20 多年来我国国防和军队建设的基本经验，对于实现国防和军队现代化跨世纪发展的宏伟目标具有重要意义。指出这些历史经验主要体现在正确认识和处理七个方面的基本关系上，即：战争与和平的关系；国防建设与经济建设的关系；革命化、现代化、正规化建设之间的关系；军队数量与质量的关系；常备军与后备力量的关系；继承优良传统与改革创新的关系；学习外军有益经验与保持我军特色的关系。强调要在新的实践中进一步丰富和发展这些经验，使之充分发挥继往开来的作用。

二、江泽民国防和军队建设思想的地位作用

江泽民国防和军队建设思想，深刻揭示了新的历史条件下国防和军队建设的特点和规律，为认识和把握军事运动发展提供了强大的思想武器。发现并阐明事物运动规律，是科学理论的使命。江泽民国防和军队建设思想的科学价值，就在于它在空前的深度和广度上展现了现实军事运动的本质联系。一是揭示了当代中国国防建设的特点和规律。二是揭示了中国特色军事变革的特点和规律。三是揭示了未来战争与军事斗争准备的特点和规律。四是揭示了改革开放和发展社会主义市场经济条件下建军治军的特点和规律。

江泽民国防和军队建设思想，科学地回答了新的历史条件下国防和军队建设的一系列重大现实问题，为做好各项工作提供了根本依据。江泽民主持军委工作的 15

年，国防和军队建设经历了许多从未遇到过的复杂情况和考验。江泽民审时度势，理乱驭繁，总揽全局，协调各方，做出了一系列重大战略决策，解决了一系列带根本性、全局性、方向性的问题，从而保证了我军建设始终沿着正确航向破浪前进。

江泽民总是以马克思主义的宽广眼界观察世界、思考未来，善于见微知著，注重未雨绸缪，具有强烈的忧患意识、前瞻意识和机遇意识。他把创新作为引导我军走在世界军事发展前列的不竭动力，坚持用发展的办法解决国防和军队建设遇到的问题，从变革中寻找我军跨越式发展的道路。他注重运用系统思维、综合集成的方法解决军事问题，坚持把国防和军队建设作为一个复杂的系统工程来谋划，放在国际战略全局和国家发展大局中来运筹。他把政治与科学有机结合起来，既注重从政治高度观察和思考军事问题，又注重把现代科学方法应用于军事领域。这些闪耀着唯物辩证法光辉的思维方式和思想方法，坚持了与时俱进与实事求是的统一、世界眼光与中国特色的统一、创新品格与科学态度的统一、把握全局与善抓关键的统一，是贯穿江泽民国防和军队建设思想的精髓，对面向未来思考谋划国防和军队建设具有重要的世界观方法论意义。

思考题 ✍

1. 实现我军质量建设的"两个转变"是什么？
2. 江泽民关于加强军队全面建设的"五句话"的总要求是什么？
3. 江泽民国防和军队建设思想的地位作用是什么？

第六节　胡锦涛关于国防和军队建设重要论述

胡锦涛担任军委主席以来，坚持把毛泽东军事思想、邓小平新时期军队建设思想、江泽民国防和军队建设思想与新的实际相结合，对国防和军队建设作出了一系列重要论述，提出了关于军事问题的诸多新论断、新思想、新观点、新结论，初步形成了具有鲜明时代特征的军事思想，丰富和发展了党的军事指导理论，为新世纪新阶段国防和军队建设及军事斗争准备提供了强大思想武器，也为推进马克思主义军事理论中国化的历史进程作出了杰出贡献。

一、胡锦涛关于国防和军队建设重要论述的主要内容

（一）把科学发展观作为国防和军队建设的重要指导方针

科学发展观是国防和军队建设的重要指导方针。这是胡锦涛对我们党关于国防

和军队建设指导理论作出的新概括，是对马克思主义军事理论中国化的重大创新，也是对马克思主义发展观的成功运用和发展。以胡锦涛为总书记的中央领导集体，在我国全面建设小康社会快速推进的关键时期，坚持以邓小平理论和"三个代表"重要思想为指导，从新世纪新阶段党和国家事业发展全局出发，创造性地提出了坚持"以人为本，全面、协调、可持续"的科学发展观。新世纪新阶段，国家安全和发展形势的新变化、新特点，要求我们必须坚持以科学发展观为指导，自觉从国际、国内大局出发统筹国家安全与发展，以科学的思路、模式和方法推动军队建设全面协调可持续发展，不断提高应对危机、维护和平与遏制战争、打赢战争的能力，确保我军在日益激烈的世界军事竞争中赢得主动，在复杂多样的军事斗争中立于不败之地。

胡锦涛强调，国防和军队建设要以科学发展观为指导，要自觉把科学发展观贯彻落实到国防和军队建设的各个领域和全过程，实现国防和军队建设全面协调可持续发展。要适应新的形势，积极探索军民结合、寓军于民的新途径、新方法，全面推进经济、科技、教育、人才等方面的军民结合。要按照革命化、现代化、正规化相统一的原则加强全面建设，协调推进军事、政治、后勤、装备等各领域的工作。要始终把革命化建设放在第一位，更加有力、更加扎实、更加富有成效地推进思想政治建设。要坚持以现代化建设为中心，科学统筹军队建设和改革的全局，努力发展应对多种安全威胁、完成多样化军事任务的能力。要深入研究信息化条件下和社会主义市场经济环境中建军治军的特点规律，贯彻依法治军、从严治军的方针，推动正规化建设向更高水平发展。一句话，必须努力实现国防和军队现代化建设又好又快发展。

（二）有效履行新世纪新阶段我军历史使命

新世纪新阶段，胡锦涛着眼维护国家和民族的根本利益，提出了"三个提供、一个发挥"的历史使命：为巩固党的执政地位提供重要的力量保证，为维护国家发展的重要战略机遇期提供坚强的安全保障，为维护国家利益提供有力的战略支撑，为维护世界和平与促进共同发展发挥重要作用。这一新的科学概括，开阔了国防和军队建设的战略视野，拓展了我军历史使命的科学内涵，是具有鲜明时代特征和中国特色的新的军队使命观。全军把捍卫国家主权、安全、领土完整，保障国家发展利益和保护人民利益放在高于一切的位置，全面加强部队建设，抓紧做好军事斗争准备，确保能够有效应对危机、维护和平，遏制战争、打赢战争，努力完成好维护国家主权和领土完整的反对民族分裂、捍卫国家边防安全、保护国家海洋权益等传统作战任务；要努力适应国家利益拓展，在国际军事合作以及开放性的复杂的社会环境中，完成好保护我国外贸陆海战略通道安全、处置重大突发事件、参与维护世界和平等多样化的作战任务。胡锦涛关于新世纪新阶段我军历史使命的重要论述，深刻揭示了新的历史条件下国防和军队建设的本质规律，体现了党的历史任务对我军的新要求，反映了国家发展战略的新需要，抓住了军队建设带全局性、根本性的重大问题，进一步拓展了我军的职能任务、明确了国防和军队建设的发展目标，提高了军事斗争准备的标准，充实了军事力量运用的指导原则。

(三) 努力建设一支听党指挥、服务人民、英勇善战的革命军队

胡锦涛指出："建设一支听党指挥、服务人民、英勇善战的革命军队，是革命的依托、民族的希望。""人民解放军的优良革命传统，集中起来就是听党指挥、服务人民、英勇善战。"这是对我军 80 年发展壮大历史经验的精辟概括，是对马克思主义建军学说的创新发展。听党指挥，是党和人民对人民军队的最高政治要求，要求我军必须坚持党对军队的绝对领导，必须在思想上、政治上和行动上同党中央保持高度一致，一切行动坚决听从党中央、中央军委的指挥，这集中体现了我军建设的根本原则和制度，是我军过去、现在和未来永远不变的军魂。服务人民，是人民军队一切奋斗发展的出发点和归宿，是人民军队必须永远坚持的根本宗旨，要求我军必须始终把人民群众作为最高的价值主体，坚持全心全意为人民服务的宗旨，坚决同一切破坏国家和人民利益的行为作斗争。英勇善战，是人民军队的鲜明特征，是人民军队履行职能使命的根本要求，是我军作为"威武之师"、"胜利之师"的重要标志，要求我军必须具有勇往直前、压倒一切敌人而绝不被敌人所屈服的英雄气概；具有敢打硬仗、恶仗，一不怕苦、二不怕死，勇于牺牲奉献的革命精神；具有以劣势装备打败优势装备之敌的战略战术。

(四) 科学统筹推动国防和军队建设全面发展

胡锦涛指出，坚持国防建设与经济建设协调发展的方针，是保证国家经济建设大局，为国家发展提供可靠安全保障的正确选择。我们必须始终不渝地坚持国防建设与经济建设协调发展的方针，在全面建设小康社会的历史进程中实现富国与强军的统一。坚持国防建设与经济建设协调发展，要按照科学发展观的要求，坚定不移地走投入较少、效益较高的国防和军队现代化建设路子；要使国防和军队发展战略与国家发展战略相适应，站在国家发展战略的高度，考虑和设计国防和军队发展战略，合理确定国防和军队建设布局，把国防和军队现代化建设融入国家现代化建设的战略全局之中，使国防和军队现代化进程与国家现代化进程相一致；要进一步完善国防动员体制和机制，大力加强民兵预备役部队建设，充分发挥我们的政治优势，巩固军政军民团结，切实增强信息化条件下人民战争的整体实力；要积极探索军民结合、寓军于民的发展路子，统筹国防资源与经济资源，注重国防经济和社会经济、

军用技术和民用技术、军队人才和地方人才的兼容发展。

（五）以军事斗争准备为龙头带动军队现代化建设整体发展

胡锦涛指出，把军事斗争准备作为军队现代化建设的龙头，抓住发展重点，统筹发展全局，通过局部跃升促进整体提高，既是积极适应国家安全形势发展变化的需要，也是加快推进我军现代化建设的需要。一方面，要深刻认识军事斗争准备在我国安全、统一和发展全局中的重要地位，作为当前我军最重要、最现实、最紧迫的战略任务，集中资源和力量，紧抓不放、扎实推进，形成并保持强大的信息化条件下防卫作战能力。特别是要加强海军、空军、二炮参战部队以及其他参战力量建设，提高诸军兵种联合作战的能力。另一方面，在加紧做好现实军事斗争准备的同时，统筹军队现代化建设全局，要着眼维护国家安全统一的长远需要，瞄准世界军事发展前沿，科学合理地确定军队现代化建设资源的投向和投量，长期经营，突出核心军事能力建设，以局部跃升带动国防和军队建设的长远发展，稳步推进中国特色军事变革，实现建设信息化军队、打赢信息化战争的战略目标。

（六）积极推动军事训练向信息化条件下转变

胡锦涛指出，要积极适应我军军事训练面临的新形势新任务新环境，从战略全局和时代发展的高度深刻认识加强新世纪新阶段军事训练的重要意义，把军事训练切实摆到战略地位。军事训练是和平时期部队最基本的实践活动和经常性的中心工作，是战斗力生成的基本途径。加强新世纪新阶段军事训练，要着眼有效履行新世纪新阶段我军历史使命，以新时期军事战略方针为统揽，围绕推进机械化条件下军事训练向信息化条件下军事训练转变的主题，坚持从实战需要出发从难从严训练，坚持全面提高官兵素质，坚持走科技兴训之路，坚持以改革创新推动训练发展，为确保我军打得赢、不变质服务；要把联合训练作为有机融合诸军兵种作战能力的高级训练形式，作为战斗力生长链条中的关键环节，贯穿于战略、战役、战术训练的各个层次；要坚持把军事训练的根本着眼点放在提高官兵综合素质上，促进官兵知识和能力结构的转变，努力把他们培养成适应信息化条件下局部战争要求的军人；要通过学科技、用科技，不断增大军事训练的科技含量，努力提高军事训练的质量和效益，特别要推进网络化建设；要围绕构建信息化条件下军事训练的科学体系深化改革创新；要正确认识和把握军事训练与军队各项建设的辩证关系，通过大抓军事训练，培养官兵的革命精神和优良作风，推动部队建设又好又快发展。

（七）走中国特色军民融合式发展路子

胡锦涛敏锐把握世界军事发展的新趋势和我国发展的新要求，提出必须坚持军民结合、寓军于民，把国防和军队现代化建设深深融入经济社会发展体系之中。要积极探索新形势下实现军民结合、寓军于民的新途径新方法，全面推进经济、科技、教育、人才等各个领域的军民融合，建立和完善军民结合、寓军于民的武器装备科研生产体系、军队人才培养体系和军队保障体系，在更广范围、更高层次、更深程度上把国防和军队现代化建设与经济社会发展结合起来。国防动员是实现军民结合、寓军于民的重要组织形式和桥梁，要进一步完善国防动员的体制和机制，大力加强民兵预备役部队的建设。

(八) 大力培育当代革命军人核心价值观

胡锦涛指出，要围绕强化官兵精神支柱，大力培育"忠诚于党、热爱人民、报效国家、献身使命、崇尚荣誉"的当代革命军人核心价值观。这一重要指示为我军提高应对多种安全威胁，完成多样化军事任务能力提供了强大的精神动力。忠诚于党，就是要自觉坚持党对军队的绝对领导，高举中国特色社会主义伟大旗帜，坚定中国特色社会主义理想信念，任何时候任何情况下都坚决听党指挥。热爱人民，就是要忠实践行全心全意为人民服务的根本宗旨，视人民利益高于一切，永葆子弟兵政治本色。报效国家，就是要大力弘扬爱国主义精神，坚决捍卫国家主权、安全、领土完整和人民民主专政的国家政权，为建设富强、民主、文明、和谐的社会主义现代化国家贡献力量。献身使命，就是要履行军人神圣职责，爱军精武，爱岗敬业，不怕牺牲，英勇善战，坚决履行好新世纪新阶段军队历史使命。崇尚荣誉，就是要自觉珍惜和维护国家、军队、军人的荣誉，视荣誉重于生命，自觉践行社会主义荣辱观。

二、胡锦涛关于国防和军队建设重要论述的地位作用

胡锦涛关于国防和军队建设重要论述，深刻揭示了新世纪新阶段国防和军队建设的特点和规律，把科学发展观作为加强国防和军队建设重要指导方针的论述，指明了国防和军队建设贯彻落实科学发展观的大方向、大思路，为谋划和指导军队建设提供了新的起点、新的思路、新的标准。本世纪以来，随着我国改革开放和社会主义市场经济的深入发展，军队建设面临着许多新情况、新问题和新要求。胡锦涛根据国际战略格局和世界军事形势的发展变化，立足于我国国情和军情，运用马克思主义的世界观和方法论，深刻总结新时期国防和军队建设的基本经验，明确提出用科学发展观指导国防和军队建设，科学统筹国防建设与经济建设，统筹中国特色军事变革与军事建设，统筹国防和军队建设与军事斗争准备，统筹机械化建设与信息化建设，统筹各种武装力量建设，统筹军事力量与民众力量，统筹当前建设与长远发展，统筹各战略方向建设等。

胡锦涛关于国防和军队建设重要论述，丰富和发展了马克思主义的军事认识论和方法论，为不断开创国防和军队建设新局面提供了科学的思维方法。坚持用发展着的马克思主义指导军事实践，是我们党领导军事工作的优良传统和根本经验。从毛泽东思想、邓小平理论到"三个代表"重要思想，党的每一次重大理论创新，都为军事斗争和军队建设提供了新的理论指导。胡锦涛主持军委工作以来，根据时代发展和军事实践的新要求，创造性地提出了在国防和军队建设中贯彻落实科学发展观、履行新世纪新阶段我军历史使命、贯彻以人为本建军治军理念、科学统筹军队建设和改革全局等一系列新思想、新观点、新论断，明确了新世纪、新阶段国防和军队建设的发展目标、发展模式、发展动力、发展道路和发展保证，进一步回答了建设什么样的军队、怎样建设军队的根本问题。

胡锦涛运用唯物辩证法的基本理论和方法，科学揭示了我军目前建设和军事斗争准备的基本矛盾，即我军的现代化水平与打赢信息化条件下局部战争的要求还不相适应，军事能力与有效履行新世纪、新阶段我军历史使命的要求还不相适应。明确提出"军事训练是军队和平时期最基本的实践活动，是战斗力生成的基本途径"，"加强军事训练，不仅是打仗的需要，也是一种重要的治军方式和管理方式"，"以军事训练为切入点，可以带动部队的全面建设"。号召全军大抓军事训练，大力推进新世纪、新阶段军事训练创新发展，努力开拓军事训练的新局面，以加速解决我军现代化水平与打赢信息化条件下局部战争的要求不相适应的问题，解决军事能力与有效履行新世纪、新阶段我军历史使命的要求不相适应的问题。胡锦涛关于国防和军队建设的重要论述，使我军对新形势下军事训练的特点和规律、军事斗争准备的特点和规律、国防建设的特点和规律的认识达到了一个新的水平。

思考题 ✍

1. 胡锦涛关于国防和军队建设重要论述的内容有哪些？
2. 新世纪新、阶段我军历史使命有哪些？
3. 当代革命军人核心价值观的主要内容有哪些？

第七节　习近平关于国防和军队建设重要论述

党的十八大以来，习近平围绕改革发展稳定、内政外交国防、治党治国治军等各方面，发表系列重要讲话，深刻回答了新形势下党和国家事业发展的一系列重大理论和现实问题，是新的历史条件下我们党治国理政的行动纲领，是坚持和发展中国特色社会主义的最新理论成果，是我们夺取中国特色社会主义新胜利、实现中华民族伟大复兴中国梦的强大思想武器。习近平对国防和军队建设高度重视，围绕强军兴军提出一系列重大战略思想、重大理论观点、重大决策部署，深刻阐述了国防和军队建设中根本性、方向性、全局性的重大问题。

一、习近平关于国防和军队建设重要论述的主要内容

(一) 国际战略形势和国家环境

习主席指出，世界形势正在发生冷战结束以来最为深刻复杂的变化，我国安全和发展形势更趋复杂，各种可以预料和难以预料的风险挑战将会增多。

世界依然面临着现实和潜在的战争威胁。当今世界正面临着前所未有之大变局，突出的特点是乱象纷呈。霸权主义、强权政治和新干涉主义有所上升，地区冲突和动荡此起彼伏，恐怖主义、海盗活动层出不穷，核安全、能源资源安全、网络安全形势严峻，贸易战、汇率战轮番出现。各种国际力量都想在乱中求变、乱中谋利，围绕权力和利益再分配的斗争十分激烈。

我国安全面临的现实威胁呈上升趋势。随着我国快速发展壮大，一些西方国家的焦虑感不断上升，千方百计对我国发展进行牵制和遏制。他们不愿看到任何国家超越他们，尤其不愿看到意识形态和社会制度与其不同的社会主义中国赶上和超越他们。不论是从国际战略格局上，还是从意识形态上，他们都决不希望我们这样一个社会主义大国顺利实现和平发展。他们不断加大对我国实施西化、分化战略的力度，加紧策划"颜色革命"，干扰和遏制我国发展。我国周边安全环境面临的风险挑战十分严峻，恐怖主义、分裂主义、极端主义活动猖獗。我国与周边多国存在的领土主权争端，对维护我国领土完整和国家安全提出重大挑战。一些亚洲国家纷纷制定和实施具有扩张性的海洋战略，企图联手对我，侵蚀侵犯我国领海主权和海洋权益，围绕海上争端的斗争将是长期的。两岸关系继续朝着缓和方向发展，但影响台海局势稳定的根源并未消除，维护国家统一和社会稳定的任务艰巨繁重。

(二) 国防和军队建设重要地位和作用

习主席指出，国防和军队建设，必须放在实现中华民族伟大复兴这个大目标下来认识和推进，服从服务于这个国家和民族最高利益，为实现中国梦提供坚强力量保证。

实现中国梦对军队来说就要实现强军梦。我军是执行党的政治任务的武装集团，是完全为着人民的利益而结合、而战斗的。党和人民事业要取得胜利就必须有自己的军队，没有一支强大的人民军队，中国梦就难以真正实现。我们必须着眼于

坚持和发展中国特色社会主义，在新的历史起点上加快推进国防和军队现代化，努力建设与我国国际地位相称、与国家安全和发展利益相适应的巩固国防和强大军队，为在中国特色社会主义道路上实现中国梦提供重要力量支撑和坚强安全保证。军队要担当起维护国家主权、安全、发展利益的重大责任。军队作为一个武装集团，是要随时准备打仗的。一旦发生战事，如果我们打不赢，那是要负历史责任的。在国家主权和领土完整遇到重大挑战时，在涉及国家核心利益的原则问题上，我们没有退路，必须针锋相对、寸土必争，坚守底线、坚决斗争。军队要时刻做好准备，只要党中央、中央军委一声令下，必须能够上得去、打得赢，以坚决有力的军事斗争有效维护我国战略利益。

努力推动国防实力和经济实力同步发展。习主席强调，要统筹经济建设和国防建设，实现富国和强军的统一。经济建设是国防建设的基本依托，只有国家经济实力增强了，国防建设才能有更大发展。要同心协力做好军民融合深度发展这篇大文章，走军民融合式发展路子，是实现富国和强军相统一的重要途径。军队要遵循国防经济规律和信息化条件下战斗力建设规律，自觉将国防和军队建设融入经济社会发展体系。地方要注重在经济建设中贯彻国防需求，自觉把经济布局调整同国防布局完善有机结合起来。

（三）实现党在新形势下的强军目标

习主席站在实现中华民族伟大复兴中国梦的时代高度，鲜明提出建设一支听党指挥、能打胜仗、作风优良的人民军队这一党在新形势下的强军目标。

听党指挥是灵魂，决定军队建设的政治方向。我军是党缔造的，一诞生便与党紧紧地联系在一起，始终在党的绝对领导下行动和战斗。我军作为执行党的政治任务的武装集团，必须把听党指挥作为军队建设的首要。我军能够无往而不胜，最终战胜一切敌人而不为敌人所压倒，坚决听党指挥是我军的建军之魂、强军之魂。这是我们党长期执政、国家长治久安的根本法宝，也是一切敌人最惧怕我们的一点。任何时候任何情况下，我军都必须铸牢听党指挥这个强军之魂。

能打胜仗是核心，反映军队的根本职能和军队建设的根本指向。军队首先是一个战斗队，必须坚持一切建设和工作向能打胜仗聚焦。如果军队在战场上打不赢，那是要产生严重政治后果的。我军素以能征善战著称于世，创造过许多辉煌的战绩。但能打胜仗的能力标准是随着战争实践发展而不断变化的，以前能打胜仗不等于现在能打胜仗。当前我军现代化水平与国家安全需求相比差距还很大，与世界先进军事水平相比差距还很大，我军打现代化战争能力不够，各级干部指挥现代战争能力不够，这些问题依然很现实地摆在我们面前，我们必须扭住能打仗、打胜仗这个强军之要。

作风优良是保证，这关系军队的性质、宗旨、本色。古往今来，作风优良才能塑造英雄部队，作风松散可以搞垮常胜之师。在长期实践中，我军培育和形成了一整套光荣传统和优良作风，把这些宝贵精神财富一代代传下去，关系军队建设全局，关系军队形象和战斗力建设。作风优良是我军的鲜明特色和政治优势，必须把作风建设作为军队一项基础性长期性工作抓紧抓实，夯实依法治军、从严治军这个强军之基。

(四) 从思想上政治上建设和掌握部队

习主席指出，思想政治建设是我军的根本性建设，政治工作发挥着保方向、保打赢、保本色的重要作用，必须始终摆在部队各项建设首位来抓，确保部队绝对忠诚、绝对纯洁、绝对可靠。

坚持从思想上政治上建设部队，这是我军能打仗、打胜仗的政治保证。面对意识形态领域的复杂斗争，必须把从思想上政治上建设和掌握部队的工作抓得紧而又紧。意识形态领域斗争是一场持久战，敌对势力在这个问题上很有耐力，一刻没有放松行动，我们要针锋相对，理直气壮、旗帜鲜明地进行斗争，切实掌握意识形态领域的话语权和领导权。我们必须有的放矢地加强意识形态工作，切实防范敌对势力对部队的渗透破坏，以积极主动的工作占领部队思想阵地、文化阵地、舆论阵地，使官兵增强政治免疫力，始终保持政治定力，不为任何风险所惧，不为任何干扰所惑。

提高坚持党对军队绝对领导的政治自觉和实际能力。思想政治建设的根本，就是毫不动摇坚持党对军队的绝对领导。坚持党对军队的绝对领导，关系我军性质和宗旨、关系社会主义前途命运、关系党和国家长治久安，是我军的立军之本和建军之魂，永远不能变，永远不能丢。要不要坚持党对军队的绝对领导，始终是我们同各种敌对势力斗争的一个焦点。敌对势力极力鼓吹"军队非党化、非政治化"和"军队国家化"，根本目的就是要使我军脱离党的领导。在这个根本政治原则问题上，我们要头脑特别清醒、态度特别鲜明、行动特别坚决，决不能有任何动摇、任何迟疑、任何含糊。

紧紧围绕强军目标加强思想政治建设。当前，军队思想政治建设要紧紧围绕强军目标来进行，使思想政治建设成为实现这一目标的强大推力和助力，为全面加强我军革命化现代化正规化建设提供可靠政治保证、强大精神动力、有力人才支持。要坚持不懈地抓好中国特色社会主义理论体系武装，积极培育和践行社会主义核心价值观和当代革命军人核心价值观，引导官兵坚定理想信念，端正价值追求，陶冶道德情操，砥砺意志品质，切实打牢强军报国的思想道德基础，培养当代革命军人的"精气神"。

推进思想政治工作创新发展。改革创新是我军发展的强大动力，要坚持解放思想、实事求是、与时俱进、求真务实，更新军事思维方式和思想观念，把改革创新精神贯彻到各项工作中。"不日新者必日退"，"明者因时而变，知者随世而制"。要继承我军政治工作的优良传统，也要推进新形势下思想政治工作创新发展，增强主动性、针对性、实效性。

（五）把作风建设作为基础性长期性工作抓紧抓实

习主席强调，必须把作风建设作为军队一项基础性长期性工作抓紧抓实，为实现党在新形势下的强军目标提供有力保证。

重点解决"四风"方面的突出问题。形式主义、官僚主义、享乐主义和奢靡之风，违背我们党的性质和宗旨，是当前群众深恶痛绝、反映最强烈的问题，是所有作风问题的集中表现，也是其他许多问题和弊端的源头。不坚决抑制"四风"问题，就会严重影响人民军队的性质、宗旨、本色，严重危害军队现代化建设和军事斗争准备，严重阻碍部队战斗力提高，严重破坏军队团结统一。一定要拿出打硬仗的劲头来，坚决啃下这块硬骨头。

强化令行禁止的纪律观念。下大气力整肃军纪，认真解决管理松懈、作风松散、纪律松弛问题，坚决杜绝有法不依、执法不严、违法不究的现象。要加大纪律执行情况的监督和检查力度，严格政治纪律、组织纪律、人事纪律、财经纪律、保密纪律，对不守纪律、阳奉阴违、明知故犯的要追究责任，对违纪违法的要严肃查处。

保持真抓实干的精神状态。空谈误事，实干兴军。不务实、不落实，再好的蓝图也是镜中花、水中月。要立说立行，临渊羡鱼不如退而结网，还是要做起来，正所谓"一步实际行动比一打纲领更重要"。真抓实干，贵在持之以恒。一件事不做则已，做则必做到底。

要旗帜鲜明反对腐败。军队是拿枪杆子的，军中绝不能有腐败分子藏身之地。出了腐败分子，不仅严重损害人民军队形象，也会给部队士气造成严重伤害。要切实加强军队反腐倡廉建设，坚持反腐倡廉常抓不懈、拒腐防变警钟长鸣，不断取得反腐败斗争的新成效。

积极开展党的群众路线教育实践活动，这是解决作风问题的战略性举措。我们这支军队是靠坚持党的群众路线起家的。军队开展党的群众路线教育实践活动，必须标准更高、走在前列，既要贯彻中央统一要求，又要体现自身特点和建设规律，着眼永葆人民军队性质、宗旨、本色，着眼形成和发展团结友爱和谐纯洁的内部关系，着眼促进军队各项工作和建设。

（六）建设高素质军事人才和干部队伍

习主席指出，实现强军目标，必须要有一大批高素质、敢担当的建军治军骨干。

增强选人用人科学性、准确性、公信度。"国家存亡之本，治乱之机，在于明选而已矣。"选人用人公不公、好不好、准不准，关系军队建设大局，有着十分重要的导向作用。必须坚持党管干部的原则，坚持正确用人导向，做到选贤任能、用当其时，知人善任、人尽其才，把优秀人才及时发现出来，合理使用起来。要坚持德才兼备、以德为先，坚持五湖四海、任人唯贤，这"两个坚持"是党的干部路线的集中体现，是选人用人的重要准则。要树立注重基层、注重实干、注重官兵公认的导向，这"三个注重"，抓住了选人用人的关键和要害。要切实在端正选人用人风气上下更大功夫，反对任人唯亲，反对找关系、跑门路，反对打招呼、递条子，反对一切形式的跑官要官、买官卖官。

把联合作战指挥人才、新型作战力量人才培养作为重中之重，这是适应战争形态和作战样式深刻变化的必然要求。随着我军武器装备和新型作战力量快速发展，人才匮乏问题将越来越突出。面对新的形势和要求，我们必须把培养部队急需人才作为战略问题来抓，投入更大精力，集中更多资源，采取超常措施，创新培养模式，切实解决好联合作战指挥人才、新型作战力量人才匮乏的问题。

构建三位一体的新型军事人才培养体系，提高人才培养质量，这明确了新形势下军事人才培养的基本途径。要坚持院校优先发展战略，推动军队院校建设有一个新的更大发展。强军兴国，关键靠人才，基础在教育。要全面贯彻党的教育方针，深入研究现代军事教育特点和规律，坚持走以提高质量为核心的内涵式发展道路，努力培养造就能够担当强军重任的优秀军事人才。部队训练实践是官兵成长成才的基本平台，优秀人才必须在实际工作中磨砺检验，在敢于担当中历练成长，只有不断经历一些难事、急事、大事、复杂的事，才能真正有所收获、有所提高。艰难困苦，玉汝于成。军事职业教育是院校教育、部队训练的拓展补充，是素质教育在军事领域的重要实现方式。要把军事职业教育作为提升军事人才职业特质、专业品质、创新素质的重要途径，有计划地开展全员学习、开放学习、终身学习活动，注重完善学习机制，浓厚学习空气，提高学习效果，切实打牢履职尽责的知识、能力基础。

（七）深化国防和军队改革

习主席指出，改革开放是党在新的时代条件下带领人民进行的新的伟大革命，是决定当代中国命运的关键一招。军队要跟上中央步伐，以逢山开路、遇河架桥的精神，坚决推进军队各项改革，为实现强军目标提供强大动力和体制机制保证。

深化国防和军队改革是回避不了的一场大考。改革创新是我军发展的强大动力，强军兴军动力在改革，出路也在改革。历史经验表明，以变革求强盛是强军的内在规律，我军现代化建设每一次突破和跃升都是通过改革创新实现的。当今世界，军事革命浪潮风起云涌，各主要国家纷纷加快军事变革，抢占军事战略制高点，争夺国际军事竞争新优势。在这场世界新军事革命的大潮中，谁思想保守、固步自封，谁就会错失宝贵机遇，陷于战略被动。我们必须抓住当前世界科技革命、产业革命、军事革命蓬勃发展的历史机遇，乘势而上，深入推进中国特色军事变革，缩小同世界强国在军事实力上的差距，努力掌握军事竞争战略主动权。正确把握深化国防和军队改革的指导原则。要坚持用强军目标审视改革、以强军目标引领改革、围绕强军目标推进改革，主要是解决制约国防和军队建设的体制性障碍、结构性矛盾和政策性问题，深入推进军队组织形态现代化。要牢牢把握坚持改革正确方向这个根本。我们的改革是在中国特色社会主义道路上不断前进的改革，既不走封闭僵化的老路，也不走改旗易帜的邪路，最核心的是坚持和改善党的领导、坚持和完善中国特色社会主义制度，偏离了这一条，那就南辕北辙了。要牢牢把握能打仗、打胜仗这个聚焦点。军队建设和改革最关键的问题是，在党和人民需要的时候，我们这支军队能不能拉得上去、打胜仗，各级指挥员能不能带兵打仗、指挥打仗。要牢牢把握军队组织形态现代化这个指向。国防和军队现代化是武器装备现代化、军事人才现代化、军队组织形态现代化全面协调发展的进程。没有军队组织形态现代化，就没有国防和军队现代化。要牢牢把握积极稳妥这个总要求。国防和军队改革是一场整体性变革，必须加强统筹谋划，搞好顶层设计，增强改革的系统性、整体性、协同性，把握好各项改革任务和举措的关联性和耦合性，使各项改革相互促进、相得益彰，形成总体效应、取得总体效果。

瞄准改革目标，加快重要领域和关键环节改革步伐。深化国防和军队改革的目标任务是：2020 年前在领导管理体制、联合作战指挥体制改革上取得突破性进展，在优化规模结构、完善政策制度、推动军民融合发展等方面改革上取得重要成果，努力构建能够打赢信息化战争、有效履行使命任务的中国特色现代军事力量体系，完善中国特色社会主义军事制度。把领导指挥体制作为重点，着力构建军委—战区—部队的作战指挥体系和军委—军种—部队的领导管理体系，调整军委总部体制、军委机关实行多部门制，健全军委联合作战指挥机构，组建陆军领导机构、健全军兵种领导管理体制，重新调整划设战区、组建战区联合作战指挥机构等；精简机关和非战斗机构人员，优化军种比例、官兵比例、新旧装备部队比例，根据不同方向安全需求和作战任务改革部队编成，推动部队编成向充实、合成、多能、灵活方向发展；着眼建立中国特色军官职业化制度，健全完善兵役制度、士官制度、退役军人安置制度改革配套政策等；着力解决制约军民融合发展的体制机制问题，努力构建统一领导、军地协调、顺畅高效的组织管理体系和国家主导、需求牵引、市场运作相统一的工作运行体系，系统完备、衔接配套、有效激励的政策制度体系。

二、习近平关于国防和军队建设重要论述的意义和作用

（一）是党的军事指导理论创新发展的最新成果

习主席关于国防和军队建设的重要论述，坚持党一以贯之的建军治军思想，反映了形势任务变化与党和国家事业发展对军队的新要求，揭示了新形势下军事力量建设和运用的特点规律，体现了科学真理性、理论创新性、实践指导性的高度统一，是党的军事指导理论创新发展的最新成果。新形势下，习主席准确把握时代特征和当代中国军事实践，对我军所处历史方位和阶段性特点作出新定位，明确了筹划推进国防和军队建设的战略基点；对军队建设目标作出新概括，拎起了国防和军队建设的总纲；对推进军队建设、改革和军事斗争准备提出新要求，揭示了新的历史条件下建军治军的特点规律等。习主席关于国防和军队建设的重要论述，以一系列新思想新观点新论断，科学阐明了加快推进国防和军队现代化的重大理论和现实问题，丰富发展了党的军事指导理论，续写了马克思主义军事理论中国化的新篇章。

（二）更加丰富了党的军事指导理论

习主席关于国防和军队建设的重要论述内涵丰富、涵盖广泛，涉及军队建设、改革和军事斗争准备各领域各方面。这些重要论述紧密联系、相互贯通，围绕党在新形势下的强军目标这一核心，抓住事关军队建设全局的关键和要害问题，形成了一个有机统一的整体。这些重要论述清晰勾画强军兴军的"目标图"，明确了加强军队建设的聚焦点着力点；科学规划强军兴军的"总布局"，阐明了加快推进国防和军队现代化的阶段步骤；精准提供强军兴军的"金钥匙"，开阔了破解矛盾问题的视野思路，日益成为强军兴军的"强磁场"，凝聚了实现中国梦强军梦的意志力量。

（三）反映了实现中华民族伟大复兴中国梦的根本要求

富国与强军，是实现中华民族伟大复兴的两大基石。习主席指出：实现中华民族伟大复兴，是中华民族近代以来最伟大的梦想。可以说，这个梦想是强国梦，对军队来说，也强军梦。伟大梦想要变为现实，离不开科学理论的指导。习主席关于党在新形势下的强军目标的重要论述，顺应时代发展趋势，明确了党和人民实现强

军梦的战略任务，反映了实现中华民族伟大复兴中国梦的根本要求。习主席关于国防和军队建设的重要论述，站在实现中华民族伟大复兴的战略高度，全面阐述新形势下军队建设的地位作用、目标任务、方针原则、战略步骤等重大问题，体现了实现国家民族最高利益对人民军队的历史重托，体现了完成党的执政使命对军队建设的时代要求，为我军更好担负起维护国家统一、领土主权、海洋权益和发展利益的职能使命提供了有力引领。

思考题 ✍

1. 习近平关于国防和军队建设重要论述的内容有哪些？

2. 习近平关于国防和军队建设重要论述的意义和作用是什么？

第 3 章

战略环境

学习目标 📖

了解国际战略格局的现状、特点和发展趋势，正确认识我国的周边安全环境现状和安全策略，明确世界军事形势特别是主要国家的军力与发展对国际战略环境的影响，增强国家安全意识。

战略环境，是指制定某一战略所必须依据并制约该战略实施的环境和条件。国际战略环境是指世界各主要国家和政治集团在一定时期内，通过战略上相互联系、相互作用、相互斗争所形成的国际战略格局和国际战略形势。它是国际政治、经济和军事形势的综合体现。国际战略环境关系到国家的生存与发展、安危与兴衰，影响一个国家(集团)军事斗争的对象、性质、目标和敌友关系，以及据此确定的军事力量建设与运用的基本方向，是各个国家(集团)制定战略必须首先考察和关注的外部环境和条件。研究国际战略环境，对于洞察国际斗争特别是战争与和平的基本趋势，进而判明对本国战略利益的影响，具有十分重要的意义。

第一节 国际战略环境概述

一、战略和战略要素

(一) 战略的含义

战略，亦称军事战略，就是筹划和指导战争全局的方略。具体地说，是指根据对国际形势和敌对双方政治、军事、经济、科技、地理诸因素的分析和判断，科学地预测战争的发生与发展，制定作战方针、作战原则和作战计划，筹划战争准备，指导战争实施所遵循的原则和方法。

战略是站在战争总体高度来筹划军事行动的。因此，以战争全局为研究对象的军事理论在军事学术中处于首要地位，这就是人们通常所指的战略学。其研究的主要内容有：战争中各种客观条件对战略的影响，战略理论的形成与发展，战争指导的历史经验，未来战争的性质和特点，战略方针和作战指导原则，武装力量组成部分的任务和战略运筹，战争准备、战略防御、战略进攻的组织实施，战略指挥，战略后勤，战争中的政治工作，等等。

(二) 战略的构成要素

战略的构成要素，就是构成战略的基本成分。战略是一种全局性的决策、规划和指导方针，其主要构成要素有战略目的、战略力量、战略措施。

1. 战略目的

战略目的，就是国家为实现战略的总体目标而处理在特定的范围内的国家之间的矛盾和国内矛盾而确定的奋斗目标，是国家为维护最高利益和根本利益而力争达到的结果和预期目标，是战略规划方针中的核心内容，是具有决定性作用的因素。所以，战略的正确与否，首先取决于战略目的的正确与否。如果一个国家的战略目的是错误的，即使战略力量再强大、策略再正确，最终也必然会导致全局性的失败。战略代表着国家的最高利益和根本利益，因此，战略目的是国家利益的集中体现。战略目的并不完全等同于国家的总体目标，它是国家的局部目标和阶段性目标。国家的性质决定战略的性质，不同性质的国家的战略目的是不同的。

战略目的确定的依据是：要从国际形势和国内形势的实际出发；确立维护国家根本利益的奋斗目标时，要从国家各个方面的实力出发，量力而行。

制定战略目的的原则是：既要符合国家的利益，又要具有可行性；既要符合国家的长远利益，又要符合国家的现实利益；既要坚持基本的原则，又要具有策略的灵活性。

2. 战略力量

战略力量，就是国家制定战略、达到战略目的能够运用的各种现实力量。它是一个国家制定战略和实现战略目的所必须具备的基础和条件，是以综合国力为后盾、以军事力量为核心的。

国家的战略力量主要包括以下几种力量。

(1) 国家的政治力量。国家的政治力量主要表现为国家与人民群众之间的关系。一个国家如果能够做到举国一致，政府与人民同心同德、团结一心，局势稳定，这个国家就有力量。

(2) 国家的经济力量。国家的经济力量主要表现为国家所具有的综合国力。其主要包括国家拥有的工业、农业的生产能力的水平，经济秩序的健康与否，以及所拥有的可靠的主要经济资源和战略物资的储备等。

(3) 国家的军事力量。国家的军事力量主要是所拥有的军队的战斗力。军队的战斗力主要由军队的政治思想素质、军官的指挥能力、士兵的实战能力、武器装备的先进程度和后勤保障能力所构成。国家的军事力量，既取决于常备军的质量和数量，也取决于后备军事力量的质量和数量，同时，也取决于国家的国防工业生产能力和国防科技的发展水平。

(4) 国家的外交力量。国家的外交力量主要表现为国家与世界上的强国的合作协调关系。如果一个国家与世界上的主要强国能够保持良好的合作协调关系，能够得到某些强国的理解和支持，这个国家就拥有优势的外交力量。同时，国家的外交力量还包括一个国家在世界上的影响力，在国际社会中的形象。因此，有的国家虽然是经济强国，但在处理世界重大的国际事务中没有决定性的发言权，所以，也就不具有外交方面的战略力量。

(5) 国家的精神力量。国家的精神力量主要是指国家的凝聚力和人民群众所具有的爱国主义精神。一个国家如果广大人民群众具有强烈的民族意识和爱国主义精神，这个国家就拥有强大的精神力量，就能够为国家战略和战略目的的实现提供可靠的保证和强大的精神动力。

3. 战略措施

战略措施，亦称策略，就是运用战略力量来实现战略目的的方式、手段。战略只有通过使用战略措施才能够得以实现。没有战略措施这种实践，任何战略目的都无法得以实现，战略力量也就无法发挥应有的作用。战略措施是为实现战略目的服务的，任何正确的战略目的只有运用正确的战略措施才能够得以实现。因此，战略措施在战略构成中具有决定性作用。国家为实现战略目的的战略措施，主要包括以下几个方面。

(1) 政治措施，亦称政治手段。国家为了实现自身的安全和稳定，就必须进行政治文明建设，正确处理国内外的各种矛盾，对外友好合作、平等互利，对内加强安定团结、繁荣经济，实现社会和谐。

(2) 经济措施，亦称经济手段。经济措施主要是加快经济发展速度，不断增强综合国力。同时，维护经济秩序的稳定，实现经济体系的独立自主，加强重要战备物资的生产和储备等。

(3) 军事措施，亦称军事手段。军事措施是维护国家安全和稳定的最主要的战略措施或战略手段。其表现为国家为遏制战争而增强国家军事威慑力所进行的国防和军队建设，主要包括国防和军队建设、国防工业和国防科技建设、国防后备力量建设等。

(4) 外交措施，亦称外交手段。就是要采取积极主动的外交策略，既要坚持原则，又要保持灵活，正确处理与强国和邻国之间的矛盾，建立良好的合作协调关系。

(5) 国防建设措施。国防建设措施主要包括物质力量的建设和精神力量的建设。更重要的是精神力量建设，即要加强对全体人民以爱国主义教育为核心的国防教育，通过国防教育，提高公民的国防意识，增强公民的国防观念，培育自强拼搏的民族精神。

二、战略环境

(一) 战略环境的含义

战略环境，是指国家(集团)在一定时期内所面临的影响国家安全和军事斗争全局的客观情况和条件。战略环境主要包括国际和国内的政治、经济、军事、外交、科技和地理等方面形成的客观情况和条件，以及由此而形成的战略态势，特别是战争与和平的总态势。战略环境是动态的，它随着国内外形势的发展而不断变化。

(二) 战略环境的构成

战略环境由国际战略环境和国内战略环境构成。

1. 国际战略环境

国际战略环境，是指一个时期内世界各主要国家(集团)在矛盾斗争或合作共处中的全局状态和总体趋势。它是国际政治、经济、军事形势的综合体现。国际战略环境关系到一个国家的生存与发展、安全与兴衰，影响一个国家(集团)军事斗争的对象、性质、目标、敌友关系，以及据此确定的军事力量建设与运用的基本方向，因而是各个国家(集团)制定战略必须首先考虑和关注的外部环境和条件。国际战略环境最值得关注的有：

(1) 时代特征。时代是指世界整体在发展进程中所处的大阶段。时代特征反映世界发展总进程中的矛盾领域和斗争状况。它反映的是世界的总貌，是整个世界在一定历史阶段的总的标志。正确认识时代特征，有助于从宏观上把握当代世界的主要矛盾和总的发展趋势，对国际战略环境做出正确的判断，避免战略指导的重大失误。

(2) 国际战略格局。国际战略格局反映一定时期内国际间的力量对比、利益矛盾和需求，以及基本的战略关系。研究国际战略格局，有助于从总体上了解世界各主要国家在世界全局中的地位以及战略利益方面的矛盾和需求，有助于对国际形势及其可能的发展趋势做出基本的估计。

(3) 主要国家的战略动向。世界各国之间由于战略利益和政策的异同，既可能是对手，又可能是朋友。各国的战略方向，既互为条件、相互依存，又相互影响和制约。一些实力较强的世界性和地区性大国，特别是超级大国所推行的战略，对地区乃至世界的安全与稳定具有重大的影响，对其他国家的战略也有不同程度的影响。因此，一定时期内各主要国家的战略及发展趋势是国际战略环境的重要组成部分。了解主要国家的战略动向，有助于从世界各国特别是大国之间关系上具体地研究国际战略环境，进而对国际形势做出正确判断。

(4) 当代世界战争与和平的趋势。战争与和平始终是国际安全面临的重大问题。对于一个国家的主权和安全来说，来自外部的战争威胁是最严重的威胁。因此，当代世界战争与和平的趋势在国际战略环境中最引人注目，也是世界各国研究和制定军事战略时关注的重点。

(5) 周边安全形势。周边安全形势是指周边国家(集团)直接、间接影响本国安全的条件和因素。周边安全形势中最值得注意的是周边国家与本国的利益矛盾、对本国的政策企图、与本国密切相关的军事力量及其部署等直接影响本国安全的情况和因素。

2. 国内战略环境

国内战略环境，是指对筹划、指导军事斗争全局具有重大影响的国内社会环境和自然环境。它反映了国家军事力量建设及其与运用的可能条件和制约因素，决定着战略的基本性质和方向，是制定战略的依据。

国内战略环境需要关注的有：

(1) 地理环境。地理环境主要包括国家(战区)的地理位置、幅员、人口、资源、地形、气候，以及行政区域、交通、要地等状况。军队的集结、机动、作战、训练、后勤补给等一切军事活动都离不开一定的地理空间，都要受到地理环境的影响和制约。因此，地理环境不仅是制定战略的客观依据，而且是影响战争胜负的重要因素。

(2) 政治环境。国内政治环境对战略影响最大的是国家的政治法律制度、基本国策和政治安全形势。其中，国家的政治法律制度和基本国策是国内政治环境的本质和核心，对军事斗争全局的筹划、指导具有决定性作用，是确定军事斗争目的、任务、基本方针和战略指导原则等的政治依据。在国内政治安全形势中，敌对势力、颠覆国家和发生武装冲突或国内战争的情况，是直接影响国家统一和稳定的因素，是筹划和指导军事斗争必须关注的重要问题。

(3) 综合国力。综合国力是一个国家全部物质力量和精神力量的总和。其主要包括国家的人力、物力、财力、军力、科技与生产能力、社会保障与服务能力以及组织动员能力等。综合国力是军事斗争特别是战争的物质基础，是军事理论、作战方法发展的重要条件。因此，一切军事斗争和军事活动都要依靠综合国力，并受其制约。

第二节 国际战略格局

国际战略格局是指对国际事务具有重要影响力的战略力量在一定历史时期内相互联系、相互作用而形成的较为稳定的力量结构。它是国际战略力量之间在全球政治层面上的实力对比关系，也可以说是一种相对稳定的对立、对等关系。国际战略格局包括国际政治格局、国际经济格局和国际军事格局三个部分，有时也称为"国际格局"、"世界格局"。

一、国际战略格局的历史演变

国际战略格局是一个历史范畴。历史上，一个格局维持一段时间以后，最后都要走向终结，或者直接衔接着另一个格局，或者孕育另一个新格局。近代以来世界格局的态势经历了以下几次重大变化。

(一) 相对均势格局(也称维也纳格局，1815—1865 年)

严格意义上的"世界格局"形成于 19 世纪初。以拿破仑战争失败、维也纳会议召开为标志，第一个国际战略格局正式形成。法国大革命造就了一代英雄拿破仑。席卷欧洲的拿破仑战争，既有保卫发展法国资产阶级革命成果，反对封建势力的性质，又有侵略与争霸欧洲的性质。1814 年滑铁卢战役后，反法同盟在维也纳召开会议，重新划分欧洲领土，分割海外殖民地，最后形成英国、俄国、普鲁士、法国、奥地利等列强在欧洲相对均势的格局。维也纳会议形成的均势格局在较长时期内确保了欧洲列强之间没有爆发新的战争。但是，由于维也纳会议没有解决列强之间的根本矛盾，因此，到了 19 世纪 60 年代，这个均势格局便开始走向崩溃。

(二) 多极共存格局(19 世纪末—1914 年)

维也纳格局维持近 50 年，欧美诸国相继爆发资产阶级革命性质的内战或改革。美国的南北战争、意大利与德国的统一战争、俄国的农奴制改革、日本的"明治维新"，这些重大事件改变了维也纳格局形成的国际力量对比，尤其是美、日等北美、亚洲国家也上升为世界列强，于是欧美与日本等列强之间争夺殖民地的局面逐步形成。

第一次世界大战前的世界被割裂为少数帝国主义国家和广大殖民地、半殖民地国家两大部分，此外还有各种形式的附属国。资本主义在全世界进行殖民扩张，世界被英、法、德、日、意等列强瓜分完毕，帝国主义宗主国与殖民地附属国之间的矛盾上升为世界主要矛盾，世界格局显现出欧、美、日列强多极共存的态势。

(三) 两极对抗格局(1914—1917 年)

资本主义国家经济政治发展不平衡加剧，后起资本主义国家要求按资本与实力重新瓜分世界。由于世界领土早已分割完毕，于是老牌帝国主义国家与后起帝国主义国家便组成以英、法、俄为一方的协约国集团和以德、奥、意为另一方的同盟国集团相互抗争的格局。两大欧洲军事同盟瓜分世界的战争对抗格局出现，人类历史上的第一次世界大战爆发。

(四) 同盟对抗格局(1939—1945 年)

第一次世界大战结束后，为了瓜分战败的德国、奥匈帝国和土耳其帝国的遗产，帝国主义列强召开了巴黎和会及华盛顿会议，形成了"凡尔赛-华盛顿体系"，成立了以战胜国主导的国际联盟，形成了多极格局。

同时，战争引起革命，第一个社会主义国家苏联诞生，并成为世界战略格局中的一支重要力量。世界大战使英国和法国逐渐开始衰落，德国暂时削弱，美国开始崛起，加入了争夺世界的行列。由于对"凡尔赛-华盛顿体系"不满，战败国德国、后起帝国主义国家日本以及意大利为了推翻"凡尔赛-华盛顿体系"，结成法西斯阵营，发动空前规模的世界性侵略战争。1939 年 9 月第二次世界大战爆发，在两大集团对抗的世界格局中，德、意、日作为法西斯集团主要角色，英、美、苏、中为反法西斯阵营主要代表。

(五) 两霸冷战格局(1946—1991 年)

第二次世界大战后，反法西斯联盟的主要国家美国、苏联和英国为了处理战败国问题，重新安排战后世界政治秩序，先后召开了德黑兰会议、雅尔塔会议、波茨坦会议，为战后世界秩序勾画出一幅蓝图。以雅尔塔会议为基础，形成了关于战后世界政治秩序的基本方案，故称雅尔塔体制。雅尔塔体制实质上是按美苏两大国实力对欧亚两洲进行势力范围划分的体制，这个体制最终导致了两极对立的世界战略格局。在欧洲，东欧属于苏联的势力范围，西欧则被美国所控制，德国由美、英、法、苏四国分区占领，后分裂为东、西两个德国；在远东，雅尔塔秘密协定大体划分了美、苏的势力范围，苏联承认美国对日本的控制及在中国的利益，美国则满足了苏联收回库页岛、占领千岛群岛等要求。雅尔塔体制为战后东西方两大集团的对峙确定了基本的政治框架。

第二次世界大战极大地改变了世界战略格局，传统的欧洲强国退居二线，霸权地位和政治中心转移到了新崛起的强国手中。战后殖民主义体系的崩溃，欧、亚、拉美一些国家走上社会主义道路，形成以苏联为首的社会主义阵营；发达资本主义国家，在马歇尔计划与"北约"两条链条的束缚下，形成以美国为首的资本主义阵营。两大阵营形成的过程，也是战后两极格局形成的过程。它为美苏两个超级大国展开全球争夺划分了势力范围，拉开了冷战的序幕。

（六）三个世界格局(20 世纪 70 年代)

20 世纪 60 年代世界进入大动荡、大分化、大改组时代。两大阵营内部发生重大的分裂。欧共体建立与发展，日本经济实力迅速增强，使美国在经济上无力控制其盟国。美国与西欧、日本经贸摩擦爆发。法国独立发展核武器，并不顾美国反对，与中国建交，与莫斯科缓和，在政治上与美国分庭抗礼。苏联与南斯拉夫、阿尔巴尼亚的决裂，尤其是中苏关系破裂，使社会主义阵营不复存在。美苏两个超级大国走上争霸道路，成为第一世界。亚非拉广大发展中国家，在反对美苏争霸的旗帜下，放弃政治制度的差异，走上不结盟运动的道路，形成第三世界。在第一世界与第三世界之间的发达国家，则与美苏两霸既有矛盾又有联系，成为第二世界。争霸与反霸的矛盾斗争，成了这一时期世界主要矛盾，并构成三个世界格局。

（七）新格局过渡期(20 世纪 90 年代至本世纪初)

1989—1990 年，东欧剧变、两德统一导致雅尔塔体制崩溃，两极格局基本解体。1991 年年底苏联解体，两极格局彻底终结，世界进入新旧格局转换时期。美国成了世界上唯一超级大国，对其他国家具有压倒优势的地位，同时存在着西欧、日本、俄罗斯、中国等几个对其有一定制约力、并对国际事务有重要影响作用的相对独立的战略力量，但又不具备与超级大国均等的实力和能力。

冷战后世界各种战略力量重新定位和整合，世界格局处于动荡和调整时期，各国专家学者纷纷从自己的国家利益出发，发表了不同的观点，其中最具有代表性的观点是单极世界论、一超多强论和向多极过渡论。

二、当前国际战略格局的特点和发展趋势

在各国对当前国际战略格局的判断中，美国坚持单极格局判断，不同意多极化格局理论；中、俄、欧盟等不同程度上认同多极格局，他们认为以政治、经济、军事等方面的标准评判，多极现象已初露端倪。世界经济力量对比，美、欧、日仍占主导地位，但被称为"金砖四国"的巴西、俄罗斯、印度和中国在世界经济格局中的比重不断增加；世界军事力量对比也凸显出美、俄、中优势地位；国际政治力量对比则形成美、俄、欧、中的四强地位。就地区力量对比而言，不少地区也存在多极化现象。亚太地区，中、日、美影响较大；欧洲地区，美、欧、俄影响突出；中

东地区，美、俄、中、欧影响明显。同时，许多国家不满美国独家主宰国际事务的现象，期盼由更多国家共同管理国际事务，国际关系应该朝民主合作的多极方向发展。在国际关系的任何一个领域，美国实际上已不得不与其他相关国家进行协商。

当前国际战略格局的主要态势，是美国构筑单极世界的战略正在推进，但它没有也不可能阻断世界多极化的发展趋势。当前世界主要政治力量对比呈现"一超"和"多强"并立的竞争态势，多极化趋势不可阻挡。

（一）国际战略格局的特点

1. 美国谋求建立单极世界

冷战结束后，美国是世界上唯一的超级大国，其经济、科技、军事实力都处于超强地位。截至 2015 年，美国国内生产总值排名仍居世界第一，是世界第一生产大国、第一出口大国、第一技术大国，而且在关键技术领域保持领先地位。目前，尚无任何一个国家具有挑战美国的综合实力，美国国内试图建立"单极世界"的思潮抬头，美国政府"领导世界"的欲望迅速膨胀。为此，美国不断增加军费开支，扩充军备，研制国家导弹防御系统和战区导弹防御系统，构建所谓"单极世界"。

20 世纪 90 年代初，老布什总统提出了美国的"世界新秩序"战略构想。这一战略构想的主要内容是：美国已从西方的领袖变成世界的领袖；美国的价值观是新的世界秩序的基石，它将在全球开花结果；美国要做好准备，当地区强国或地区冲突威胁到美国战略利益时，必须使用武力，消除威胁，维持秩序。克林顿政府上台后继续加强单极世界的构建，他曾明确向世界宣布："要使世界免遭过去的灾难，必须有一个领导，而且只能有一个领导"，美国"最具有领导这个世界的能力"。

但是，未来的世界不可能是美国一家独霸。"9·11"事件之后，美国经济开始出现衰退迹象。美国的财政赤字不断增大，贸易逆差逐年攀升，美元不断贬值。特别是 2007 年开始的美国次贷危机引发了华尔街金融风暴，导致股市大幅下跌、经济增长下滑，美国经济遭受重创。一些权威机构预测，美国国内生产总值占世界经济的比重已经达到顶点。与此同时，欧盟、日本、中国、印度、俄罗斯、巴西等国家和地区占世界 GDP 的比重却在不同程度增长。在当今世界上，约有五分之一的国家有美国的基地，有四分之一的国家有美军在进行各种各样的军事行动，这势必造成其力量的分散使用和过度消耗。基辛格、布热津斯基、亨廷顿等美国著名战略家均已预测，美国保持唯一超级大国的地位只能持续 15～25 年时间。

2. 欧盟势力影响日益扩大

欧盟，是由欧洲共同体发展而来的政治经济联盟，总部设在比利时首都布鲁塞尔，现拥有 28 个成员国，正式官方语言 24 种。欧盟领土总面积为 438 万平方千米，共有人口大约 5.07 亿，如果将欧盟视为国家，则是世界领土第七大国和第三人口大国。

政治上，欧盟的前身欧洲共同体严格来讲只是一个经济组织。"冷战"结束后，欧盟开始向政治经济联合体转变，逐渐成为了一个集政治、经济、外交于一体的实体。至目前，欧洲议会、欧洲法院、欧洲联盟委员会不足鼎立，事实上已经具备了一个大联邦的雏形。欧盟各成员国要遵守共同指定的同意法律，并将部分国家主权，如货币、金融政策和边界控制等，交给欧盟统一管理。但欧盟还不是真正的国家，欧盟无权行使各成员国的主权，每个成员国也有相对的独立性，如自行决定外交政策，有自己的军队等。欧洲经济共同体和后来的欧洲联盟在 1973 年至 2013 年期间进行了八次扩大，成员国从 6 个增至 28 个。

经济上，欧盟是世界上第一大经济实体。2014 年欧盟的国内生产总值达到 18 万亿美元，超过美国位居世界第一。欧盟拥有世界最大的资本输出和商品与服务出口数量，并且随着欧盟的不断扩大和其经济一体化程度的逐步深化，欧盟的经济实力将进一步加强。

外交上，欧盟在国际舞台上发挥着积极的作用。目前有 160 多个国家向欧盟派驻了外交使团，欧盟也已在 120 多个国家及国际组织所在地派驻了代表团。在一些国际机构如世界贸易组织中，欧盟代表成员国发出声音并行使权利。拥有一个共同的对外政策是欧盟努力的目标，但是仍然有相当的一段路要走。出于各自的国家利益，欧盟成员国间常常在国际问题上采取不同的政策。例如 2003 年在如何对待美国发动的伊拉克战争的问题上，支持战争的英国和反对战争的法国、德国之间就产生过严重的分歧，2016 年 6 月，对于是否还要留在欧盟英国要进行公投。

军事上，绝大多数的欧盟成员国为北大西洋公约组织成员。法国、英国和德国是欧盟的主要军事大国，其中法国的军事威慑力最为强大。法国不仅拥有先进的常规武器装备，还保留了完全独立的核威慑力量和完整的国防工业体系。英国的军事科技十分先进，并且拥有相当的核力量，但英国军队奉行以质量代替数量的替代原则，并在防务中更多地借助盟友的力量，因此其军队的规模不大。德国作为"二战"战败国，其武装力量的发展受到很多限制。但德国仍然凭借其强大的科技和工业基础发展出了许多先进的武器装备，其在枪械、装甲车辆和常规潜艇等领域都具有世界领先的水平，2016 年 5 月，德国国防部长讲，德国准备扩大联邦国防军，在 2023 年以前增加约 1.43 万个军队职位，其中包括 4400 名文职人员。这将是德国统一以来联邦国防军的首次扩军，引发国际舆论的关注。除上述外，欧盟中的意大利、西班牙、波兰、瑞典等国也拥有可观的军事实力。

长期以来，欧盟由于没有自己独立的军事防务力量而被视为"经济上的巨人、政治上的矮子、军事上的侏儒"。"冷战"时期，欧洲是美苏两极对抗的主要战场，当时欧盟各国为了自身安全纷纷加入了以美国为首的北约，在军事上完全依靠美国，成为美国的附庸。"冷战"结束后，欧盟决心尽快组建自己的军事力量，以尽快摆脱美国的控制，并保证欧洲一体化进程的顺利发展。当前欧盟的安全策略包括建立一支 60 000 人的快速反应部队用于维和，一支欧盟军队和一个欧盟卫星中心。

抵制美国的单边主义，争当国际战略格局中的重要一极，是欧盟实施共同外交和安全政策的基本出发点。但是，目前欧美力量仍然相差悬殊，欧盟自身安全暂时还离不开美国。并且，欧盟内部在外交和防务等重大问题上也时常不能达成一致，因此，欧盟各国还需要消除内部政治分歧，才有可能建立起真正可靠的防务力量。

3. 俄罗斯意欲重振大国地位

苏联解体之后，俄罗斯的实力和国际影响力大大削弱。但是，总体而言，俄罗斯依然是一个全球意义上的大国。它继承了原苏联在联合国安理会常任理事国的席位，以及苏联 76% 的领土和 70% 的国民经济总资产，幅员横跨欧亚两大洲，国土总面积为 1707.54 万平方公里，自然资源极其丰富，物质技术基础雄厚，燃料、动力、冶金、机械制造、化学和交通业发达，科技实力较强，人民受教育程度较高，在航空、航天、核能、生物工程和新材料等领域居世界先进水平之列，仍具有巨大的发展潜力。俄罗斯依靠着足以与美国匹敌的强大军事实力，保持着在苏联地区的领导地位和在全球事务中的影响力，维护其大国地位。

为了捍卫国家利益、重振昔日大国雄风，俄罗斯奉行积极防御的军事战略，将机动作战作为主要作战样式，并规定军事行动必要时可以进入敌方境内。同时放弃不首先使用核武器的承诺，保留首先使用核武器的权利。核战略转向地区性威慑，打击手段以海基为主，并努力建成攻防兼备的核打击体系。

美国依然将俄罗斯视为霸权威胁和主要对手。北约东扩、东欧反导、俄格冲突、中亚角力等方面的斗争，都显示出美俄战略角力的深化。对此，俄罗斯的地缘战略是阻止北约东扩，稳定独联体地区，并加强与亚太国家的合作，以维护其地缘战略空间。俄格冲突表明，俄罗斯在必要时会使用武力来维护它在该地区的利益红线。面对强硬的北极熊，即便是美国都对其退让三分，时任美国国务卿的赖斯说："我们虽然尊重格鲁吉亚，但我们不会因为格鲁吉亚跟俄罗斯交战。"欧洲国家鉴于对俄罗斯能源的依赖，亦不敢得罪俄罗斯。

俄罗斯作为全球性大国的能力在相当程度上是依然存在的。但客观地讲，当今的俄罗斯只能算是一个地区性大国。它在经济上只相当欧洲中等国家的水平，军费投入不足美国的 1/10，实力与国际影响力均无法和苏联时期相比。经济结构畸形、过度依赖石油天然气等，是俄罗斯当今经济发展的重要障碍。同时俄罗斯还存在人口状况逐步恶化的问题，人口出生率远低于死亡率，在 20 世纪 90 年代甚至出现了人口骤降。人口危机导致的劳动力不足也是其发展的重要制约因素。俄罗斯虽然展示出一贯强硬的印象，但实际上其内部整合、蓄力待发的路程还很漫长。

4. 日本走向政治军事大国步伐加快

日本在"二战"战败后制定了"和平宪法"，奉行"重经济、轻军备"路线，经济快速发展，于 20 世纪 60 年代末一跃成为东方第二大经济强国。随着经济和科技实力的迅速增强，作为战败国的日本并不甘心在国际政治和军事体系中的"非正常"地位，加快走向国际政治大国和军事大国的步伐。

在政治上，由于日本是战败国，其政治外交能力和军事外交能力受到极大的削弱和限制，所以日本曾长期实行"典型的小国外交"。但随着日本经济取得了举世瞩目的成就，日本并不满足于经济大国的地位，提出建立世界性的政治大国，并获得与其经济地位相适应的国际政治影响力。近些年来，日本抓住美国实力相对下降、谋求世界霸权力不从心的时机，一方面继续加强日、美关系，积极充当美国的"有力伙伴"，依靠美国提高自己的国际地位；另一方面则主动参与地区和国际事务，力争成为联合国安理会常任理事国，提高日本在国际体系中的话语权，妄图趁机改变战后国际政治体系。

但是，近年来随着日本右翼势力的不断增长，日本开始在历史问题上不断"美化"侵略，对"南京大屠杀"、"慰安妇"等战争罪行拒不认罪，不断参拜供奉有许多二战"甲级战犯"的靖国神社，同时还修改历史教科书，试图掩盖历史真相。此外，日本在钓鱼岛等问题上立场和做法，严重侵犯了中国的国家主权和核心利益，公然违背《开罗宣言》、《波茨坦公告》等国际条约和国际法，野蛮践踏世界反法西斯战争的胜利成果，是对战后国际秩序的严重挑战，激起了世界上所有爱好和平、主持正义的国家和人民的反对。这样一个罔顾历史、不负责任的日本越来越引起世界各国尤其是周边国家的反感，无疑为自己谋求世界政治大国地位制造了很多难以逾越的障碍。

在军事上，日本"和平宪法"第九条明确规定，日本没有交战权和宣战权，不设军队，只能拥有基本防御能力的自卫队。战后的日本正是在这一宪法的控制下走上了经济重建、快速发展的和平道路。但是，随着经济实力的增强和国际战略环境的变化，在美国的放纵与支持下，在"质重于量"和"海空优先"的建军方针指导下，日本逐渐建立起了一支规模不大、装备精良、训练有素、战力较强的武装力量，武器装备的先进水平和军事人员的训练素质都居于世界一流水平。日本的军事工业体系为"寓军于民"，不仅军事科技先进，而且战争潜力巨大，尤其是其囤积着大量的武器级核材料，可以随时根据国家需要制造出核武器。这个宪法上规定"没有正规军"的国家,军费曾长期位居世界第二位,其谋求世界军事大国的野心昭然若揭。

近些年来,西方国家经济增长疲软,美、英、法等西方传统军事强国纷纷裁减军队、压缩军费开支,日本却不降反升。2016年其国防预算突破了5万亿日元,连续3年呈现增长态势。在美国重返东亚的战略下,日本与美国一拍即合,相互利用,共同鼓吹"中国威胁"、"朝鲜威胁",发展先进的进攻性武器,扩充军备。在不断深化美日军事同盟关系的同时,日本开始参与海外军事行动,设立海外军事基地,企图将自卫队升格为"自卫军",废除了"武器出口三原则",向其他国家出售先进武器。2016年3月29日,随着《新安保法》的生效,为日本自卫队全球增援,征战海外扫除了法律上的障碍,自卫队可以"先发制人","和平宪法"几乎名存实亡,日本军国主义迅速崛起,值得世界人民警惕。

5. 中国综合国力稳步上升

中国作为正在和平崛起的大国,坚持走具有中国特色的社会主义现代化发展道路,其政治作为和经济发展全世界有目共睹,亿万中国人在实现中华民族伟大复兴的"中国梦"的召唤下紧紧团结在以习近平为总书记的党中央周围,正为国家的富强和民族的振兴的"中国梦"而奋勇前进。

2016年,"一带一路"大战略顺利推进。"一带一路"是指"丝绸之路经济带"和"21世纪海上丝绸之路"的简称,它将充分依靠中国与有关国家既有的双多边机制,借助既有的、行之有效的区域合作平台,旨在借用古代"丝绸之路"的历史符号,高举和平发展的旗帜,主动地发展与沿线国家的经济合作伙伴关系,共同打造政治互信、经济融合、文化包容的利益共同体、命运共同体和责任共同体。"一带一路"的建设会为上海合作组织、欧亚经济联盟、中国—东盟(10+1)等既有合作机制注入新的内涵和活力。"一带一路"得到了周边国家和世界主要经济体的拥护,它将是繁荣局域经济,打通和加强中欧经济发展的强大枢纽。

亚洲基础设施投资银行(简称"亚投行")是中国发挥大国作用的重要一步,它不仅助推中国经济的高速发展,而且提升了中国的国际地位,彰显了和平崛起的中国负责任的大国形象。"亚投行"是一个政府间性质的亚洲区域多边开发机构,重点支持基础设施建设,总部设在北京。截至目前,法国、德国、意大利、韩国、俄罗斯、澳大利亚、埃及、瑞典等国先后已同意加入"亚投行",这将使"亚投行"达到57个成员国或地区(中国台湾),涵盖了除美、日之外的主要西方国家。当今,中国正在全面推进深化改革,中国在世界舞台上的声音将会越来越有力量。2015年3月底也门撤侨,中国政府扮演着极为重要的角色,中国海军第十九批护航编队临沂舰抵达也门亚丁港,在中国驻亚丁总领事馆积极配合下,顺利地完成了撤侨任务，这进一步显示了中国政府在国际事务和地区热点事件中发挥着越来越重要的作用。2016 年 5 月，中央军委颁发的《军队建设发展"十三五"规划纲要》指出，"十三五"时期，要坚决贯彻党的十八大和十八届三中、四中、五中全会精神，深入贯彻习主席系列重要讲话精神特别是国防和军队建设重要论述，按照"四个全面"战略布局，以党在新形势下的强军目标为引领，深入推进政治建军、改革强军、依法治军，更加注重聚焦实战，更加注重创新驱动，更加注重体系建设，更加注重集约高效，更加注重军民融合，努力实现更高质量、更高效益、更可持续的发展，为实现中华民族伟大复兴的中国梦提供坚强力量保证。要按照军委管总、战区主战、军种主建的新格局，进一步协调推进发展和改革，强化军队建设战略管理，确保规划纲要及其配套专项规划计划部署的各项任务得到有效落实。整合国防资源，革新体制，研发新装备，聚焦打胜仗。在实现中华民族伟大复兴的"中国梦"引领下，随着全面深化改革的深入进行，中国的综合国力将会保持强劲稳定的增长。和平崛起的中国将会担负起更多的国际责任，将会扮演更加重要的大国角色。中国将是世界和平与发展中不可缺少的重要组成部分，它必将成为维护世界和平与发展，反对霸权主义和强权政治的重要力量。

6. 地区大国不断壮大

印度、巴西、南非等地区大国幅员辽阔，近年来经济持续强劲发展，外交空前活跃，努力争当联合国安理会新的常任理事国。它们的快速崛起不但加强了其在相关地区的龙头地位，而且将促进世界战略力量的调整和重组，成为推进世界多极化进程的重要新因素。

7. 区域一体化组织蓬勃发展

在经济全球化的大潮中，区域经济一体化势头同样令人瞩目。在地区层面，新兴经济体积极参与和推动区域、次区域合作组织机制建设。新兴经济体为了在新的形势下有效维护自己的独立和主权，提升自己的国际地位，强化了联合自强、走区域一体化道路的势头。俄罗斯和中国推动上合组织成员国签署《长期睦邻友好合作条约》与《保障国际信息安全行动计划》，以进一步加强该组织的安全合作机制建设。巴西、阿根廷等国推动成立南方银行、南方共同市场议会，并参与筹组南美国家共同体首届能源首脑会议，与委内瑞拉等国共同发表《玛格丽特宣言》，宣布成立南美能源理事会及南美天然气生产国和出口国组织，建设南美天然气管道，同时酝酿将南美国家共同体改为"南美国家联盟"，全方位推进拉美地区区域合作机制建设。印度对南亚区域合作联盟的态度转趋积极，推动南盟设立"帮后进"机制，并首先承诺在 2007 年年底前向经济最不发达的南盟成员国开放市场，免除其产品的进口关税并放宽人员签证审批。马来西亚、越南、菲律宾等中小新兴经济体积极参与和推动东盟组织机制建设,各成员国签署《东盟宪章》、《东盟经济共同体蓝图》、《东盟环境可持续发展宣言》等文件,形成类似欧盟的单一市场,使东盟摆脱松散机制,向具有约束力的区域性组织转变。

总之,两极格局解体的结果,并未形成一个超级大国独霸世界的局面,而出现了多极化的趋势。这一趋势在两极对峙时已经孕育。两极解体后,各种力量还未能建立起新的平衡,新的世界格局尚未形成,现在还处于过渡时期,但世界格局多极化,却是必然无疑的,和平与发展仍将是当前世界的两大主题。

(二) 国际战略格局的发展趋势

进入 21 世纪以来,国际关系继续呈现总体和平与局部冲突、总体稳定与局部动荡、总体发展与局部混乱并存的局面。一方面,和平与发展仍是 21 世纪的时代主题,要和平、求合作、促发展仍是时代的主流;另一方面,新世纪引起动荡的因素仍将很多,世界热点地区、热点问题在主要大国的边缘地区会不时出现,恐怖主义威胁、环境威胁、高科技毁灭手段威胁等非传统安全问题会越来越突出。这种总体缓和与稳定、局部伴随着战争与冲突或紧张和动荡的局面,与 21 世纪国际体系的变化趋势密切相关。

1. 国际战略格局继续由一超多强向多极演变

冷战结束后,国际格局呈现一超多强的局面,美国成为唯一的超级大国,形成国际格局的过渡期。但是,随着经济全球化和一体化进程的加快,世界多极化趋势在曲折中发展,各种战略力量纷纷调整战略定位和战略部署,出现了一种相互制衡、竞争发展的局面,有利于推动多极化的发展。它主要表现在以下三个方面:

(1) 国际力量对比关系由两个超级大国主宰他国转变为"一超多强"。战后相当长时期内支配世界事务的美苏两个超级大国,现在一个已经解体,一个也已相对衰弱。苏联解体后,俄罗斯的实力地位和国际影响明显削弱;美国虽为当今世界唯一超级大国,但其相对实力地位已大不如前。另外,在第二次世界大战中遭受重创的西欧诸国和日本在战后已在经济上迅速崛起,中国实行改革开放后,综合国力也有明显增强。

(2) 世界五大力量之间的关系发生了实质性变化。美国与欧、日的关系已由 20 世纪 50~60 年代的"主仆"关系转变为趋于平等竞争的"伙伴"关系,现在,欧盟和日本已不再完全唯美国马首是瞻,为维护和扩大本国的利益,它们有时已不惜公开与美国对着干。此外,美俄、欧俄敌对关系开始转变为竞争性伙伴关系,中国与美俄等各大力量的关系也有不同程度的改善与调整。随着各大力量实力地位和相互关系的变化,美国支配世界事务的能力已大大下降。

(3) 大国关系成熟化。随着多极化进程明显加快，大国之间的对立与合作往往因事因时而异，利害关系交错，矛盾与摩擦失控的危险性相对减弱。

在多极化进程中，美国继续推行单边主义，四处插手，战线越拉越长，包袱越背越重，霸权野心过大和战略能力不足的矛盾越来越突出。美国借反恐干涉别国内政，推销其意识形态和价值观，加强在各地的军事存在，结果只能使它同许多国家特别是阿拉伯国家和伊斯兰世界的矛盾越来越激化，这将在很大程度上制约美国的单极霸权。

2．国际战略力量失衡的局面在短期内不会改变

多极格局的实现将是一个非常复杂曲折的过程，它取决于推行单极和推动多极的两种力量在物质因素、精神因素等方面的发展势头和潜力后劲。

20 世纪 90 年代以来，国际战略力量的对比发生了严重倾斜。美国拥有当今世界最雄厚的经济实力、最先进的科学技术和最强大的军事力量，特别是美国经济已经占到世界经济总量的近 30%，与其他国家相比优势明显。在一个相当长的时期内，难以形成一支与美国单独相抗衡的战略力量。作为霸权主义和强权政治新的表现，美国极力推行"新干涉主义""新炮舰政策"和新经济殖民主义。完善全球军事基地体系，提高全球投送和干预能力。美国在全球范围内调整军事部署，公开说是为了应对以恐怖主义和所谓"无赖国家"为重点的多元化威胁，在深层次上是为了强化军事优势，控制战略要地，谋求世界霸权。

3．全球反恐形势仍然严峻

20 世纪末，全球恐怖组织发生了很大变化。恐怖主义已经发生了变异，新的恐怖主义与伊拉克战争的不合法性与战争破坏性紧密联系在一起，由此形成的新恐怖中心比原有的恐怖中心更具生命力，更难从实体上加以清除，更容易与地区矛盾融为一体。"基地"组织为了适应新形势的需要，也加快裂变的步伐，与新的地区恐怖主义中心连为一体，向多中心结构转化。全球恐怖势力新的联盟时代已经到来，而现有的军事手段难以遏制恐怖组织的全球化趋势。

进入 21 世纪之后，恐怖主义的全球化趋势有增无减。尽管随着大国之间多极格局的出现，大国关系中的民主化程度有所提高，但大国政治的现实情况表明，小国弱国的利益仍将难以得到保障。因此，恐怖主义滋生的根源仍将存在。从另一个方面讲，世界上国家之间的战争越不可能，类似国内犯罪性质的国际恐怖活动就会越盛行，所以新世纪全球面临的反恐形势仍然不容乐观。

4．热点问题将会持续升温

传统世界热点问题难以在短期内加以解决，新的热点问题可能会爆发。热点问题的种类很多，根据引发热点问题的原因不同，可分为核化生扩散问题、意识形态

较量、领土和边界纠纷、宗教纠纷、能源问题、环境问题等几大类，有的热点问题则是掺杂了其中的几类矛盾和冲突。

核化生扩散问题是由无核国家和组织企图取得核能力而与以美国为首的核不扩散运动产生的冲突，如目前的朝鲜半岛核危机、伊朗核危机，甚至基地组织企图获得核武器而引发的危机等。这些危机有时会以尖锐的形式表现出来，形成世界热点。

领土和宗教纠纷问题是引发热点问题比较常见的类别，这样的纠纷通常是由具体的领土利益和宗教利益引发的，不是纯粹的意识形态冲突和信仰冲突，如巴以冲突，其直接冲突的诱因是领土利益和对宗教圣地的争夺，不完全是宗教教义的矛盾。这样的热点问题在新世纪仍将存在。

能源和环境问题是 21 世纪的新热点之一。随着能源危机的到来和环境保护的紧迫性越来越大，对包括水资源和石油资源等资源的争夺将有可能引发新的热点，国家之间在能源领域的竞争会日趋激烈，在环保问题上的争论也会日益激烈。这些竞争和争论在 21 世纪会继续以热点问题的形式表现出来。

思考题 ✍

1. 两霸冷战格局的特点是什么？
2. 国际战略格局发展趋势有哪些？

第 4 章

军事高技术

学习目标 📖

了解军事高技术的内涵、分类、发展趋势及对现代战争的影响，熟悉高技术在军事上的应用，掌握高技术与新军事变革的关系，明确学习、了解军事高技术对进一步认识现代战争的特点与规律具有重要意义，激发学习科学技术的热情。

上世纪末、本世纪初的四场局部战争，集中展示了当代军事高技术的最新成就。各种功能各异的高技术武器大显身手，彻底改变了传统的作战方式，使现代战争发生了革命性的变化。新世纪和平与发展是人类追求的共同目标，但霸权主义、强权政治的图谋仍屡见不鲜，战争的阴霾依然笼罩在地球的上空。作为身处和平环境的人们，仍然要关注军事高技术，了解军事高技术，更要掌握军事高技术。

第一节　军事高技术概述

科学技术特别是军事高技术的发展，正在军事领域引发一场深刻的变革。从海湾、科索沃、阿富汗和伊拉克等局部战争中，可以看出：现代战争已进入信息时代，战场已经成为高技术武器装备的较量；谁拥有军事高技术，谁就能占据更大的战争主动权，为获取战争胜利奠定物质技术基础。

一、军事高技术的概念与分类

军事高技术，是指应用于军事领域或从军事领域直接产生的高技术。具体地说，军事高技术是建立在现代科学技术成就的基础上，处于当代科学技术前沿，将对武器装备、军事理论和作战样式的发展，起巨大推动作用的那部分高技术的总称。军事高技术的范围十分广泛，分类也各种各样。

从高科技向军事领域自然延伸的角度，军事高技术可分为六大领域：军用信息技术、军事航天技术、军事海洋开发技术、军用生物技术、军用新材料技术、军用新能源技术。

从军事高技术与武器装备的关系出发，军事高技术可分为两大类型：一是支撑武器装备发展的基础技术，主要包括微电子技术、光电子技术、计算机技术、新材料技术、高性能推进与动力技术、仿真技术、先进制造技术等；二是直接用于武器装备并使之具有某种特定功能的应用技术，主要包括侦察监视技术、伪装与隐身技术、精确制导技术、信息战技术、指挥控制系统技术、军事航天技术、核化生武器技术、新概念武器技术等。

二、军事高技术的发展趋势

近几场局部战争如海湾战争、伊拉克战争等都是高技术条件下的局部战争，从这些局部战争中可以发现，军事高技术的发展趋势主要包括以下几个方面。

(一) 在发展目标上强调保持武器系统在质量上的优势

发达国家十分重视通过军事高技术的研究、开发和应用，以达到在武器系统的质量上保持优势的目标。美国助理国防部长认为："美国必须保持武器质量上的优势并乘机利用技术进步。"英国也提出加强军队质量建设，重点提高军事装备的技术水平和现代化进程。日本建军计划曾提出：适当控制主要武器装备的采购数量，着重进行装备更新，提高武器质量，增强军队的综合作战能力。

(二) 在发展内容上重视综合性、系统性

现代科技发展使科学与技术相互趋近直到融为一体。军事高技术的许多研究领域，如超导技术、激光技术、生物技术等，也同样出现了科学与技术以同一课题为研究开发对象的浑然一体的现象，各技术领域的交叉综合化成为发展的重要内容。例如，隐身技术开始只针对雷达波进行研究，现在除电磁波外，还涉及声、光、红外、磁、水压等技术领域，形成了庞大的技术群并与其他技术领域紧密交织、互相促进。

当代科技发展的另一个重要方面是"大科学"的兴起。所谓大科学，是指在当代科技交叉渗透、综合发展的条件下，为实现重大的军事、经济目标，由国家组织的规模庞大的多学科的综合研究项目。在大科学条件下，军事高技术发展的系统性大大加强，如美国的"战略防御倡议"、西欧国家的"欧洲长期防务合作研究计划"等，都是由国家甚至多个国家联合组织的。

(三) 在发展水平上朝各种"极限"逼近

军事高技术许多研究领域，都在向包括超高压、超高温、超低温、超高速、超细微、超大规模等在内的自然界的各种"极限"逼近。为了研制各种高性能的复合材料，复合组元的线度正在向纳米级过渡。比如，微型超声探测器可以在细小的管道(如人的血管)中运动，通过"航行"可拍摄出管道的三维立体照片。微型潜艇(又称"机器鱼")的尺寸极小，可以置于人的掌心，用于在深海进行海底资源探测。这种极限化的结果，将会带来一系列在非极限条件下所没有的新效应，产生技术上的新突破。例如超导技术，一旦实现"常温下电阻趋近于零"的目标，将会带来革命性的变化，有人认为其对科技、经济的影响将超过晶体管。又如运用高温结构陶瓷制成的陶瓷发动机可以显著提高工作温度，避免冷却系统的损耗，油耗和发动机重量都能大大减少，在军用和民用上都有重要意义。

(四) 在发展模式上注重成果的扩散与转移

军事高技术成果的扩散与转移将对经济发展和综合国力的增强起重要作用，美国于 20 世纪 80 年代末就在战略防御计划局内专门设立了技术应用处，负责向国防部各部门和工业界转移该计划的技术成果。美国白宫科技政策办公室曾在国防部和商务部的关键技术计划基础上，制定了"国家关键技术计划"，选择了 30 项对军用和民用都至关重要的技术作为发展重点。西欧、日本也都采取相应政策，从整体上提高技术竞争能力。

三、军事高技术对现代战争的影响

(一) 对武器装备的影响

高技术对武器装备的影响最迅速、最明显，它将直接促进武器装备的改进和发展。

第一，提高了武器的杀伤效能。高技术的应用，将使各类武器向重量轻、体积小、射程远、速度快、威力大、精度高、机动能力强的方向发展，从而极大地提高武器的杀伤效能。

第二，提高了武器系统的综合作战能力和自动化水平。C^4ISR 系统把各类武器系统联为一体，把各军兵种联为一体，已被广泛应用于战略、战役和战术的各个领域，促使战场指挥控制一体化，从而提高了武器系统的综合作战能力，并实现了信息的获取、传输、处理和显示的自动化，武器管理、控制指挥的自动化，作战指挥、决策的自动化。

第三，提高了武器装备的生存能力。其手段主要有三种：一是抗毁加固。这主要是对武器装备的壳体和关键部位应用高强度的新材料，使武器装备坚固耐用。二是灵活机动。它是提高雷达、飞机、舰艇、火炮、坦克以及 C^4ISR 系统和电子对抗装备生存能力的重要手段。三是防探测。它主要采用各种隐形技术，提高武器装备的生存能力。

第四，提高了武器装备的全天时、全天候的作战能力。红外、夜视的应用，提高了武器全天时的作战能力；雷达成像、热成像、毫米波和红外技术的应用，大大提高了武器全天候的作战能力。

第五，提高了武器的可靠性和可维修性。可靠性和可维修性是武器系统具备长期持续作战能力的两个关键条件。例如，采用模块化设计技术、故障诊断技术、计算机辅助设计技术、非电子设备内部技术等，可大大减少武器装备的故障率和返修率，并便于检查和维修。

第六，促使新型武器系统的诞生。高技术应用于武器装备的发展，将直接促使新型武器系统的诞生。现在已取得重大突破并部分应用或即将装备部队的有航天武器系统、人工智能武器、隐身武器、计算机病毒武器、深海战略武器系统，以及次声武器、基因武器、失能武器、地球物理武器和新机理核武器等。

(二) 对作战理论的影响

由于高技术在军事领域的广泛运用，有力地推动了军事理论的变革和发展。

第一，高技术的出现改变了空间观。高技术条件下，更加强调夺取作战胜利必须夺取对作战空间的控制权，其中主要是信息控制；同时，由于信息技术和远兵器的广泛运用，使远近观发生了明显的变化，作战对手不但有来自地面的，还有来自空间各个领域的。未来作战指挥必须建立"多维"的战场空间观。

第二，高技术的出现也改变了集中观。高技术条件下，不再是简单的兵力、兵器和作战物资的集中，而是以信息优势为主的战斗效能的集中。如美军把"在决定的时间与地点集中战斗力"这一点改为"在决定的时间与地点集中优势战斗力的效能"。

第三，高技术的出现还改变了对时空观的传统认识。传统的以空间换取时间或以时间换取空间的认识都会被改变，只有综合考察信息技术所强调的高节奏、高速度，同时把握时间和空间上的优势，才能取得作战的胜利。正如海军、空军和核武器的出现推动了"制海论""制空论""核威慑论"的出现一样，高技术兵器的出现和发展，必将产生与其适应的军事理论。一方面，高技术的开发为军事理论的发展提供了物质基础；另一方面，军事理论的发展又为高技术的开发起到了导向作用。

（三）对作战方式的影响

高技术在军事上的广泛应用，使战争形态和作战方式发生了重大变化。除已经出现的以高技术为主要手段的"马岛式""利比亚式""海湾式"等局部战争和军事冲突外，还可能出现诸如外层空间的军事冲突和更多的小型局部战争。同时，也不能完全排除全面战争、特种战争、星球大战和规模较大的高技术局部战争等新的战争样式。

从已发生的局部战争来看，信息战将成为高技术局部战争的决定性因素，联合作战将成为局部战争的基本样式，非对称作战将成为高技术局部战争的基本模式，高强度作战将发展成为高技术局部战争的基本特点。未来作战方式还可能出现化学战、生物战、激光战等形式，在空中、陆地、海洋甚至太空中展开，所以未来的作战方式将更加多样复杂。

（四）对作战指挥的影响

由于战争手段的高技术化，使部队的侦察能力、预警能力、机动能力、快速反应能力、突击能力大为提高。这样，就使得战争具有突然性、立体性、协同性；战争规模大、强度高、节奏快；作战方向和战场态势瞬息万变，捕捉战机极为困难，战斗空前紧张激烈；作战指挥范围大、内容广、头绪杂、信息多、决策难。这对指挥的时效性、隐蔽性、稳定性、协同性提出了更高的要求，因而使战争的组织指挥空前复杂。为了赢得战争的胜利，建立现代化的指挥系统，保证指挥灵活、可靠、高效、稳定、隐蔽、保密地进行是一个关键问题。高效能的指挥取决于及时而准确的情报，安全通畅的联络，正确的分析、判断和决策，而依据传统指挥手段很难满足以上需要，因此必须求助于指挥控制的现代化。

第二节　高技术在军事上的应用

一、精确制导技术

精确制导技术催生了精确制导武器的出现，这是第二次世界大战后军事技术最引人注目的进展之一。近几场高技术局部战争中，精确制导武器发展极其迅速，海湾战争中，多国部队使用的精确制导武器为 9%，而在伊拉克战争中已达到 70%左右。各种精确制导武器的迅速发展、大量装备和广泛应用，对现代作战产生了巨大的影响。

(一) 精确制导技术的基本概念

精确制导技术指以高性能光电探测器为基础，采用目标识别、成像跟踪、相关跟踪等新方法，控制和导引武器准确地命中目标的技术。精确制导技术是在制导技术基础上的延伸和发展，用于支持精确制导武器的远距离高精度作战、夜间作战、全天候作战、复杂战场环境下作战。

(二) 精确制导技术的类型

制导的含义就是按选定的规律对精确制导武器进行导引和控制，调整其运动轨迹直至以允许的误差命中目标。制导系统由导引系统和控制系统组成。随着高新技术的发展，精确制导武器的制导方式也有各种类型，按不同的控制制导方式概括为自主制导、寻的制导、遥控制导、复合制导四种。

1. 自主制导

自主制导是利用弹载测量装置测定武器内部或外界某些固定的参考基础作为依据，产生控制信号，控制武器按预定的方案(弹道)飞行，直至命中目标。常用的制导方式有惯性制导、程序制导、地形匹配制导、景象相关匹配制导、星光制导、GPS(全球卫星定位系统)制导等。

自主制导由于和目标及指挥站不发生任何联系，所以对外界依赖性小，抗干扰能力强，武器射程远，但也有一经发射飞行弹道就不可改变的弊端。它主要用于远程精确制导武器(弹道导弹、巡航导弹)的初始飞行段，适合于攻击固定目标。

2. 寻的制导

寻的制导又称自寻的制导，其主要特点是通过弹上的导引系统(导引头或寻的器)感受目标辐射或反射的能量，自动跟踪目标，导引制导武器飞向目标。寻的制导精度高，但作用距离短，多用于末制导，适合打击运动目标。

寻的制导按接收的能量(波长)可分为雷达制导、红外制导、毫米波制导、电视制导、激光制导等类型。按信号来源可分为主动寻的制导(弹上装有能量发射装置、照射源和接收装置)、半主动寻的制导(弹上装有接收装置，照射源安装在弹体外的地面、舰上、机载制导站内)和被动寻的制导(不使用照射源，弹上只安装接收目标本身辐射能量的接收装置)。其中主动寻的制导和被动寻的制导均具有"发射后不用管"的优点。

3. 遥控制导

遥控制导是通过设在精确制导武器以外(地面、飞机、舰艇)的制导站，来测定目标与武器之间的相对运动参数并形成制导指令，再通过弹上的控制系统，控制武器飞向目标。按指令传输方式和手段，遥控制导可分为指令制导和波束制导两大类。

指令制导的方式主要有无线电指令制导、有线指令制导和电视制导。波束制导有雷达波束制导和激光波束制导。

4. 复合制导

复合制导是在一种武器中采用两种或两种以上制导方式组合而成的制导技术。各种单一制导方式有其所长也有其所短，若要精确制导武器系统就需要既具有作用距离远、精度高，又有较强的抗干扰能力，显然依靠单一的制导方式是难以实现的。因此，先进的精确制导武器系统往往采取复合制导方式。远程精确制导武器一般都采用复合制导系统。

（三）精确制导技术的应用

精确制导技术是精确制导武器的基础。精确制导技术只有物化为精确制导武器，才能发挥应有的军事效能。人们通常把直接命中概率超过50%以上的武器称为精确制导武器。精确制导武器是在常规武器的基础上发展起来的一种现代化武器。随着科学技术的发展和现代战争的需要，目前已研制出多种精确制导武器，包括导弹和精确制导弹药两大类。其中导弹占90%以上。

1. 导弹

导弹是一种依靠自身的动力装置推进，由制导系统导引，控制其飞行路线并导向目标的武器。它一般由弹头、弹体、推进系统、弹上制导设备和弹上电源等部分构成。导弹是精确制导武器中类别最多、研制生产和装备使用数量最大的一类。

1) 导弹的特点

(1) 射程远。世界上没有任何武器能在射程方面与导弹相提并论。洲际导弹的射程都在 8000 公里以上，当射程达到 20 000 公里时，可攻击地球上任何地区的目标。

(2) 速度快。导弹的飞行速度每小时可达 20 000 公里。从发射到命中上万公里以外的目标只需半小时左右。

(3) 精度高。导弹的命中精度通常用圆概率误差表示，误差越小，表示命中精度越高。美军海湾战争中首次投入实战的"战斧"巡航导弹飞行了 1000 公里，圆概率误差只有 10 米左右。

(4) 威力大。导弹的战斗部可装高能炸药、核装药或其他战剂，还可采用多弹头，威力和毁伤效率更大。导弹核武器的威力已达到几千万吨梯恩梯当量，比 1945 年投在日本广岛的那颗"小男孩"原子弹的威力(2 万吨)要大几千倍。

2) 导弹的分类

导弹的种类繁多，形式各异，目前已有几十种类型，几百种型号，分类方法也不尽相同，通常按导弹的用途、射程、飞行方式、战斗部类型、弹道形式和气动外形特征分类。按作战使命可分为战略导弹和战术导弹；按发射点目标的位置可分为攻击地面目标的导弹，如地地导弹、空地导弹、潜地导弹、舰地导弹，攻击空中目标的导弹，如地空导弹、舰(潜)空导弹；按射程可分为近程导弹(射程小于 1000 公里)、中程导弹(射程为 1000～3000 公里)、远程导弹(射程为 3000～8000 公里)和洲际导弹(射程大于 8000 公里)；按结构和弹道特征可分为弹道式导弹和飞航式导弹；按目标性质可分为防空导弹(攻击空中的飞机、导弹和其他空中飞行物)、反坦克导弹、反雷达导弹、反舰导弹、反潜导弹等等。

2. 制导弹药

制导弹药包括制导炸弹、制导炮弹和制导雷。

制导炸弹又称"灵巧炸弹"，是指由飞机投掷，带有制导装置和气动控制面(弹翼、尾翼)能自动导向目标的滑翔炸弹。制导炸弹由飞机携带，用以摧毁敌防空系统、火炮、坦克和装甲车辆，以及机场、桥梁、建筑物等，是对地面目标实施精确打击的重要武器。激光制导炸弹已发展到第三代，是各种制导炸弹中命中精度最高的(CEP 圆公算偏差值为 1 米)。在越南战争后期，美军将刚研制成功的 25 万枚"宝石路"激光制导炸弹投掷在越南战场，摧毁桥梁、电站、建筑物等重要目标 1800多个。海湾战争中，美英投掷激光制导炸弹 9300 余枚，电视制导炸弹 1000 余枚，炸毁了伊拉克 54 座桥梁目标中的 40 座，破坏了 10 座。

制导炮弹是用地面火炮发射，弹头带有制导装置的炮弹，主要用于攻击各种装甲目标。制导炮弹主要有激光制导炮弹、毫米波制导炮弹、红外寻的制导炮弹、复合制导炮弹。

普通地雷是触发引信地雷，随着遥感技术的发展，各种非触发引信应运而生，由此便产生了各种各样的非触发雷。其基本原理是根据目标产生的物理场来启动战斗部使之爆炸。制导雷就是一种把自毁破片技术、遥感技术和微处理结合起来的新型雷。它使地雷由一种完全被动的防御性武器变成能主动攻击目标的新型武器。

(四) 精确制导技术对作战行动的影响

利用精确制导技术研制的武器在 20 世纪 60 年代以来的局部战争中，以显赫的战绩确立了"兵器之星"的地位，对作战产生了深远的影响。

(1) 提高了作战效能。精确制导武器在已发生的局部战争中，从所占攻击目标比率、摧毁目标比率、效费比等指数看，极大地提高了作战效能，使其成为战争的基本手段。根据资料统计，在二战中，飞机投弹的圆概率误差为 1000 米，摧毁一个钢筋混凝土目标平均需要 9000 枚炸弹；越战期间，飞机投弹的圆概率误差为

100 米，炸毁类似目标平均需要 200～300 枚炸弹；而在海湾战争中，使用圆概率误差为 1～2 米的激光制导炸弹，只需 1～2 枚即可达到目的。1998 年 12 月美英对伊拉克实施的"沙漠之狐"行动中，所用精确制导武器占了全部投掷武器的 85%以上，其总体命中概率达到 80%以上。

(2) 改变了军事力量对比。精确制导武器正在改变着坦克、飞机、军舰等武器装备的传统军事价值，它与电子战相配合，将成为战争制胜的重要因素。海湾战争中，美国 42 架 F-117 飞机的出动架次只占多国部队固定翼飞机出击架次 2%，但却打击了 40%的战略目标。精确制导武器越来越明显地表现出改变军事力量平衡的作用，并促进了常规威慑力量的形成。据推算，精确制导武器的威力可与小型核武器相比，而且常规威慑力量的可利用性大大高于核威慑力量。

(3) 改变了作战样式。精确制导武器同时可以连续精确地打击整个战场纵深，减少前沿的短兵相接，使前后方界线模糊，战场呈现"流动"状态，非线性或无战线化。海湾战争中，交战双方部署兵力 120 万，坦克 8000 余辆，装甲车 8300 多辆，但地面战斗仅用 100 个小时就结束了，且未发生大规模步兵格斗和坦克大战。这主要是因为伊军的装甲部队已被多国部队大量的反坦克导弹所摧毁。

(4) 安全有效地达到军事政治目的。"外科式手术"的基本形式就是使用精确制导武器实施精确突袭。这是一个既能达成一定的政治目的又比较安全、有效的军事手段，只需使用少量的空袭兵力就能摧毁对方重要的军事、政治目标或经济设施，它付出的代价小而军事效益高。例如，1986 年 4 月 15 日，美军在空袭利比亚的"黄金峡谷"行动中，F-117 战斗机和舰载攻击机使用精确制导武器对利比亚的 5 个地面目标进行"外科式手术"的突袭，仅用了 12 分钟就达成了军事目的。

（五）精确制导武器的发展趋势

当前，研制新一代精确制导武器、改进现有精确制导武器的性能是世界主要国家在军事技术领域角逐的焦点。从世界主要国家所采取的举措中可以看出，现代精确制导武器将朝着以下几个方向发展：一是进一步增大火力毁伤距离，提高弹药投送精确度和弹药威力。二是弹药引导系统由自动化向全自主过渡，以实现"发射、不用管、摧毁"的目的。三是实现战斗准备过程的自动化，扩大电子计算机和自动化控制设备在武器控制方面的使用范围。四是实现不同作战平台、不同兵种和军种间精确制导弹药的配套和标准化。

目前，国外对精确制导武器发展提出的具体需求是：杀伤概率提高到 100%、弹药需求量降低到 20%～30%的空地导弹战斗部；可以对付多种目标、抵抗现代化干扰，并使弹药库存需求量降低 30%～40%的自适应战斗部；侵彻能力提高 300%，可以摧毁更坚硬目标的侵彻武器；使现役战斗部的杀伤力提高 20%～30%，成本比现役产品低 20%的制导一体化引信和能够摧毁地下坚固目标的硬目标灵巧引信；对付各种轻型和重型装甲目标，弹药需求量降低 30%～40%的综合效应自毁破片战斗部；小型多用途武器和反装甲武器，用以装备各种新型飞机；重量更轻、尺寸更小、成本更低的防区外多用途武器。

二、侦察监视技术

现代科学技术特别是高技术的发展，使军事侦察与监视技术水平和能力有了极大提高。同时，与其相对应的伪装隐身技术也得到了同步的发展。世界各国都非常重视现代侦察监视技术和伪装隐身技术的研究应用，它们已成为军事高技术的一个重要领域。

(一) 侦察监视技术

侦察监视技术是指为发现、识别、监视、跟踪目标，并对目标进行定位所采用的一系列技术措施。在高技术条件下，现代侦察技术是获取对方信息的主要技术手段，它可以为指挥人员的决策提供及时、全面、准确的情报信息，是夺取战争胜利的重要保障。

1. 侦察监视技术基本原理

侦察监视技术的基本原理是利用多种媒介传感器，探测目标的红外线、光波、声波、应力(振动)波、无线电波等物理特征信息，从而发现目标并监视其行动。各种侦察监视器材装备搭载于不同的作战平台，就形成了对战场侦察监视的不同手段。

2. 侦察监视技术的分类

现代侦察监视技术按照各种运载侦察监视技术装备平台的活动区域分为地面侦察、水面(下)侦察、空中侦察、航天侦察；按照侦察任务范围分为战略侦察、战役侦察和战术侦察；按照侦察活动方式分为武装侦察、谍报侦察和技术侦察；按照不同兵种的任务范围分为陆军侦察、海军侦察、空军侦察和战略导弹部队侦察；按照侦察监视所采取的手段分为观察、窃听、搜索、捕俘、火力侦察、照相侦察、雷达侦察、无线电侦察、调查询问、搜集文件资料等；按照实现探测和识别的技术原理分为光学侦察、电子侦察、声学侦察。高技术的应用是现代侦察技术的主要手段。

(二) 侦察监视技术与装备

1. 地面侦察监视技术

地面侦察监视是在陆地上进行的侦察与监视。地面侦察监视手段很多，除了常见的光学侦察如望远镜、潜望镜、侦察经纬仪、测距机、地面远程摄影机等外，主要还包括无线电通信侦察、雷达侦察、地面传感器侦察等。

1) 无线电通信侦察

无线电通信侦察是使用无线电接收设备，截收和破译敌方无线电通信信号，查明敌方无线电通信设备的配置、使用情况及其战术技术性能，以判明敌方编成、部署、指挥关系和行动企图，为制定电子对抗作战计划，实施通信干扰和引导火力摧毁提供依据。无线电通信侦察具有侦察距离远，速度快，工作隐蔽，受环境、地形、气候等自然条件影响小的特点，世界各国都十分重视运用这一手段。

2) 雷达侦察

雷达侦察是利用物体对无线电波的反射特性来发现目标和测定目标状态(距离、高度、方位角和运动速度)的一种侦察手段。雷达侦察具有探测距离远和测定目标速度快、精度高，以及能全天候使用等特点，在战场上应用十分广泛，成为现代战争的一种重要侦察手段。目前，广泛使用的是脉冲雷达。

3) 地面传感器侦察

地面传感器是指能对地面目标运动所引起的电、磁、声、地面震动和红外辐射等物理量的变化进行探测，并转换成电信号的设备。其工作过程是运动目标所产生的地面振动波、声响、红外辐射、电磁或磁能等被测量，由探测器接收并转换成电信号，再由信号处理电路放大和处理，送入发射机进行调制后发射出去，由设在远处的接收机接收、解调和识别发现目标。

2. 水下侦察监视设备

水下侦察监视设备大体可分为水声探测设备和非声探测设备两类。

1) 水声探测设备

水声探测设备主要有声呐，它是利用水声传播特性对水中目标进行传感控制的设备。此外还有水下噪声测量仪、声线轨迹仪、弹道轨迹测试仪、水下准直定位测试仪、声速仪、波浪仪等。水声探测设备是水下侦察的主要设备，它们被装备在潜艇、水面舰艇、反潜飞机和海岸防潜警戒系统中，构成强有力的水下侦察网，用于搜索、测定、识别和跟踪水中目标，进行水声对抗、水下战术通信、导航和武器制导。

2) 非声探测设备

非声探测设备主要有磁探仪、红外线探测仪、低能见度电视、废气控测仪、探潜电视、探潜雷达以及温度梯度仪等，处于研究探索阶段的有水下激光。非声探测设备作为水声探测的有效补充，近年来已有了很大的发展。

3. 空中侦察监视设备

空中侦察监视设备是指利用航空器环绕地球的大气空间,对敌方军队、阵地、地形等进行的侦察与监视。现代空中侦察监视平台有各种飞机、飞艇、漂浮气球、系留气球和旋翼升空器等,其中主要为飞机。按飞机的种类分为有人驾驶侦察机、侦察直升机、无人驾驶侦察机和预警机。机上通常装有可见光照相机、多光谱照相机、激光扫描相机、红外扫描装置、电视摄像机、合成孔径雷达、机载预警雷达、无线电及其他侦察设备。空中侦察监视的原理就是利用机上的这些光电遥感器或无线电接收机等侦察设备,接收并记录各种目标的电磁辐射,经加工处理后,从中提取有价值的情报信息。

1) 有人驾驶侦察机

有人驾驶侦察机是空中侦察的主力,它反应灵活,机动性好,能及时准确地完成战场情况侦察,能为各级指挥员提供作战指挥所需的大面积、远纵深的情报,并能直接引导突击兵力摧毁目标。专门设计的侦察机主要有美国的 OV-1 莫霍克战场侦察机、TR-1 战场侦察机、U-2 和 SR-71 战略侦察机、P-3C 反潜巡逻飞机,以及前苏联的 Ram-M 新式双尾翼高空侦察飞机和 Yak-28 等。

2) 侦察直升机

用直升机进行战场侦察有其独特的优势。因为直升机能在狭小的场地上起降,能在很低的高度(距地面 10～15 米,距海面 1 米)上实施侦察,且飞行速度不大,有利于对地面进行更细致、更准确的观察,从而提高了所获情报的可靠性。它还能够悬停于空中,便于从己方区域对敌整个战术纵深内的活动目标进行监视。国外典型的侦察直升机有美国的 OH-6A 轻型观察直升机和 OH-58A 直升机,法国的 8A341F(小羚羊)和 5A318F(云雀-2),德国的 BO-105,前苏联的 MU-IKP 和 MU-2 直机。

3) 无人驾驶侦察机

无人驾驶侦察机是 20 世纪 60 年代初发展起来的,它比有人驾驶侦察机具有更多的优点:成本低,一架无人驾驶侦察机约需 50～100 万美元,而一架 SR-71 侦察机则为 2400 万美元;可靠性高,能用以完成危险性比较大,不宜使用有人驾驶侦察机的侦察任务;体积小,发动机功率低,红外辐射少,不易被发现和击落;机动灵活,可用卡车或运输机运到起飞地点。目前,外军装备的无人驾驶侦察机主要有以色列的"侦察兵"及"猛犬",美国的"苍鹰",加拿大的 CL-227 等。

4) 预警机

预警机是空中预警和控制系统飞机的简称,是空中侦察与监视系统的一个重要组成部分。预警机通常由载机以及监视雷达、数据处理、数据显示与控制、敌我识别、通信、导航和无源探测等 7 个电子系统组成，具有低空性能好、监视范围大、生存能力强、指挥控制能力强和灵活机动等特点，能够集预警和指挥、控制、通信功能于一体，起到活动雷达站和空中指挥中心的作用。在 1982 年 6 月 9 日叙以贝卡谷地空战中，以色列曾使用美制 E-2C "鹰眼" 预警机指挥空战，以损失 1 架飞机的代价，取得摧毁叙利亚 19 个地空导弹阵地和 80 架飞机的战果。目前，国外投入使用的预警机主要有美国的 E-3A "哨兵" 和 E-2C "鹰眼" 预警机，前苏联的图-126 "苔藓" 和伊尔-76 "中坚" 预警机等。其中以 E-3A 预警机最具代表性，它是一种具有指挥、控制、通信与情报功能的全天候远程预警机，其机载监视雷达能控测高空、低空、地面、海上各种活动目标。

4. 空间侦察监视技术

空间侦察监视技术是利用航天器(主要是卫星)上的光电遥感器和无线电接收机等侦察设备获取情报的技术。其特点：一是轨道高，发现目标快，侦察范围广，可在短时间内侦察辽阔的地域。例如，近地点高度为 150~200 公里的照相侦察卫星，能够在一张照片上拍下上万平方公里的地面景物。二是可长期反复地监视全球，也可定期或连续地监视某一地区。例如，在极轨道上以 90 分钟左右周期运行的照相侦察卫星，每天绕地球飞行 16 圈，每隔几天即可将全球拍照一遍。三是可在短期内或实时地提供侦察情报，能满足军事情报的时效性的要求。四是不受国界和地理条件的限制。

1) 照相侦察卫星

照相侦察卫星发展最早、发射也最多。其侦察设备有可见光相机，能获得最佳的地面分辨率，图像资料直观，易于判读；有多光谱和红外相机，能够识别伪装，监视夜间的军事行动；有合成孔径雷达，可实现全天候全天时侦察；还有电视摄像机，可进行近实时侦察，缩短获取情报的时间。

2) 电子侦察卫星

电子侦察卫星上装有侦察接收机和磁带记录器，当卫星飞经敌方上空时，将各种频率的无线电波信号记录在磁带上，在卫星飞经本国地球站上空时，再回放磁带，以快速通信方式将信息传回。其任务有两个，一是侦察敌方雷达的位置、使用频率等性能参数，为战略轰炸机、弹道导弹的突防和实施电子干扰提供数据；二是探测敌方军用电台和发信设施的位置，以便于窃听和破坏。目前世界上只有美国和俄罗斯发射和使用电子侦察卫星。

3) 预警卫星

预警卫星用于监视和发现敌方发射的战略导弹，并发出警报。这种卫星通常发射到地球同步轨道或周期约 12 小时的大椭圆轨道上，一般由几颗卫星组成预警网。预警卫星利用卫星上的红外探测器，探测导弹主动段飞行期间发动机尾焰的红外辐射，配合使用电视摄像机及时准确地判明导弹发射。卫星上一般还装有 X 射线探测器、射线探测器和中子计数器等，以兼顾探测核爆炸的任务。美国的预警卫星系统叫做"综合导弹预警系统"，又叫"647 计划"或"国防支援计划"，迄今已发展了三代。

4) 海洋监视卫星

海洋监视卫星主要用来对海上舰船和潜艇进行探测、跟踪、定位、识别，监视，获取军事情报。它包括电子侦察型和雷达型两种。前一种实际上就是前面介绍过的电子侦察卫星，只不过监视对象不是陆上的雷达和电台，而是水中舰船发出的无线电信号；后一种卫星上装有大孔径雷达，可以不依赖对方发射信号而主动搜集目标，其精度比电子侦察型更高。由于所要覆盖的海域广阔，探测的目标又多是活动的，因此海洋监视卫星的轨道比较高，并用几颗卫星组网的侦察体制，以达到连续监视、提高探测概率和定位精度的目的。

5) 核爆炸探测卫星

核爆炸探测卫星是用于探测大气层内和外层空间核爆炸的卫星，其典型代表有美国的"维拉"卫星。

(三) 侦察监视技术对作战行动的影响

现代侦察监视技术的发展及其在战场上的应用，使得现代战场侦察与监视手段有了显著改善。侦察手段多样化，各种手段综合运用，大大提高了大面积监视能力、精确侦察能力、夜间或复杂条件下全天候侦察能力、实时或近实时侦察能力和识别伪装的能力，对作战行动也产生了深刻的影响。

第一，扩大了作战空间。现代侦察技术装备可以覆盖整个战场，并在全球范围内进行全纵深、大面积的侦察和监视。例如，陆地战场监视系统侦察纵深可达 150公里以远；中低空侦察机可覆盖其航迹侧面 100 公里；高空侦察机飞行距离 4800公里，值勤时间 12 小时，每小时监视能力达 38.9 万平方公里；卫星侦察与监视可覆盖数百万平方公里。作战侦察距离的增大，扩大了信息获取量，为实施远距离作战提供了条件。同时，作战距离的扩大又使传统的近战战法受到严重挑战，因而必须探索新的对敌作战方式。

第二，改善了信息获取手段。侦察技术的发展，使现代战争的情报侦察方式发生了变革。过去战场侦察主要是依靠侦察兵或特工人员使用目视观察器材进行侦察，而现代战争的情报侦察主要是使用配备有先进的光、电、磁传感器的侦察设备，包括地面侦察站、侦察船、侦察飞机、侦察卫星等手段，对敌方的军事设施、军队的部署、武器装备的配置以及部队的调动与行动企图进行侦察和分析，获取军事情报，为制定作战计划和作战行动提供依据。使用现代侦察手段，可以深入敌人后方，全面详细地了解掌握战场的情况，从而达到"知彼知己，百战不殆"的目的。

第三，增强了作战指挥的时效性，提高了指挥质量。现代战场复杂多变，实时获得高质量的情报信息显得越来越重要。现代侦察监视技术特别是卫星、遥感技术应用于军事领域后，不仅使军队获取信息的范围显著增大，而且速度和准确率也大大提高。目前，在地球上空的各类探测和通信卫星多达千余颗。这些卫星上均装有高技术仪器，大大缩短了各种指令的传递时间。例如，侦察卫星所采集的图像数据、无线电信号、雷达信号等多种形式的信息传递给地面接收站和指挥中心只需 1.5 分钟。海湾战争中，多国部队的指挥中心依靠行进中的侦察系统，可以随时收到卫星发送的战场情况，并能动态监视伊军的行动，使各级指挥员及时地了解和掌握当地伊军部署和双方战斗进展情况，为战区乃至分队指挥员实施正确指挥提供了重要的依据。高技术侦察装备这种实时、快速、准确传递信息的能力和手段，极大地提高了作战指挥的时效性。现代侦察监视系统不仅能为指挥员提供直读、直观、直闻的不同距离、全方位、有声有色的情报，而且还可用计算机的逻辑功能帮助计算、分析和判断，并可对指挥员做出的计划方案进行"对抗模拟"，比较方案的可行性，以便于选择最佳方案。同时，也避免了手工作业带来的差错，提高了保密性以及指挥质量。

第四，对作战指挥人员提出了更高的要求。现代侦察监视技术在战场上的运用不仅给作战指挥提供了极为便利的条件，而且对作战指挥人员提出了更高的要求。一方面，要求指挥员和指挥机关在作战指挥中，必须具有很高的时效性，在时间的较量中高敌一筹，制人而不制于人；另一方面，要求指挥员和指挥机关必须具有很高的军事素质，熟悉军队指挥规律及其科学原理，能运用现代科学知识，采取最优化的指挥方式，充分发挥现代侦察监视手段的作用，提高搜索、处理战场信息的速度和准确率，提高作战指挥的时效性，以适应现代战争的要求。

第五，促进了反侦察技术的发展。侦察技术在战场上的运用，促进了反侦察技术的发展。随着卫星、遥感等新技术在军事上的运用，使战场"透明度"越来越大，部队隐蔽行动企图更加困难，必须探索新的伪装方法和行动方法。例如，常用的伪装方法对目视侦察和微光侦察有效，但热成像器材出现后，这些方法基本失去了作用，烟幕伪装的效果也越来越小，必须研究出有效的伪装材料和方法。此外，高技术侦察设备和先进侦察手段的大量使用，还使战场目标的生存面临更大的威胁，战役战斗的突然性越来越难以达成。因此，为了提高战场目标的生存能力和达成战役战斗的突然性，必须与敌侦察器材作斗争，发展反侦察技术。

(四) 侦察监视技术的发展趋势

由于各种高技术手段的广泛应用，现代侦察监视技术正在进入一个崭新的发展阶段。无论是侦察方式、侦察手段、器材设备本身，还是其战术技术应用，都将提高到一个新的高度。这也促使现代侦察监视技术的发展出现了新的趋势。

1. 空间上的立体化

由于现代武器的射程急剧增加，部队的机动能力迅速提高，现代战争必须是大纵深的立体战争。为了适应这种特点，侦察与监视体制必须是由空间、空中、地(水)面、水下组成的"四合一"系统。上述四大侦察监视系统虽然各有自己的优点和特长，但也都存在着各自的局限性。由它们组成的综合体系，在侦察与监视的地域、时间周期以及对情报的处理和利用方面，可以取长补短，互为补充，互相印证。海湾战争中，多国部队的侦察卫星、侦察飞机、预警机、地面侦察装备遍及天空地海，组成了规模庞大的立体侦察网，在监视战局变化、战争决策和制定作战计划、设定武器目标、发挥武器效能等方面发挥了重要作用。

2. 速度上的实时化

现代战争快速多变，部队机动能力强，要求侦察与监视所用的时间尽量最短。在这里，信息的处理和传输速度是关键。随着遥感技术的发展，靠人的五官和经验远远不能适应"适时侦察"的需要，唯一的办法是借助以计算机为核心的遥感图像自动分类和识别技术，提高处理速度。例如，美国的 E-3A 预警机上装备的计算机容量大，运算速度快，可同时跟踪 600 个目标，同时识别 200 个目标，同时处理 300～400 个目标的信息。

3. 手段上的综合化

随着侦察技术的不断改进，各种反侦察设备和伪装干扰技术也得到了发展。为了识别伪装，提高侦察效果，一方面要加强地面目标特征研究，另一方面要加速研制新的红外、激光、微波遥感器。使用多种遥感器，同时观测同一地区，这样既能获得多种信息，又能增加侦察监视效果。例如，美国研制的"伦巴斯"远距离监视战场探测器系统由声、磁、震动、红外四种传感器和监视器组成，各种传感器获取的目标信息可互相补充、互相验证。又如，美国在其预警卫星上增加了 X 射线探测器、Y 射线探测器、中子计数器等探测仪器，使其具有了核爆炸探测能力。

4. 侦察监视与攻击系统一体化

侦察监视与攻击系统一体化就是将部队的侦察监视系统与武器装备有机地结合起来，构成一个合理的整体，以便及时发现和摧毁目标。例如，有的遥控飞行器携带有侦察、跟踪、瞄准装置和弹药，侦察发现目标后，能很快将目标摧毁；还有的侦察机的雷达发现 100～200 公里的目标后，数秒钟之内就能完成信号处理，传输给地面，并引导地面兵器准确打击目标。

三、伪装与隐身技术

现代侦察技术的飞速发展，必然刺激与之相抗衡的反侦察技术的发展，作为反侦察重要手段的军事伪装与隐身技术也得到了飞速发展。现代军事伪装与隐身在大量采用传统伪装技术的同时，越来越多地采用高新技术措施，其中隐身技术的出现就是传统的伪装技术向高技术领域扩展和延伸的结果。

（一）伪装与隐身技术的基本概念

所谓伪装，是指为欺骗或迷惑敌方所采取的各种隐蔽措施。它是通过隐蔽真目标、设置假目标、实施佯动、散布假情报和封锁消息等措施，以降低敌方侦察器材(包括人员)的侦察效果，提高目标的生存能力，使敌方对己方军队的部署、行动、作战企图和各种目标的位置、状况等产生错觉，造成指挥失误，从而实现己方军队行动的自由，取得作战的胜利。

由于任何目标均处于一定的背景之中，目标与背景之间在外貌、物性方面各不相同，两者之间存在差别，这种差别使得目标易被各种侦察器材所发现。伪装的基本原理是减小目标与背景在光学、热红外、微波波段等电磁波波段的散射或辐射特性的差别，以隐蔽目标或降低目标的可探测特征，模拟或扩大目标与背景的这些差别，以构成假目标欺骗敌方。军事伪装就是通过利用电子、电磁、光学、热学、声学等技术手段，改变目标本身原特征信息，实现目标对周围背景的模拟复制，降低或消除目标的可探测特征，以实现目标的"隐真"，或者模拟目标的可探测特征，仿制假目标以"示假"。

隐身技术，又称隐形技术或"低可探测技术"，是通过降低武器装备等目标的信号特征，使其难以被发现、识别、跟踪和攻击的技术。

隐身技术是传统伪装技术走向高技术化的发展和延伸，是第二次世界大战以后军事技术的重大突破之一。它是交叉应用了诸如流体动力学、材料科学、电子学、光学、声学等众多学科领域技术的综合性技术。

（二）军事伪装与隐身技术的分类及应用

1. 军事伪装的分类及应用

军事伪装有各种不同的分类方法，其中最基本的有两种：按照运用范围和所对付的观察器材进行分类。

　　1) 按应用范围分类

　　按照运用范围分类，军事伪装可分为战略伪装、战役伪装和战术伪装。

　　(1) 战略伪装。指对军事战略全局采取的一系列伪装措施。战略伪装由最高统帅部统一组织实施。

　　(2) 战役伪装。指为隐蔽战役企图、战役行动、战役时间等而对兵力、兵器的部署、配置、调动采取的伪装。战役伪装由战役军团司令部组织实施。

　　(3) 战术伪装。指对战术兵团、部队、分队的人员、兵器、车辆、工程设施和兵力部署、行动、作战企图等实施的伪装。战术伪装由战术兵团、部队司令部和分队指挥员组织实施。

　　2) 按所对付的观察器材分类

　　按所对付的观察器材分类，主要包括防光学侦察伪装、防雷达侦察伪装及防红外侦察伪装。

　　(1) 防光学侦察伪装。指利用天然遮障、人工遮障、伪装材料、烟雾及布置人工斑点等来减少目标的暴露特征，防止敌人光学侦察的发现。目标与背景颜色的差别直接影响到光学侦察的效果，因此，处理颜色的差别是防光学侦察最有效的方法。这些方法主要有消除颜色差别、降低颜色差别、模仿颜色差别三种。

　　(2) 防雷达侦察伪装。雷达波近似直线传播，因此，利用地形、地貌是防雷达侦察伪装的最佳途径。但对于雷达波通视区内的目标，则应设法消除和模仿雷达波的反射差别。其方法一是消除雷达波的反射差别。消除目标与背景对雷达的反射差别，目的是消除它们之间的回波差别，使雷达荧光屏上无法显示目标信号。二是模仿雷达的反射差别。在目标上装有雷达波接收与发射装置，当这种装置接收到雷达发射的脉冲时，经延迟、放大后再发射出去，可使敌方雷达显示屏上显示的距离和位置均与真实目标不同。另外，也可设置防雷达假目标。

　　(3) 防红外侦察伪装。其方法是消除目标与背景的红外辐射差别，或模仿红外辐射差别。对付红外夜视和照相，可在对付光学侦察的假目标内增设热源；而对付红外探测仪，则可直接设置热源。

　　(4) 概括起来讲，伪装的应用主要包括：天然伪装、迷彩伪装、植物伪装、人工遮障伪装、烟幕伪装、假目标伪装、灯火与音响伪装，其中有传统的伪装，也有高技术的伪装。

　　2. 隐身技术的分类

　　由于现代战场上的侦察探测系统主要有雷达、红外、电子、可见光及声波等探测系统，因此隐身技术也相应地发展了一些新型的技术。

1) 雷达隐身技术

雷达发射出的电磁波遇到金属目标时会发生反射。由于军事目标(如飞机、导弹等)的形状很复杂，所以雷达波照到目标上会在各种不同的方向上发生反射(散射)。对单站雷达而言，只有与入射波方向一致的那部分反射波才会被雷达接收。目标的隐身能力要强，就必须减弱雷达所能接收到的反射波，即减小目标的雷达散射截面积(RCS)，这可以通过改变目标(如飞机)的几何外形和涂上能吸附雷达波的涂料等方法做到。

2) 红外隐身技术

许多军事目标，特别是飞机、导弹等在飞行途中都会发出强大的红外辐射，利用其红外辐射信号的特征，通过红外探测器就可以发现目标，并引导导弹等制导武器跟踪、接近和摧毁目标，这就是红外探测和制导技术。随着红外侦察和红外制导技术的发展，与之相对抗的红外隐身技术也迅速发展起来，并成为一项重要的军事高技术。

3) 电子隐身技术

目标除了容易被敌方的雷达和红外探测系统发现之外，其本身所载的电子设备因不断向外辐射电磁波信号也容易被敌方的电子侦察系统发现。为了使目标不被性能越来越高的电子侦察系统(如地对空雷达干扰系统、通信干扰系统等的侦察接收机)发现，作为抑制目标本身发生的电磁信号特征的电子隐身技术也成为一种重要的隐身技术。

4) 可见光隐身技术

控制目标的电磁散射、辐射和红外辐射特征，虽然可以对雷达、电子和红外控测系统发生作用，达到隐身目的，但对可见光波段的光学探测、跟踪、瞄准系统(如可见光相机、电视摄像机等)则达不到隐身目的。为此，反可见光探测隐身技术也获得了迅速发展。

5) 声波隐身技术

许多目标(如飞机、坦克和舰艇等)都会向周围介质(如空气、大地和水下等)辐射高能级噪声声波，极易被敌方噪声传感器、声呐等声波探测系统探测到。声波隐身技术或声频特征信号控制技术，就是控制目标的声频特征、降低声波探测系统探测概率的技术。

3. 隐身技术的军事应用

1) 隐身飞机

应用隐身技术手段最多、发展最快的当数隐身飞机。近40年来，各主要国家已研制出多种隐身飞机。早在 20 世纪 60 年代初，美国就研制成功 SR-71 "黑鸟"隐身高空战略侦察机。已研制成功的隐身飞机的典型代表有 F-117A "夜鹰"隐身战斗机和 B-2 隐身战略轰炸机。

2）隐身导弹

减小飞机的雷达散射截面积和红外特征的各种隐身技术原则上均可用于研制隐身导弹。从 20 世纪 80 年代初以来，美国已先后研制出 AGM-86 和 AGM-129 隐身战略巡航导弹，以及 ACM-137 和 MCM-137 隐身战术导弹等。

3）隐身舰艇

随着各种雷达及声呐探测系统和高精度的雷达/红外制导的反舰导弹、新型鱼雷、新型声/磁水雷的迅速发展，为了提高舰艇的生存能力，必须使之具有低的可探测特征，隐身军舰的研制便成为一种必然的趋势。当然，由于舰艇目标大且结构和形状复杂，其隐身技术比飞机和导弹隐身的难度更大更复杂。

隐身技术除了用于研制上述各种武器装备之外，还被用于其他技术装备，包括隐身无人飞行器、隐身通信系统、隐身机器人、隐身作战服和红外隐身照明弹等。这些隐身技术装备大都具有某一方面的隐身能力。预计在今后几年内将会有更多的此类隐身技术装备问世。

（三）伪装与隐身技术对作战的影响

1. 伪装对作战的影响

未来高技术条件下的局部战争，侦察与反侦察，制导与反制导的斗争异常激烈，伪装对于隐蔽自己、欺骗或迷惑敌人将起着关键作用，直接关系到作战的成败。

(1) 伪装是对付敌方侦察的最主要手段。伪装是对付敌方侦察和实施己方作战保障的最主要手段。在现代战争中，伪装的重要性已远非昔比，其应用越来越广泛，作用越来越大。由于陆、海、空、天多维的高技术侦察手段已使整个战场处于"透明"状态，要对付现代高技术侦察，除了伪装之外，暂时还没有更有效的方法。如果不进行伪装，所有的军事目标和军事行动，都将在敌方的严密监视与控制之下。

(2) 伪装是现代战争中强有力的防御盾牌。尽管现代侦察手段和打击兵器性能优越，但伪装是进行防御的非常有效的手段，它能有效地降低敌方侦察器材的侦察效果和武器(包括精确制导武器)攻击的命中率，减少人员、武器装备、工事和各类目标被毁伤，已成为一种强有力的防御"盾牌"。

(3) 伪装在现代战争中是有效的进攻手段。例如，在海湾战争大规模空袭实施之前 24 小时，为了达成突袭的突然性，美军对伊拉克的防空系统实施欺骗干扰，使伊军的雷达丧失了分辨真假目标的能力，从而确保了随之而来的空袭的顺利进行。这一战例充分说明，现代伪装技术的发展和应用，使进攻武器装备如虎添翼。可以说，伪装技术已成为一种进攻技术，它起着其他军事技术手段不可替代的作用。

2. 隐身技术对作战的影响

隐身技术的发展及广泛应用，各种隐身武器装备的研制成功及在战争中的初步应用，必将对作战产生深刻的影响。

(1) 隐身武器装备突防能力的提高，使战争的突然性进一步增大。传统的伪装隐蔽技术大都是被动式的，而现代的隐身技术则是主动式的，主要用于对付敌方防御武器，其结果就改变了袭击兵器的传统的突防方式，使战争的突然性增大。

(2) 隐身技术对侦察探测及防御提出了更高的要求。为了及早发现隐身目标，必须提高探测系统的性能，增大探测范围。为了防止隐身兵器的突入，防御一方必须加大雷达探测范围和探测密度，或者增加预警飞机的巡逻范围和密度，这使得战场范围随之增大。

(3) 隐身技术使侦察与反侦察更加激烈。在现代战争中，由于侦察手段越来越先进，交战双方装备的电子器材也越来越多，侦察与反侦察的斗争越来越激烈。一方面，诸如隐身飞机、隐身机器人等用于战场侦察，使空中侦察和地面侦察更加隐蔽；另一方面，隐身技术给伪装增添了新内容，可使电子器材隐去雷达特征，发热器材隐去红外特征，振动设备隐去噪声特征，从而使敌方侦察探测系统更难以进行侦察。

四、电子对抗技术

随着科学技术的不断发展，电子技术几乎渗透到军事技术的各个领域。电子技术水平的高低和装备数量的多少，已成为军事系统现代化水平高低的重要标志之一。包括 C^4ISR 系统在内的一切军事电子系统的效能能否充分发挥，将直接影响现代化武器系统乃至整个军事系统的综合作战能力。敌对双方围绕电子系统使用效能的削弱与反削弱、破坏与反破坏的斗争——电子对抗，已成为现代战争的一个重要组成部分和显著特征。

(一) 电子对抗基本概念

电子对抗是指为削弱、破坏敌方电子设备(系统)的使用效能，保护己方电子设备(系统)正常发挥效能，利用电磁能和定向能来控制电磁频谱或用电磁频谱攻击敌方的电子设备、器材的电磁斗争。电子对抗(电子侦察、干扰)一般不能直接对敌方人员和武器装备构成杀伤，但它能使敌方无线电通信指挥系统失灵、雷达迷盲、火炮和导弹等武器失控，为保卫自己和大量杀伤敌方有生力量创造条件。因此，它在现代战争中的地位越来越重要，成为军事电子技术中发展最快的领域之一。在国外，电子对抗通常称为电子战。1993 年，美军将电子对抗定义为，电子战是利用电磁能和定向能来控制电磁频谱，或用电磁频谱攻击敌方的任何军事行动。电子对抗与电子战的实质相同。

电子对抗是一种特殊形式的战争，它的战场是电磁波所能涉及的整个空间。它既不是常规武器之间的彼此撞击，也不是火箭与导弹等尖端武器之间的交锋，而是通过看不见的电磁波所进行的电磁信息斗争。它把战场从陆地、海洋和空中扩展到了包括地球及其周围的整个空间，使现代战争的战场由正面、纵深和高度的三维空间又增加了一维，因此，有人称之为"第四维战争"。

(二) 电子对抗的主要内容

电子对抗的主要内容有无线电通信对抗、雷达对抗、光电(红外、激光)对抗等。

1. 无线电通信对抗

无线电通信对抗简称通信对抗。通信对抗是为削弱或破坏敌方无线电通信设备的使用效能，保护己方无线电通信设备正常发挥效能而采取的各种措施和行动的统称。其基本内容包括通信对抗侦察、无线电通信干扰和无线电通信电子防御等。

通信对抗侦察，是指为获取通信对抗所需的情报而进行的电子对抗侦察。它主要通过搜索、截获、分析和识别敌方无线电信号，查明敌方无线电通信设备的频率、频谱结构、调制方式、功率电平、工作体制、配置位置以及通信规律、通信网络的性质和组成等。

无线电通信干扰，是指为削弱或破坏敌方无线电通信效能的电子干扰。无线电通信干扰可分为压制性通信干扰和欺骗性通信干扰。当通信干扰信号特征与通信信号特征近似吻合，接收机难以区分干扰信号时，干扰效果最佳。

无线电通信电子防御，是指为保护己方电子设备及其系统正常发挥效能所采取的措施与行动。它主要包括反电子侦察、反电子干扰和防反辐射武器摧毁等，通常由雷达、无线电通信等专业部(分)队和使用各种电子设备的战斗部(分)队，按统一计划分别组织实施。

2. 雷达对抗

雷达是发射探测脉冲并接收被照射目标的回波来发现和测定目标的空间位置，可对目标进行跟踪的设备。雷达对抗是与敌方雷达和雷达制导导弹系统及火控系统作斗争的各种战术和措施的总称。它可利用专门的电子设备或器材，对敌方雷达设备作斗争，以阻止敌方雷达获得电磁信息，减弱和破坏敌方武器系统的效能和威力，同时保护己方雷达等电子设备及武器系统在敌方干扰条件下仍能发挥效能和威力。

雷达对抗可按技术分为雷达侦察、雷达干扰、侦察摧毁一体化的反雷达(反辐射)导弹实施攻击等。

3. 光电对抗

光电对抗是利用光电设备或器材，通过光波传输的作用，截获、识别敌方正在工作的光电辐源信息，并继而采取各种手段削弱以至破坏其光电设备的效能，同时保证己方光电设备正常发挥效能的技术措施和其他措施。

光电对抗包括光电侦察与反侦察、光电干扰与反干扰、光电制导与反制导、光电隐身与反隐身、光电摧毁与反摧毁。

(三) 电子对抗的基本形式

电子对抗宏观上包括电子对抗与电子反对抗两个方面。电子对抗手段不断创新，派生有电子隐身与反隐身、电子制导与反制导等，归结起来主要包括电子侦察与反侦察、电子干扰与反干扰、摧毁与反摧毁。

1. 电子侦察与反侦察

1) 电子侦察

电子侦察是一种搜索、截获敌方电子设备的电磁辐射信号，从中获取其战术、技术特征参数及位置数据等情报的活动。

电子侦察按对象可分为雷达侦察、通信侦察和光电侦察。雷达侦察是指侦测、记录敌方雷达及雷达干扰设备的信号特征参数，并对其定位、识别。通信侦察是指对敌方无线电通信电台和通信干扰设备进行侦察、测向、定位，并根据通信电台的技术性能、通信诸元及通联规律，判别通信网的组织、级别和属性。光电侦察是指截获和识别敌方激光雷达、激光制导武器的激光辐射信号和飞机、坦克、导弹等本身的红外辐射信号。

2) 反电子侦察

反电子侦察是为了防止敌方截获、利用己方电子设备发射的电磁信号而采取的措施。其主要措施有：电子设备设置隐蔽频率工作；减少发射次数，缩短发射时间，尽量采用有线电通信等通信手段；使用定向天线，减少朝敌方向的电磁辐射强度；将发射功率降低至完成任务的最低限度；转移发射阵地使敌方不便掌握发射规律；减少发射活动，实施静默。

电子侦察无论平时还是战时都在不间断地进行着，使得反电子侦察已成为经常性的电子防御措施。反电子侦察涉及所有作战部队，必须严密组织、统一实施，与其他反侦察手段结合使用。

2. 电子干扰与反干扰

电子干扰与反干扰是现代战争中夺取战场电磁优势极为重要的作战手段，应灵活掌握，正确决策，实施计划管理。

1) 电子干扰

电子干扰是采用专用的发射信号干扰、破坏敌方电子系统正常工作的专用技术。其目的是削弱或破坏敌方电子系统遂行战场侦察、作战指挥、通信联络和兵器控制能力，为隐蔽己方企图，达成战役、战斗的突然性和提高己方飞机等武器装备的生存能力创造有利条件。

宏观上电子干扰可分为有源干扰和无源干扰两大类。按干扰专业、干扰专用平台、干扰技术、干扰方式和干扰机组成类型的不同，电子干扰有多种分类法。专业领域不同，干扰技术特点不同，电子设备的类型不同，信号波形不同，干扰波形设计也不同；干扰平台不同，作战环境不同，干扰机的设计原则也不同。因此，构成了陆、海、空军的电子干扰装备系统。对指挥员而言，重要的不是深研设计技术，而是要了解电子干扰技术概貌，决策干扰手段，选用干扰装备，组织电子战斗。

2) 电子反干扰

电子反干扰是识别、阻止敌方干扰以保护己方电子系统处于正常状态的技术。其目的是削弱或消除敌方电子干扰对己方电子设备使用效能的影响。

电子反干扰按电子设备种类可分为雷达反干扰、通信反干扰、引信反干扰、导航设备反干扰、光电设备反干扰等。按作战使用可分为技术反干扰和战术反干扰两大类。技术反干扰主要是提高电子设备本身在干扰条件下的工作能力，在电子设备的发射机、天线、接收机、信号处理系统中采取反干扰措施。战术反干扰主要是调整电子设备的配置、组网工作和综合运用等，将不同体制、各种频段的雷达配置组网，发挥整体抗干扰能力。

3. 摧毁与反摧毁

专用电子对抗设备和作战手段在战场上的广泛应用，不仅使雷达、通信和光电设备难以发挥效能，并且对作战飞机、舰船、装甲车辆和精确制导武器等构成了严重威胁。电子对抗手段不断升级，已由消极防御发展到软杀伤，进而发展到"软""硬"结合，对敌方电子设备直接摧毁。

1) 摧毁

摧毁是指在查明敌方电子对抗装备及其工作情况的基础上，用直接毁伤的方法使其瘫痪并在短期内难以恢复正常工作的一种电子对抗手段。它主要有火力摧毁、派遣人员摧毁和反辐射摧毁等。

电子摧毁是对敌方的电子设备实体实施摧毁。反辐射导弹、反辐射无人机等，就是这种"硬摧毁"的反辐射武器系统。反辐射导弹和对辐射源实施摧毁性攻击有两种方式。一种是接收到目标信号后发射。由于导弹具有"记忆"(锁定)装置，发射后，即使被攻击的雷达关机，它仍可"记住"其位置，不偏离航线击中目标。另一种是"先升空后锁定"方式。先盲目发射，让其无定向在空中飞行、盘旋，一旦接收到目标信号，即咬紧目标，将目标摧毁。反辐射导弹的自导引系统是采用无源被动跟踪方式，本身不辐射电磁信号，具有稳定性好，不易受干扰和突防能力强等特点，引导头跟踪目标范围大，具有较高的制导精度，是当今战场上威慑力较高的一种有效电子战武器。

2) 反摧毁

反摧毁是雷达利用战术或技术保护自己及友邻雷达免遭反辐射导弹攻击的技术。反摧毁技术目前常用的有以下几种：采用诱饵引骗技术，部署假雷达阵地；采用雷达发射控制、关机、间歇交替工作；采用反辐射导弹告警系统；采用新体制雷达，如低截获概率雷达等；雷达与无源传感器联合组网实施综合对抗技术。

(四) 电子对抗在作战中的作用

(1) 获取重要军事情报。未来战争是信息时代的战争，利用电子对抗的装备和手段，查明敌方电子设备的工作性能、技术参数、类别、数量和配置位置等，判断其兵力部署和行动企图，是赢得战争胜利的关键。1943 年 4 月，日本海军大臣山本五十六到前线(中所罗门岛)视察，日本第 8 舰队司令给另一个指挥部发出了视察路线和时间的电文。这一电文被美军截获并破译，当山本五十六出发后，美军出动18 架战斗机将山本座机击落。

海湾战争中，多国部队为了对伊拉克实施空袭，获取伊军雷达及防空系统情报，美国在投入的 53 颗各类卫星中，至少有 12 种共 18 颗卫星是侦察卫星，还部署了300 余架预警侦察飞机及地面电子情报站，使伊军大多军事行动难逃多国部队的"电子耳目"监视。海湾战争爆发前，沙特在美国授意下数次派战斗机闯入伊领空，以激起伊军的雷达反应，从而测定其雷达位置，分析其性能，美军空袭时顺利地实施了电子干扰和压制。美国三防技术安全局为美军提供了伊拉克核、生、化、导弹研制和常规武器生产设施的情况及位置，为轰炸提供了目标信息。美国防测绘局提供了 1.16 亿张地图拷贝和上万张照相地图，为"战斧"巡航导弹袭击陆上目标提供了有价值的情报。

(2) 破坏敌方作战指挥。破坏敌方指挥系统，使敌军瘫痪陷入被动挨打地位，是电子对抗的重要任务。1944 年，苏军在加里宁格勒附近包围了德军一个重兵集团，德军试图用无线电与大本营联络，求得增援和突围。苏军派出无线电干扰分队压制了德军的无线电通信，使德军 250 次联络未能成功，全军覆灭。德集团军司令被俘后供述，投降的主要原因之一是无法与大本营取得通信联络。

（3）掩护突防和攻击。雷达作为预警和兵器制导装备，已成为防御体系的"哨兵"和"千里眼"。它们能对空、对海实施警戒，及早发现来袭敌机、导弹、舰艇，可对火器实施射击控制和导弹的制导等；进攻时对敌雷达系统实施干扰、欺骗或摧毁，使其失去效能。在海湾战争中，多国部队空袭编队得到了各种电子战飞机 4000 多架次的电子支援，掌握了制电磁权，有效掩护突防，致使伊军作战飞机和防空导弹部队未能做出有效反应。

（4）保卫重要军事目标。在重要城镇、桥梁、机场、工厂和军事要地等目标附近，设置有力的雷达干扰设备或采用欺骗手段，能有效干扰敌轰炸机瞄准雷达和导弹的制导系统，使飞机投弹不准，导弹失控，减少被击中的几率，达到保卫重要目标的目的。例如，海湾战争中，伊"飞毛腿"导弹发射系统对多国部队构成了一定的威胁，成为多国部队重点轰炸目标。伊军为了欺骗多国部队，用铝板和塑料制成许多假导弹发射架，这些假导弹发射架在雷达荧光屏上显示的雷达回波与真发射架极为相似，引诱多国部队无效轰炸，有效地保存了实力。

（5）夺取战场主动权。未来高技术战争中，电子对抗将发挥重大作用。没有制电磁权，就很难有制天权、制空权、制海权、制陆权，就很难掌握战场主动权。国外有人把电子对抗比为高技术武器的保护神和效能倍增器，视为与精确制导武器、C^4ISR 系统并列的高技术战争三大支柱之一。

五、航天技术

航天技术又称空间技术或宇航技术，是由运载器技术、航天器技术和地面测控技术构成的高度综合性技术。军事航天技术是通过将无人或载人航天器送入太空，达到开发和利用太空的军事目的，用以完成侦察、通信、监测、导航、定位、测绘和气象测报等各种军事航天任务的综合性工程技术。

（一）航天技术的组成

航天技术由运载器技术、航天器技术和地面测控技术三大部分组成。

1. 运载器技术

运载器技术是航天技术的基础，要想把地球上的物体运送到外层空间去，必须克服地球引力和空气阻力。运载器技术的发展，为各种航天器提供了强大的动力装置。大多数航天器的运载器是多级火箭。

世界上第一枚飞进稠密大气层的人造飞行物，是德国在 1942 年 10 月发射的 A-4 火箭。这是现代运载火箭的雏形。二战后，火箭技术获得迅速发展，世界上第一颗人造卫星就是用 SS-6 运载火箭发射成功的。从此，运载火箭作为航天运载工具正式登上历史舞台。20 世纪 60 年代初期，前苏联就开始研制专用运载火箭，并逐步发展成为运载火箭系列。美国也于 1961 年开始研制专用大型火箭系列，其中"土星-5 号"三级运载火箭，是世界上最大的运载火箭，其直径为 10 米，总长 110 米，起飞时的重量为 2000 多吨，于 1969 年将重达 46 吨的"阿波罗 11 号"载人飞船送上了月球。我国从 20 世纪 50 年代开始独立自主地发展运载火箭，先后研制了"长征"大型运载火箭系列。目前，我国大型运载火箭技术已经跨入世界先进行列。

除大型运载火箭外，为满足空间活动日益发展的需要，具有航天器和运载器双重功能并可多次重复使用的航天飞机应运而生，从而将运载器技术提高到一个新的水平。

2. 航天器技术

航天器又称空间飞行器，是指从地球上发射到太空中去完成一定使命的空间系统。航天器一般分为三大类：一是环绕地球运行而不载人的空间飞行器，叫做人造地球卫星；二是环绕地球运行的载人空间飞行器，称为载人飞船如我国的"神舟五号"载人飞船；三是脱离地球引力，飞往其他星球或在星际间运行的空间飞行器，称为空间探测器。军用航天器包括各种军用人造地球卫星和载人飞船。

航天器主要由通用系统和专用系统两部分组成。通用系统是指各类航天器均需必备的系统，如温度控制系统、姿态控制系统、无线电控制系统、电源和计算机系统等；专用系统是根据航天器担负任务的需要而设置的，它是区别航天器用途的主要指标。

3. 地面测控技术

为保证航天器在轨道上正常工作，必须使之与地面保持密切的联系，因此，地面测控技术是航天技术中不可缺少的组成部分。

地面测控系统由分布在全球各地的测控台、站、船组成，通常配备有各种精密的电子设备，负责对航天器进行跟踪、定位、遥测、遥控和通信联络。

（二）航天器的军事应用

航天器的军事应用大致可分为三类：一是已经大量使用的支援地面军事力量的卫星系统，如侦察卫星、通信卫星、导航卫星、测地卫星、气象卫星等；二是处于研究开发中的天基或部分天基武器，主要指攻击敌方航天器用的反卫星系统，包括反卫星卫星、反卫星导弹和各种天基定向能武器等；三是在理论上可行但仅进行个别探索性试验的执行军事任务的载人航天器，包括载人飞船、空间站、航天飞机、空天飞机等。

1. 军用卫星

军用卫星是专门用于各种军事目的的人造地球卫星的统称。它是发射数量最多的一类卫星，现已达到 2000 多颗，约占世界各国航天器发射数量的 2/3 以上。军用卫星按用途可分为侦察卫星、通信卫星、导航卫星、测地卫星、气象卫星。

1) 侦察卫星

为了摧毁敌方的各种战略目标，如导弹武器基地、海空军基地、弹药库以及指挥中心、军工厂、发电厂、交通枢纽等，就要首先知道这些目标的情况。在现代战争条件下，只有利用军事侦察卫星才能有效、准确地知道这些战略目标的现状及其变化，所以在人造卫星出现以后，主要军事大国就把侦察卫星放在优先发展的地位。

根据不同的侦察手段和侦察任务，侦察卫星可分为照相侦察、电子侦察、核爆炸侦察、导弹预警和海洋监视等不同种类。侦察卫星的轨道高度一般在 200～1000 千米。

2) 通信卫星

通信卫星就是天基微波中继站，一般部署在地球同步轨道上，也有少数部署在大椭圆轨道上。卫星接收到地面发出的无线电波以后进行放大，然后再转发给地面。卫星通信具有覆盖范围大、通信距离远、通信容量大、传输质量高、机动性和生存能力强等优点，因而在军事通信中有举足轻重的作用。现在，除了一些商用的通信卫星同时用于军事通信之外，还研制、部署和使用了专门的军事通信卫星。通常可分为战略通信卫星和战术通信卫星两大类。地球同步通信卫星轨道在赤道上空 35786 千米。

3) 导航卫星

导航卫星是为航天、航空、航海、巡航导弹和洲际导弹等提供导航信号与数据的卫星，相当于一个设在空间的无线电导航台。导航卫星上所装有的无线电信标机以固定的频率，按照规定的时间间隔向地面、海上等的用户发射无线电信号，报道当时卫星在空间三维位置和发出信号的时间；用户利用无线电接收设备接收卫星发出的信号，从而确定自身的位置和航向。用导航卫星进行导航不受气象条件和距离的限制，而且导航精度高。著名的导航卫星有美国的 GPS 等。

4) 测地卫星

测地卫星是用来测定地球的形状和大小、地球重力场的分布、地面的城市、村庄和军事目标地理位置的卫星。测地卫星有重要的军事价值。如果测地卫星不能准确测定有关数据，洲际弹道导弹和巡航导弹就难以击中目标，从而大大降低战略武器的效能。目前，各国正在利用测地卫星进行全球大地测量，以获取具有战略意义的资料。此外，测地卫星还可以配备其他专用设备进行地球资源的勘察，成为地球资源卫星，用于了解和掌握各国战略资源的储备情况等。

5) 气象卫星

气象卫星是从空间获取军事气象情况的重要手段，对全球天气监视和天气预报业务均有十分重要的作用。气象卫星主要有两种类型：极地轨道上的近地气象卫星和同步轨道上的静止气象卫星。这两类卫星大都是军用与民用的结合，但也有专门的军用气象卫星系统。

2. 空间武器系统

空间武器系统，是指部署在太空、陆地、海洋和空中，用于攻击、破坏和干扰太空目标的武器，以及从太空攻击陆地、海洋和空中目标的武器系统的统称。空间武器系统主要包括：反卫星系统、反导系统、轨道轰炸系统、军用空天飞机。目前正在研制的空间武器系统主要是反卫星系统和反导系统。

1) 反卫星系统

反卫星系统专门用于攻击航天器，并通过攻击敌方的卫星来夺取制信息权的武器系统。目前，攻击卫星的主要方法有：一是利用地面武器系统，如导弹、激光炮和动能武器系统等来摧毁敌方卫星；二是以卫星拦截卫星，这种拦截卫星不同于一般卫星，它本身就是一种攻击性武器，通过机动变轨飞行，跟踪接近目标后，能以自爆或撞击的方式来摧毁敌方卫星，或者利用卫星上装载的激光器、粒子束武器以及火箭来摧毁敌方目标；三是利用航天站或航天飞机来俘获敌方卫星，为自己服务。

2) 反导系统

反导系统主要用于拦截弹道导弹和巡航导弹。它包括动能反导武器、定向能反导武器和反导导弹等，动能反导武器又包括动能拦截弹和电磁轨道炮等，定向能反导武器包括强激光武器、高功率微波武器和粒子束武器等。

3. 军用载人航天器

载人航天器可军用也可民用。载人航天器主要包括载人飞船、空间站、航天飞机和空天飞机。

1) 载人飞船

载人飞船是一种保证宇航员在空间轨道上生活和工作，以执行航天任务并返回地面的航天器。它的运行时间有限，仅能一次性使用，可独立进行航天活动，也可以作为往返于地面和空间站之间的"渡船"，还能与空间站或其他航天器在轨道上对接后进行联合飞行。典型的载人飞船由对接舱、轨道舱、返回舱、仪器设备(主要装有动力和电源设备等)舱和太阳帆板等部分组成。载人飞船容积较小，所载消耗性物质有限，不具备再补给能力，不能重复使用。但它是第一种将人直接送入太空的航天器，是航天技术在人造卫星技术基础上的新突破。

载人飞船能担负的军事使命有：作为地面与空间站的军事运输工具，可向空间站运送各种军事补给物资以及接送人员，进行空间救护等；试验新的军用航天设备；用于特定目标侦察与观察等。

2) 空间站

空间站是在绕地轨道上作较长时间航行的大型载人航天器。

在军事上，空间站具有多种运用潜力：一是作为战略武器的空间发射台和其他航天器停靠的"码头"，当做各种航天兵器的试验、部署、维修、指挥中心；二是作为俯瞰全球的空间侦察基地，直接参与跟踪、监视、捕获和拦截敌方航天器和洲际弹道导弹的作战行动。

3) 航天飞机

航天飞机是一种有人驾驶的空间飞行器。航天飞机具有运载能力大、用途广泛等优点，是一种理想的空间运输工具，在军事上具有巨大的应用潜力。它既可用于反卫星，对近地轨道上的敌方卫星实施检查、捕获和破坏；又可用于军事侦察，对运行中的无人侦察卫星进行维修、补充电源、更换胶卷、索取记录，必要时也可执行载人侦察任务；还可用于军事攻击，若装上炸弹，可在 45 分钟内，对地球上任何地方实施战略轰炸。

4) 空天飞机

空天飞机是能在普通跑道上水平起降，并在大气层内和空间轨道上飞行的可重复使用的航天器。20 世纪 80 年代兴起的空天飞机计划，是以天地往返运输系统、军用跨大气层飞行器和民用高超音速运输机等研制项目为背景的。在未来太空战中，空天飞机具有重要的军事价值，可作为战略轰炸机、战略侦察机和远程截击机使用，是比航天飞机更为灵活、战斗力更强的一种太空武器。

(三) 军事航天技术对未来战争的影响

军事航天技术的发展极大地扩展了战争的对抗领域。随着各种航天器的大量部署和应用，太空已成为未来战争新的重要领域。未来战场将由传统的陆、海、空三维一体发展为陆、海、空、天四维一体。军事航天技术对未来战争的影响，主要表现在以下几个方面。

1. 太空将成为未来战争新的"战略制高点"

军事航天技术的迅速发展及在军事领域的广泛应用，将进一步促进信息与火力的融合，空间将既作为获取、传输和发送信息的"高地"，同时还可能发展成为力量投送的"高地"。在以往的战争中，夺取战争主动权主要是指夺取制陆权、制海权、制空权。一旦太空成为战场，太空将成为未来战争新的战略制高点，谁夺取了制天权，控制了太空，就可以居高临下控制其他战场；反之，没有制天权，就很难夺取和保持制空权、制海权，在战争中就可能处于被动地位。在未来战争中，争夺制天权的斗争将异常激烈。通过掌握制天权，来掌握制信息权、制空权、制海权，从而全面掌握战场的自由权和主导权。拥有制天权的一方，其快速反应能力、作战效能、指挥效率和生存能力将显著提高，整体作战能力将跃上新台阶，有助于确立全面作战优势，置对手于被动挨打的境地。航天技术的发展，使世界各国太空领域的竞争更加激烈，使国家安全面临新的威胁，传统意义上的国家安全观、国防观将会过时，仅仅考虑国家的领土安全、领海安全和领空安全已经远远不够，没有太空安全，其他安全都将难以保证。

2. 军事航天技术将提高核威慑与信息威慑的效力

人类历史上，军事航天技术的发展一直与核威慑密切相关。20 世纪 80 年代初，美国政府提出了星球大战计划，要求研制一系列天基武器系统，用于击退前苏联的全面核突击。进入 21 世纪后相当长的一个时期内，战略核力量仍将在国家安全中的处于核心地位。国际安全环境的变化，加上核武器在使用上的局限性，各国近年来不断对核战略进行调整。目前，美国正在大力研制反导系统，一个是国家导弹防御系统(NMD)，另一个是战区导弹防御系统(TMD)，以谋求全面的核优势。实际上，无论精确制导武器也好、巡航导弹也好，与军事航天技术的结合都日益紧密，没有军事航天技术的支持，战略核武器将无法正常使用。军事航天技术的发展，将确保各类导弹系统的正常运转，大大提高战略核武器的反应速度，加快 C4ISR 系统与战略核武器的一体化建设，从而提高核威慑的有效性和针对性。

同时，还应该看到，在进入信息时代之后，随着信息战的出现而出现了信息威慑。毋庸置疑的是，信息战的战略运用和战略作用对战争的影响越来越显著。从军事和技术的角度都可以清晰地预见，在未来的信息化战争中，制信息必须首先制天，军事航天装备将日益成为战场信息威慑的核心。

3. 军事航天器将主宰战场态势感知

在空间运行的航天器能够超越领空或其他限制，在短时间内覆盖全球，实现对地球上某一区域的侦察监视，并具有长期值守、平战结合等特点，已成为获取各种情报最重要的"感知器"，可以为作战行动提供侦察监视、指挥控制、通信预警、导航定位和气象预报等信息服务。目前，美军 95%的侦察情报、90%的军事通信、100%的导航定位和 100%的气象信息来自天基信息系统。因此，军事航天装备将成为战场态势感知的主宰。

4. 军事航天装备将强化联合作战体系

从近期几场局部战争看，以信息化装备为主体的陆、海、空、天、电五维一体的联合作战已成为基本作战形式，指挥、控制、通信、计算机、情报、侦察与监视(C^4ISR)系统成为联合作战体系的核心。军事航天装备作为 C^4ISR 系统的一个重要组成部分，不仅可以全天时、全天候、全方位、近实时地获取、融合和分发各种战场信息，还可以利用独特的位置与地域优势，发挥"黏合剂"的作用，实现 C^4ISR 各个系统的互联互通，提高信息系统的一体化程度。在未来高度复杂的联合作战行动中，军事航天装备的介入将极大地提高联合行动的快速机动、协同配合能力，从而把高度分散的部队凝聚为一个有机的整体。因此，军事航天装备是 C^4ISR 系统的中枢和纽带，将大大强化联合作战体系的整体性。

5. 军事航天技术将提升精确打击能力

远程精确打击是信息化战争的重要特征之一，提高各种远程打击武器的射击精度是提高其作战效能最经济的方法。基于空间导航能力的精确打击，精度高，费用低，作战准备时间短，不受气候影响，已成为现代战争最主要的毁伤手段。据统计，在 2003 年的伊拉克战争中，美英联军使用的空袭弹药中，制导弹药占 68%，而在这些制导弹药中有近 2/3 采用 GPS 制导或以 GPS 为主的复合制导。由于拥有绝对的制天权，美军的作战效能成倍增强，放大了双方在军事力量上的差距，使美国所推行的基于效果的作战成为可能，完全掌控了战争进程。

六、指挥信息系统

指挥信息系统是以计算机为核心，具有指挥控制、情报侦察、预警探测、通信、电子对抗和其他作战信息保障功能的军事信息系统。它是科学技术革命、战争形态演变、军队建设转型和作战指挥变革的产物。指挥信息系统集成水平的高低、功能的强弱，对于建设信息化军队、打赢信息化战争具有重要影响，起着核心作用。

(一) 指挥信息系统的含义与特点

1. 指挥信息系统的含义

指挥信息系统是在军队指挥体系中，采用以电子计算机为核心的技术装备与指挥人员相结合，对部队和武器实施指挥与控制的"人-机"系统。它综合运用现代科学技术和设备，把指挥、控制、通信和情报紧密地联系在一起，形成一个多功能的统一系统。

西方发达国家将指挥自动化系统称为 C^4ISR 系统，即指挥(Command)、控制(Control)、通信(Communication)、计算机(Computer)和情报(Intelligence)、监视(Surveillance)、侦察(Reconnaissance)的简称。它是军队实现指挥信息化的手段和工具。

指挥信息系统从不同的角度划分出的种类多种多样，常见的可按以下三种方式划分：按作战任务的性质和规模大小可分为战略 C^4ISR 系统、战役(战区) C^4ISR 系统和战术 C^4ISR 系统；按使用系统的军兵种划分为陆、海、空军、海军陆战队和兵种 C^4ISR 系统；按不同的指挥控制对象可分为士兵自动化指挥系统、信息自动化指挥系统、武器自动化指挥系统。

2. 指挥信息系统的特点

(1) 能快速搜集、处理、传输情报。现代战争中，地面、机载、舰载、星载等探测器遍布全球，不分昼夜，时刻提供陆海空的各种军事情报，这些情报不仅信息量大，而且瞬息万变。军队指挥自动化系统能大量、准确、迅速地搜集、处理、传输情报。在防空技术方面，过去要人工读取雷达情报，现在的三维坐标雷达和相控阵雷达不但探测距离远、精度高、抗干扰能力强，而且具有自动录取情报的能力。目标一旦进入荧光屏规定的某一区域，设备即自动跟踪目标，将目标的方位、距离、高度、速度、船身等数据传送到指挥中心，使指挥人员能立即掌握情况，确定对策。海湾战争中，其信息量至少达上千万字，这些信息的处理靠人力手工作业是无能为力的。

(2) "记忆"和计算能力强。军队指挥自动化系统能"记住"大量的数据，也就是把来自不同信息源的原始数据或经过处理的数据存于系统的计算机存储器中，如美军大西洋总部舰船航行监视中心的计算机中存有 15000 艘舰船的各种数据。现代战争中，反导弹系统预警时间只有 10 分钟左右。在这样短的时间内，要从多个弹头中识别出真假弹头，算出真弹头的飞行轨道，分配和控制拦截武器进行拦截，没有自动化的指挥系统，是无法想象的。海湾战争中，伊军的"飞毛腿"导弹从发射、升空、离开大气层，到击中目标，飞行时间为 7 分钟，而美军的"爱国者"导弹是从"飞毛腿"导弹再入大气层时的尾焰中捕捉到信息的。此时，"飞毛腿"离弹着点的飞行时间仅为 40 秒，"爱国者"要在 40 秒内完成对"飞毛腿"进行真假识别，计算导弹的航路、速度、弹着点等，然后发射导弹拦截。以上过程实际上只有 10 秒左右。由此可见,"爱国者"导弹系统的信息收集、数据处理和计算能力是何等强大。

(3) 具有一定的逻辑判断能力。C⁴ISR 系统的核心技术设备是电子计算机,它具有逻辑判断能力,可协助指挥人员拟定各种作战方案,模拟战斗过程,评价其效果,进行方案选择。它既可将作战指挥的有关规则编成程序,预先存入计算机,当情况输入时,按规则处理并显示处理结果,供指挥人员参考选用;也可以由指挥人员根据作战任务和已知情况,拟定几个作战方案,同时拟定几个敌人可能采用的反击方案,输入计算机进行"推演",以便分析各个方案的优缺点,否定某些方案,完善某些方案,最后选定最佳方案。

(二) 指挥信息系统的构成

指挥信息系统通常可分成若干个分系统,从不同的角度看,各分系统的组成也各不相同。从信息在 C⁴ISR 系统中的流程角度来看,C⁴ISR 系统通常可看成由信息收集、信息传递、信息处理、信息显示、决策监控和执行等 6 个分系统组成。

1. 信息收集分系统

信息收集分系统也称情报获取系统,主要由各种自动化侦察探测设备,如侦察卫星、侦察飞机、雷达、声呐、遥感器等所组成,能及时收集敌我双方的兵力部署、作战行动及战场地形、气象等情况,为指挥员定下决心提供适时准确的情报。

2. 信息传递分系统

信息传递分系统其主要由通信信道、交换设备和通信终端设备三部分组成。通信信道主要有短波、超短波、有线载波、微波接力、散射、卫星通信及光纤通信等;交换设备主要有电话自动交换机、电报和数据自动交换机等;通信终端设备主要包括电传机、传真机、汉字终端机和数字式电话机等。该系统通常由这些设备组成具有各种功能的通信网,从而迅速、准确、保密和不间断地自动传输各种信息。

3. 信息处理分系统

信息处理分系统包含用来进行信息处理的电子计算机及其输入输出设备。电子计算机是自动化指挥系统各种技术设备的核心,用来进行文字、图形和数据处理;输入输出设备除通用的磁盘机、磁带机、光电输入机、鼠标、触摸屏、键盘、打印机等以外,还有多媒体系统中的视频、音频输入/输出设备,如扫描仪、CD-ROM 光盘、数字录像机、话筒、激光唱盘等。

该系统能对输入计算机的各种格式化信息自动进行综合、分类、存储、更新、检索、复制和计算等,并能进行军事运筹,协助指挥人员拟制作战方案,对各种方案进行模拟、比较、选优等。

4. 信息显示分系统

信息显示分系统主要由各类显示设备如大屏幕显示器、信号显示板、光学投影仪等组成。以文字、符号、表格以及图形图像等多种形式,为指挥员提供形象、直观、清晰的态势情报和战场实况,供指挥员直观了解情况。

5. 决策监控分系统

决策监控分系统由辅助决策设备和监控设备组成,包括协助指挥员定下决心的人工智能电子计算机、各种功能的监控工作台以及地面、海上、空中、空间的监视系统等,有些系统则需指挥员或操作员进行决策监控,如作战指挥系统。

6. 执行分系统

执行分系统主要由自动把指令信息变成行动的执行设备和人员组成,如导弹武器系统的发射控制和制导装置、火炮的发射控制装置以及各种遥控设备和执行机构等。执行分系统与信息收集分系统具有反馈关系。执行分系统的当前情况可由信息收集分系统反馈给指挥员,使其进一步修订计划,更加有效地指导执行分系统的动作和行动。

以上 6 个分系统有机结合,形成一个统一的整体,组成完整的 C^4ISR 系统。

(三) 指挥信息系统在现代战争中的运用

指挥自动化系统在现代战争中的运用,主要体现在作战指挥方面即指挥和控制过程中,包括收集情报、传递情报、处理情报、显示情报、定下决心和实施指挥几个阶段。

1. 收集情报

情报获取是系统工作的首要步骤,及时可靠的情报,是指挥员定下决心的依据。由于指挥自动化系统便于和现代化的各种探测、侦察设备相连接,或者使其作为一个终端,使得无论采用何种途径、何种手段获取的情报都能够直接、及时地汇集。如将声呐和计算机联在一起,不仅能测出目标的方位、距离,而且还能测出目标的类型,甚至能立即指出是敌方的哪一艘舰艇。因为计算机的数据库里可存储敌方所有舰船的噪音资料,供鉴别使用。

2. 传递情报

迅速、准确、保密和不间断地传递情报,是保证适时、连续和隐蔽指挥的前提。军队指挥自动化系统,除了拥有高质量的通信网和各种功能的终端设备,为迅速、准确地传递信息创造有利条件外,更重要的是,它采用数字通信方式,运用计算机等自动化设备，使多种通信业务高速自动完成。通信交换中心的电子计算机，不仅能记住各用户的直达线路和迂回线路，而且能对所有线路不间断地进行监测，掌握每条线路的性能及其工作状况。当每条直达线路发生故障或者占线时，它能按最好、次好的顺序自动选择和接通迂回线路，保证信息不间断地传递。由于交换中心的计算机具有存储信息的功能，所以可对信息进行分组交换，即先将信息存储起来，然后，自动分成若干组，通过多手段、多渠道传到对方，再按原来顺序予以还原，因而大大提高了通信的保密性。

3. 处理情报

处理情报是指对原始情报进行分类、研究、分析和综合。为了全面及时地了解战场情况，指挥员及司令部总是希望增加收集情报的手段，加快情报处理的速度。当大量情报涌来时，如果处理不及时，势必造成积压，就不能发挥应有的作用。据美军统计，美集团军司令部用常规手段只能处理所获情报的30%。利用电子计算机处理情报，不但自动化，而且简单化。对于数字情报，如雷达、声呐、传感器以及其他数据获取设备传来的数字信号，无需任何交换，直接输入计算机即可进行处理或存储。对于已经格式化或较易格式化的情报，如电报、图表、报告等，通过预先规范化并予以编码，变成数字信号，然后利用计算机处理。

4. 显示情报

情报信息只有显示出来才便于了解和使用。军队指挥自动化系统的情报显示系统可以采用多种形式，可在大屏幕或显示器上显示出文字、图形、图像，可以用快速打印设备打印出文字、图表、符号。除了对情报实时显示外，当指挥员判断情况，定下决心需要从积累的大量情报资料中寻找有关情报并加以显示时，借助计算机检索，可以很快从大量资料中找出所需要的情报。如存有数十万条情报资料的信息系统，指挥人员利用身边的信息指令设备，便可以向数据库或缩微系统检索情报，从键盘查找信息到显示所需的情报，只需要一分钟左右的时间。

5. 定下决心

通过上述各个环节，指挥员获得了大量的情报，为及时定下决心创造了有利条件。在定下决心时，仍然要靠指挥员精心运筹施谋定计，对此指挥自动化系统不能代替。但是系统可以帮助指挥员选择方案，通过计算机对各个方案进行逼真的推演，进行优劣对比，从而权衡各个方案的利与弊，从中选出最佳方案。

6. 实施指挥

实施指挥是指挥员的决心付诸实施的过程，是指挥周期中最后一个环节。在过去的战争中，指挥员的谋略虽然很高明，但由于指挥渠道不畅，常常不能很好地贯彻执行。而以电子计算机为核心的指挥自动化系统，可以使指挥员的决心及时准确地下达，而且十分保密。这对下级及时了解上级意图，更好地遂行作战任务，具有非常重要意义。同时，指挥自动化系统及时监督决心的执行情况，并准确、及时地反馈给指挥员，确保指挥员决心的落实，以实施不间断的作战指挥。

七、新概念武器

新概念武器是近年来出现的一种高新技术武器，由于技术上的重大突破与创新，使其在作战机理上与传统武器有明显不同，将引起作战方式的重大改变，对未来战争将产生深刻影响。目前，世界各军事强国纷纷投入大量人力、物力，进行新概念武器的研发，以抢占军事高技术的"制高点"，确保其在未来军事斗争中的有利地位。

（一）新概念武器的概念和特点

新概念武器是相对传统武器而言的，它是利用新原理、新能源、新技术、新材料、新思路和新结构开发的，在工作原理、杀伤效应、作战方式等方面与传统武器有显著不同的创新性武器的总称。

从这一概念可以看出，新概念武器的"新"主要表现创新性、奇效性、时代性和风险性等特点。

1. 创新性

新概念武器在设计思想、工作原理和杀伤机制上具有显著的突破和创新，它是创新思维和高新技术相结合的产物。

2. 奇效性

新概念武器有独特的作战效能，能有效抑制敌方传统武器效能的发挥，达到出奇制胜的效果。

3. 时代性

新概念武器是一个相对的、动态的概念，其研究领域随时代的进步和科技的发展不断更新，某一时期的新概念武器日趋成熟并得到广泛应用后，也就转化为传统武器。

4. 风险性

新概念武器高科技含量大，技术难度高，资金投入多，研制的风险较传统武器要高得多。

（二）新概念武器的种类

根据杀伤原理、杀伤规模和杀伤手段，新概念武器可分为四大类，即新概念能量武器、新概念信息武器、新概念生化武器、新概念环境武器。其中，新概念能量武器包括动能武器(如超高速化学能发射器、电炮、混合电炮等)、定向能武器(如激光武器、微波武器或电磁脉冲武器和粒子束武器等)、原子能武器(如中子弹等)和声波武器(如次声波武器等)。新概念信息武器包括智能武器(军用机器人、无人平台等)、比特武器(计算机病毒武器)和微型武器(纳米武器)。新概念生化武器包括基因武器、新概念化学武器等。新概念环境武器包括气象武器、地震武器等。目前，正在研制的新概念武器主要有定向能武器、动能武器、软杀伤武器和环境武器。

1. 定向能武器

定向能武器是通过一定的能量转换装置，将某种电磁辐射和高速运动的原子/亚原子粒子束聚焦成强大的射束，以光速或接近于光速的速度，沿一定方向射向目标，从而造成破坏或毁伤的一类新概念武器。目前具有研发前景的定向能武器主要有以下三类。

1) 激光武器

激光武器是指利用激光束的能量直接杀伤破坏目标或使目标丧失作战效能的武器。其杀伤效应主要有三种：

(1) 烧灼效应。即强激光照射到目标后，部分能量被目标材料吸收，转化为热能，使目标材料汽化而在表面形成凹坑和穿孔；有的还可能使目标材料内部温度大大高于表面温度，产生内部高压，从而发生爆炸。

(2) 辐射效应。目标材料表面因汽化而形成等离子体云，该等离子体能辐射紫外线甚至 X 射线，使目标内部电子元件毁伤。

(3) 激波效应。当目标材料蒸汽向外喷射时，在极短时间内给目标材料以反冲作用，形成的激波在目标材料内产生反射，可将目标材料扭断而发生层裂破坏，飞出的裂片也有一定杀伤力。

2) 微波武器

微波武器是指利用发射峰值功率达 100 兆瓦以上的微波杀伤目标的武器。它是以干扰敌方武器系统中的电子设备或烧毁其电子元器件来发挥功效的，其机理是利用大功率微波在物体内产生的电效应、热效应对目标造成杀伤破坏。电效应是指大功率微波会在目标物的金属表面或导线上感应出电流，这种电流可对电子元件产生状态反转、击穿和改变性能等结果。热效应是指大功率微波对目标加热导致烧毁电路器件。另外，它还有生物效应，有的可使生物出现各种症状，如使人神经紊乱、心肺功能衰竭、甚至双目失明等。有的可产生生物被烧伤甚至烧死的现象，如当微波功率密度达到 20 瓦/厘米^2 时，2 秒即可使人造成三度烧伤，达到 80 瓦/厘米^2 时，1 秒内即可将人烧死。

3) 粒子束武器

粒子束武器是利用高能加速器产生并发射出的高能粒子束杀伤目标的武器。其基本原理是用高能粒子加速器将注入其中的电子、质子和各种重离子等带电粒子加速到接近光速，然后用磁场将它们聚集成密集的高能束流射向目标，以束流的动能或其他效能杀伤破坏目标。粒子束的毁伤作用表现在三个方面：一是使目标结构材料汽化或融化；二是提前引爆目标中的引信或破坏目标中的热核材料；三是破坏目标的电路，进而导致电子装置失效。

2. 动能武器

动能武器是利用超高速运动的具有极大动能的弹头，通过直接碰撞方式摧毁目标的一种新概念武器。动能武器主要包括以下三种。

1) 电磁炮

电磁炮是利用运动电荷或载流导体在磁场中受到的电磁力去加速弹丸的一种新型火炮系统。按加速弹丸的方式，又可分为轨道炮和线圈炮两类。

2) 电热炮

电热炮是利用放电方法产生的等离子体推动弹丸的新型火炮系统。按照等离子体形成方法的差异，电热炮可分为直热式和间热式两大类。直热式电热炮也可叫做纯电热炮；间热式电热炮又叫做电热化学炮。

3) 超高速动能导弹

超高速动能导弹是采用火箭发动机增速，实现超高速飞行并以动能战斗部拦截目标的导弹。其动能战斗部通常使用杆式穿甲弹芯或杀伤破片。超高速动能导弹有陆基发射型和天基发射型。目前，美、英、法、俄等国致力于发展的动能拦截弹就属于这一类。

3. 软杀伤武器

软杀伤武器是指能使人和武器装备失去作战能力但不造成人员死亡和设施、环境遭严重破坏的一类武器，亦称"温和型"武器。它不会对敌方人员造成致命伤害，也不会给武器装备和环境造成摧毁性的破坏，而是主要致力于剥夺敌方的反抗能力，削弱和破坏武器装备的效能，以达到"兵不血刃"就获得战争胜利的目的。软杀伤力武器主要包括以下两大类。

1) 反装备武器

反装备武器是指对人员不造成杀伤，专门用于对付敌方武器装备的武器。例如，美军在科索沃战争和伊拉克战争中大量使用的"石墨"炸弹，爆炸后可以产生大量能导电的"碳条"，用于破坏发电厂和高压输电线路，进而使雷达和防空导弹等武器装备因失去电源而不能使用，这就是一种反装备武器。目前正在研制的专门用于反装备的武器主要有以下几类：

(1) 一是化学物质类反装备武器。它是利用特制的化学制剂的某种特殊的物理、化学特性，使武器装备或有关设施不能使用或被损坏的反装备武器。化学制剂包括化学致瘫剂、化学致滞剂、特种润滑剂、油料凝结剂和超级腐蚀剂等。

(2) 计算机病毒武器。随着计算机在武器装备和军事活动中的广泛应用，计算机病毒武器也随之产生。计算机病毒武器主要利用电磁波传播、计算机网络中的配套设备传播，以及通过有线线路传播等手段，以窃取情报，破坏指挥、控制、通信和情报系统，摧毁经济支持能力等为作战目标。美国军事专家认为，计算机病毒战比核战争更现实、更有效，比任何杀伤性武器的作战更人道，但破坏效果却大得惊人。

2) 非致命性武器

非致命性武器是指不对装备造成严重破坏，只是使人员失去作战能力的一种武器。主要包括：

(1) 声学武器。即利用各种技术产生不同频率的声波，使人感到不适或内脏受损而无法行动的武器，最典型的是次声武器和高能超声波武器。次声武器是利用频率低于 20 Hz 的次声波与人体器官发生共振，使共振的器官或部位发生位移和形变而造成损伤的一种武器。高能超声波武器利用高能量的高频声波造成强大的大气压力，使人产生视觉模糊、恶心、呕吐等生理反应，减弱或使其丧失战斗力。

(2) 生化失能武器。即利用各种生物、化学手段，使人暂时失去行为能力，或造成局部损伤的一种新概念武器。

(3) 微波拒止武器。它是利用一定功率的微波在人体内产生的生物效应，使人丧失行为能力，以达到阻止人员进入和控制骚乱的一种非致命性武器。

(4) 情绪控制武器。这种武器是前苏联依据声学心理矫正原理研制的武器。它利用专门的仪器设备发射一种特殊的电磁波，进入人的潜意识，以控制人的情绪，改变人的行为，但不扰乱人的其他智能。这种情绪控制技术可能被用于平息骚乱和挫伤敌军士气，使其丧失战斗力，也可用于激励友军士气，提高其战斗力。

4. 环境武器

环境武器是指通过控制地壳固态层(岩石层)、液态层(流体层)等自然环境及大气层内的物理、化学作用，将自然力用于破坏敌方重要目标的一种新概念武器。其主要机理是通过运用现代科学技术手段，人工形成和控制地震、海啸式涌浪、暴雨和磁暴等自然力，来改变某敌占区的自然环境，制造山崩、雪崩、地滑、山洪和河流阻塞等，使敌方遭受重大伤害。环境武器主要包括以下三种。

1) 气象武器

气象武器是用人工改变局部气象条件，保障己方或袭击、阻碍敌方行动的一种新概念武器。实现人工改变局部气象条件达成军事目的的主要途径有：

(1) 利用气象武器进行人工造雾、消雾等，造成敌方的视觉障碍，为己方作战创造有利条件。

(2) 利用气象武器进行人工降雨等，给敌方军事行动制造困难和不利的气象条件。

(3) 利用气象武器直接控制台风、闪电，制造酸性降雨等，破坏、阻碍敌方行动。目前，要实现理想的人工改变局部气象条件，尚存在许多理论上和技术上的困难，但随着科学技术的不断进步与发展，气象武器有可能问世。

2) 地震武器

地震武器是利用地壳中隐藏的热力分布不均所带来的不稳定性，通过人为激发以诱发"人造地震"的一种新概念武器。实验证明，当量为 100 万吨 TNT 的核爆炸可能引发里氏 6.9 级地震。

3) 生态武器

生态武器是利用物理和化学方法，使敌国的大地变成干燥的沙漠，或破坏臭氧层形成"臭氧空洞"等，改变敌占区生态环境的一种新概念武器。如在某敌占区上空的臭氧层中，投放臭氧武器，撒布能吸附臭氧的化学药品或在高空实施核爆炸形成能分解臭氧的化学物质，造成一个没有臭氧的洞口，使太阳的强紫外线直照地面，导致该敌占区的人和生物细胞组织受损、皮肤灼烧等病变，杀伤敌方有生力量。

(三) 新概念武器的作战运用

新概念武器作为一类新型武器，目前大多数还处在研制探索阶段，尚未形成完整的作战能力，要全面进入实战运用还需要一个较长的研究试验阶段，其作战影响在现时也不可能得到充分展示。但根据对新概念武器的工作原理、杀伤破坏机制和作战效能等进行的综合分析，其一旦付诸实战可能带来的影响大致可以归纳为以下几个方面。

1. 作战行动隐蔽

新概念武器一旦在战场上使用，将使作战行动更加隐蔽突然。主要表现在三个方面：一是攻击速度快，能迅速剥夺对方的防范反应时间。像激光、粒子束、微波等武器，都是以光速或接近光速攻击目标，"弹丸"飞行时间几乎为"零"。动能武器的攻击速度虽然慢一点，但也能达到 10～20 千米/秒的速度。计算机病毒武器一旦找到对方计算机网络接口或侵入渠道，一个攻击指令就可使对方计算机系统和网络顷刻之间全部瘫痪。因此，只要战场目标被这些武器所攻击，对方就难以进行规避，也无法或根本没有时间采取有效的防范措施。二是攻击方式隐蔽，对方无法进行有效的观测和侦察。新概念武器除动能武器外，大部分武器不发射弹丸，都是以光束、波束、病毒、化学、生物制剂等能量、信息、微生物质攻击对方，攻击时既无可供观察的外形，又没有丝毫的声响，单凭人的视觉、听觉和一般的探测设备，很难发现攻击行动的踪影，很多情况下是在对方受到某种损失后，才能判断可能受到了某种武器的攻击。三是远战能力强，可以在较远的距离上打击对方。大部分新概念武器都可以在数十千米、数百千米甚至数千千米的距离上打击对方。因此，大部分新概念武器可以不直接配置在前沿战场，而是配置在战役、战略后方，有的甚至配置在外层空间。由此可见，新概念武器的作战方式独特，战场行动隐蔽突然，可以使对方在"不知不觉"中遭到攻击，而且无法进行有效的侦察、探测和防范，始终处于被动挨打的境地。

2. 作战领域广泛

新概念武器是种类众多的新型武器体系，其中每一种武器都独具特点，都能在各自的作战领域中发挥其他武器难以替代的作用。不同种类的新概念武器可以从不同方向、不同领域、不同渠道对对方实施有效攻击。因此，新概念武器的作战领域十分广泛，其攻击的触角可以伸向军事斗争的各个方面，使其具有"全维"和"全频谱"综合作战能力。新概念武器这一作战特点主要体现在三个方面：

(1) 拓宽了作战领域。它将激光、微波、粒子束、电磁频谱、微电子、基因、信息、气象等各个方面都纳入了军事斗争的范畴，都可以使用相应的武器对对方实施全方位攻击。

(2) 扩大了打击范围。新概念武器既可以对战场目标实施硬打击，也可以对通信、制导雷达、计算机系统等目标实施软打击；既可以对战场前沿目标，包括陆地、空中、海上的目标实施打击，也可以对战略后方和战略空间的目标实施打击；既可以对战场目标实施直接攻击，也可以通过改变战场环境对对方实施间接伤害。

(3) 拓展了打击渠道。新概念武器可以通过连接电路、线路、插入计算机网络、发射电磁波束、传播致病基因、施放化学战剂、投送智能武器等多种渠道，向对方发起攻击。

3. 作战效能独特

新概念武器在作战效能方面，有很多引人注目的特点：

(1) 命中精度高。激光、粒子束、高功率微波武器所发射的"光子"弹，以30万千米每秒的光速飞行，能够在瞬间射向目标并将其摧毁。攻击运动目标不需要提前量，只要对准目标即可击中，具有较高的命中精度。

（2）目标变换灵活。新概念武器大部分属于无惯性武器，射击时武器不会产生后坐力，操作使用省时省力，十分灵便，可以快速、灵活地变换射击方向，一件武器可以同时攻击多个目标，而且转换射击方向时，并不会降低攻击速度和射击精度。

（3）攻击频度高。常规武器需要利用大量的弹药来摧毁目标，弹药供应一旦中断，攻击行动就无法继续。而大部分新概念武器靠射束能量来杀伤破坏目标，只要在战前把大量能量储存起来，就可以实施连续持久的攻击，不受"弹药"供应的限制。

（4）作用范围广。传统武器中除核武器外，一般一件武器的作用范围有限，一次攻击也只能对一两个目标和极小的区域造成伤害和破坏。而新概念武器的作用范围极广，有时只要使用一两件武器，就会在作战全局上给对方造成很大的影响。例如，使用新概念生化武器，就有可能使对方的所有战场人员迅速染毒，使其全面丧失战斗力；使用计算机病毒武器，一次攻击就可能使对方作战系统内的计算机网络全部瘫痪，所有计算机将无法进行正常工作，从而导致整个战场指挥体系"瘫痪"；使用气象武器，就会在大范围内使对方受到恶劣气候的影响和干扰，整个作战环境就会向有利于己而不利于敌的方面转化。

（5）能量密度高。激光、粒子束、高功率微波等新概念武器，可以在极短的时间内把能量集中在目标的一小块面积上，并且具有很强的穿透能力，破坏目标的内部机件和电子设备，或引起目标战斗部的提前起爆。这种高度集中的能量，具有极大的杀伤破坏力，能够摧毁一切战场目标。

（四）新概念武器发展现状及趋势

20 世纪 90 年代以来，世界各军事大国加大新概念武器的研究发展力度，并取得一些突破性进展。新概念武器在一些军事领域逐步具备实战部署和使用的能力。目前，新概念武器的研究发展工作主要集中在一些军事和经济大国。其中，美国的发展水平最高，其次是俄罗斯。此外，法国、英国、德国、日本、以色列、澳大利亚、瑞典等国也在开展不同规模、不同类型的新概念武器研究工作。

1. 新概念武器的发展现状

1）在高能激光武器技术的发展方面

目前技术上较成熟、应用前景比较明朗的是化学激光武器，未来具有较好应用前景的是固体激光器和自由电子激光器。据公开资料分析，美国的氟化氘/氟化氢化学激光器和氧碘化学激光器都已实现百万瓦级的高能量输出，固体激光器和自由电子激光器的能量输出也可达到数千瓦以上。俄罗斯的二氧化碳激光器和氟化氖/氟化氢化学激光器已达到数十万瓦以上的功率水平，氧碘化学激光器的功率水平达万瓦以上。此外，德国、法国、英国、日本、以色列等国也具备研制数万瓦的化学激光器的能力。美国、俄罗斯已经掌握研制高精度、高灵活性、大口径强激光发射控制系统的能力，并在多种平台上进行了高能激光武器系统的集成打靶试验。特别是美国，已经初步具备了将各种研究试验成果在地面车辆或飞机上综合集成为激光武器系统的能力。

2) 在高功率微波武器技术方面

目前美国和俄罗斯保持世界领先水平，其个别系统已经或接近装备定型。美国高功率微波弹已在近实战环境中进行了演示验证。据报道，1991 年海湾战争中美国海军首次使用了试验性的高功率微波弹。2003 年，美国在伊拉克首次使用了由巡航导弹携载的新型"微波电子炸弹"，使伊拉克电视台发射信号中断。此外，美国还采用高功率微波技术新开发了一种主动拒止系统，能对 750 米外的敌军实施非致命杀伤，并已于 2005 年将该系统投入到伊拉克战争。前苏联是最早发展高功率微波技术的国家，俄罗斯在前苏联高功率微波武器技术研究的基础上，取得重大进展，继续保持着世界先进水平。特别在研制近程战术高功率微波武器方面已经不存在大的技术障碍。前苏联时代就已经研制出部分试验样机，其中有一种防空系统，微波功率大于 1000 兆瓦，杀伤距离为 10 千米，10 千米远处功率密度为 4 瓦/厘米^2。该系统主要用于保护重要的指挥中心，它不仅能使敌方的电子设备失效，还具有抗反辐射导弹的能力。另外，俄罗斯已研制出体积很小、可用火炮或导弹投掷的电磁脉冲(EMP)武器。

3) 在动能拦截器技术方面

目前技术发展最快的是美国，一些装备已开始部署，与此同时，还积极向其他盟国扩散。美国已研制并进行过飞行试验验证的动能拦截器主要有两种：一种是采用三轴稳定的动能拦截器，另一种是采用单轴稳定，也称自旋稳定的动能拦截器。自 20 世纪 80 年代初至今，美国已经先后对用于导弹防御的各种类型动能拦截弹进行了上百次拦截目标的飞行试验。美国还恢复了天基动能拦截弹的研制计划，并计划 2015 年前发射 6 颗卫星，用来试验天基动能拦截弹系统。

另外，各国在电磁发射武器、非致命武器、高超声速武器、声能武器等其他新概念武器系统的研究上也取得了一定的进展。

2. 新概念武器的发展趋势

根据目前发展状况分析，新概念武器的未来发展趋势将更加突出技术创新与军事应用紧密结合的特点。

（1）以适用和满足信息化战争的需要为重点。近期几场局部战争表明，武器装备的信息化程度越来越高，作战双方对信息技术及其装备的依赖性越来越大，这就决定了未来战争的重点将是如何夺取信息优势。新概念武器的发展必然会在信息战中发挥突出作用。

（2）以高功率微波武器为代表的电磁脉冲武器的出现，使传统电子战的概念大大扩展。这种武器可用于攻击卫星、预警机等信息节点，甚至能摧毁地面的指挥信息系统，主要军事大国必然会怀着极大的兴趣，积极开展研究。在科索沃战争和伊拉克战争中，微波弹的使用，表明新概念武器已经开始在信息攻防对抗中发挥作用。

（3）强调战略和战术应用相结合。20 世纪 90 年代之前，国际上重点研究的新概念武器主要着眼于战略应用。冷战结束后，各国军事战略不断调整，新概念武器在战术层次上的应用逐渐受到重视。根据目前全球政治、军事格局的特点，以及对一些潜在冲突热点地区的情况分析，预计今后一个时期军事斗争的主要形式仍将是局部战争，对新概念武器战术应用的需求比较强烈。不仅如此，随着科学技术的不断发展，一些原有的新概念武器将实现小型化和多平台化，使得战术应用成为可能。新概念武器的今后发展必然会同时着眼于战略和战术两个层次的应用。

（4）以实现作战目的为最终目标。在武器装备发展史上，相当长的一段时期，人们一直把追求提高武器的杀伤或破坏威力作为其主要发展方向。随着人类文明程度的提高和对战争本质理解的加深，人们逐渐认识到追求提高武器的杀伤破坏力与真正实现作战目的之间并不总是完全统一的。精确制导武器的问世，在一定程度上解决了上述两者之间的矛盾。而新概念武器的出现，则为真正解决这一问题带来了更多的希望。例如，随着某些非致命新概念武器的研制成功，未来交战双方将有可能更为灵活地选择作战模式，在实现作战目的的前提下，将战争的附带毁伤降至最低。正是从这个意义上说，新概念武器的研制与使用，代表未来武器装备发展的一个重要方向，也会加深人们对战争的理性认识。

思考题 ✍

1. 应用于军事的高技术主要包括哪些？
2. 简要叙述军事高技术对现代作战的影响。
3. 什么是军事航天技术？航天器在军事方面的运用主要表现在哪些方面？
4. 什么是精确制导技术？精确制导技术对现代作战的影响表现在哪些方面？
5. 简要阐述你对新概念武器发展前景的认识。

![bg](第三节　高技术与新军事变革)

第三节　高技术与新军事变革

一、新军事变革的内涵及主要特征

(一) 新军事变革的概念

"新军事变革"的概念是由英文 Revolution in Military Affairs(RMA)翻译而来，美国官方于 1991 年海湾战争结束后首先使用。所谓新军事变革，也叫军事信息化变革，它的实质是工业时代以来建立起来的现行的机械化军事体系，向未来信息化军事体系的整体转型，即机械化基础上的信息化。变革的基本内容，可以概括为四个"革新"、一个"转变"。四个"革新"也就是：革新军事技术，推进武器装备的信息化；革新体制编制，重新编组军队的结构；革新作战方法，以发挥信息化装备的优势；革新军事思想，以新的理念谋划作战与军队建设。一个"转变"，就是通过上述四个方面的革新，推动战争形态从机械化战争向信息化战争的方向演变。

(二) 新军事变革的主要特征

恩格斯在《反杜林论》中指出："一旦技术上的进步可以用于军事目的，并且已经用于军事目的，它们便立刻几乎强制的，而且往往是违反指挥官的意志，而引起作战方式上的改变甚至变革。"概括起来，目前世界范围发生的这场新军事变革在军事领域主要具有五个特征。

(1) 武器装备智能化。其重要标志是各类精确制导武器逐步成为战场的主角。在历时 14 年的越南战争期间，美军使用的精确制导弹药只占使用弹药总量的 0.2%，当时使用的只是命中精度较高的灵巧炸弹。到了 1991 年海湾战争，美军使用的精确制导弹药占使用弹药总量的比例增至 8%，而这一比例在 1999 年科索沃战争和 2003 年伊拉克战争期间分别上升到 35%和 70%。

(2) 编制体制精干化。提高质量、减少数量已成为当今世界各国军队建设的普遍趋势。据伦敦国际战略研究所统计，1985 年全球兵力总额为 2794.66 万人，1999 年降为 2187.59 万人，减少 607.07 万人，减幅达 22%。通过裁减数量、调整编制体制、优化军兵种结构等措施，军队规模更趋精干，战斗力普遍增强。

(3) 指挥控制自动化。自 20 世纪 60 至 70 年代起，为使指挥控制实时高效，世界主要国家军队纷纷着手开发 C^3I 系统(Command, Control, Communicating,

Intelligence)，把情报系统获得的信息通过通信这条生命线用于指挥部队和控制武器装备。80 年代后，随着计算机的广泛使用，C^3I 加上了 Computer(计算机)，变成了 C^4I。90 年代后又进一步发展为 C^4ISR 系统，增加了 SurVeillance(监视)和 Reconnaissance(侦察)。目前这一系统又发展为 C^4KISR，增加了"Kill"(杀伤)。指挥控制自动化之所以能发展到今天这样一个水平，要得益于数据链的发展，它是整个指挥自动化的"神经中枢"。

(4) 作战空间多维化。随着科学技术在军事领域内的广泛运用，作战领域正逐步由传统的陆、海、空三维空间向陆、海、空、天、电(磁)五维空间扩展。近期爆发的几场局部战争表明，谁拥有制信息权，谁就能掌握高技术战场的主动权。而制信息权又离不开制天权。据统计，美国等国在海湾战争中共动用军事卫星 33 颗，在科索沃战争中共动用军事卫星 50 多颗，而在 2003 年的伊拉克战争中动用军事卫星达到 90 余颗。

(5) 作战样式体系化。高技术条件下的战争是系统与系统之间的对抗，以单一军种为主的协同作战已发展到诸军兵种的联合作战。随着信息化的逐步发展，战争越来越呈现出体系与体系对抗的特征，这其中的关键是信息技术的发展越来越成为诸军兵种之间形成完整体系的黏合剂。

二、高技术与军事领域的革命性变化

技术的发展历来是军事领域变化和战争形态演变的原动力。以信息技术为核心的军事高技术，为这场世界新军事变革提供了所需的技术基础、物质手段等直接动力。而世界新军事变革的深入又必将牵引着以信息技术为核心的军事高技术的飞跃性更新和跨时代发展。

(一) 信息技术是催生新军事变革的直接动力

当今世界，以信息技术为核心的高新技术的发展，极大地改变了人们的生产、生活方式和国际经济、政治关系，同时也有力地促进了世界新军事变革的发展。从而揭示了人类社会发展的必然规律。以信息技术为核心的军事高技术的飞速发展，成为催生世界新军事变革的直接动力，正是人类社会这一客观发展规律在军事领域里的全面体现。

20 世纪五六十年代，随着世界科学技术的重大变革，特别是信息、航天、新能源、新材料、生物和海洋开发应用六大技术群在军事领域的广泛应用，大大加快了在此基础上逐步发展起来的以信息技术为核心的军事新材料技术、军事新能源技术、军事工程技术等军事高技术群成熟和应用的步伐。尤其是以微电子技术、电子计算机技术、探测技术、通信技术、计算机仿真技术和信息安全技术构成的军事信息技术，以其所具有的"系统集成技术"的突出功能，在推动军事高技术群能量的整体发挥、导致新型信息化武器装备体系的出现、实现军队作战能力的迅速跃升中始终处于主导地位，发挥着不可替代的核心作用，成为催生世界新军事变革的直接动力和基础。

(二) 新军事变革必将实现军事高技术的跨时代跃升

正因为以信息技术为核心的军事高技术成为世界新军事变革发生和发展的直接动力，因此世界军事学术界中有人把新军事技术革命、新武器装备革命以及这些技术、武器装备的结构方式革命看做是这场世界新军事变革的本质内涵。军事变革的基础首先是现代化的科学技术。科学技术是第一生产力，也是重要的战斗力。然而，发展军事高技术并不是世界新军事变革的唯一目的。世界新军事变革的实质是要把工业时代的机械化军队改造成信息时代的信息化军队。这就是说，构成军队作战能力的所有要素都要通过新军事变革来实现历史性的转型。在世界新军事变革的推动下，在军队各构成要素向信息时代的转型中，军事高技术的发展和武器装备的转型最快，对推动军队作战能力的跃升作用最直接、最明显。随着信息化战争和新军事变革需求的强劲牵引，C^4KISR 系统技术、信息战技术、精确制导技术与作战平台技术四类军事高技术，作为主要技术支撑，正在推动着武器装备呈现出全面、快速地由机械化向信息化跨时代跃升的趋势。主要体现在：一是从发展方向来看，武器发展趋向系统化、一体化。这既包括加大已有武器装备的整合力度，提高综合效能，也包括增强新式武器的兼容程度及"集成能力"；二是从发展重点来看，趋向于发展和应用以军事信息技术为核心的高技术武器装备；三是从装备性能来看，趋向于发展包括制导、精确打击和自主武器在内的灵巧武器；四是从作战平台来看，趋向隐形化。作战平台的隐形化将从隐形飞机向隐形舰艇和隐形地面车辆的方向发展，不断提高隐形武器的数量与质量。而武器装备的快速发展，又必然引领军队的体制编制、军事理论、教育训练等方面的建设，使军事高技术与新军事变革之间互为因果、互为动力、互相促进、共同发展的关系在军队作战能力构成的诸要素间保持良性循环。

三、世界新军事变革在不平衡中发展

尽管世界新军事变革已经走过了 30 多年的历程，有 20 多个国家宣称已进行军事变革，但由于各国在军事高技术掌握和使用上的巨大差异所造成的启动新军事变革基础上的巨大差异，使得新军事变革在世界发达国家和发展中国家的进展很不平衡。有的国家在新军事变革的道路上已经走了很长的距离，而有的国家还刚刚起步。根据新军事变革启动的早晚和进展的快慢，可将世界各国分为四大类型。

第一类是美国。美国是这场世界新军事变革的先行者，对新军事变革启动最早，投入最大，进展最快。早在 20 世纪 90 年代中期，美国国防部就成立了"军事变革高级指导委员会"，各军种也成立了相应机构，把新军事变革的研究重点从一般性理论研究，迅速推进到研究和解决实际问题上来。积极采取了倡导树立"信息化军事思维"观念，重用创新型军事人才；滚动制定《2010 年联合构想》、《2020 年联合构想》等纲领性文件指导美军进行新军事变革；用"网络中心战"理论，带动军队信息化建设；在大量采用民用信息技术的同时，加大军事高技术基础科研的经费投入；注重在作战实验室和高技术局部战争中试验、验证与完善新式武器装备和战法。由于措施得力，美国新军事变革进展很快，不仅与发展中国家的军队形成了"时代差"，也拉大了与其他发达国家军队的距离，从而一直保持着世界新军事变革"领头羊"的地位。

第二类是英、法、德、日等发达国家。这些国家都是美国的盟国，追随美国先后启动了新军事变革，在建设数字化战场和数字化部队、研制信息化武器装备、发展信息作战能力和精确打击能力等关键项目的改革上也出现了局部性的质变。但由于国家经济实力等原因，再加上美方的种种限制，它们在新军事变革的进展上仍远远落后于美国。

第三类是俄罗斯。俄罗斯十分重视新军事变革，最早提出了新军事技术革命的理论，在进行"第六代战争"等新的军事理论研究上也取得了丰硕的成果。但由于国力衰落造成的军费拮据，虽然在发展信息化武器装备，特别是研制指挥自动化系统和远距离打击兵器上有所作为，但仍无法与美国全面竞争。

第四类是广大发展中国家。既要努力发展经济，又要应对世界新军事变革的全面挑战，从而使广大的发展中国家普遍面临两难的抉择。但严峻的时代挑战，还是迫使广大发展中国家不同程度地踏上了新军事变革的道路，也同样为推动世界新军事变革的发展作出了自己的贡献。

四、积极推进中国特色的军事变革

世界新军事变革的迅速发展，使我军的现代化建设面临全面的挑战。能否抓住难得的历史机遇，趁世界新军事变革发展之势，积极推进中国特色的军事变革，把我军的信息化建设搞上去，直接关系到我们能否真正在新世纪新时期占据有利的发展态势，能否在未来信息化条件下的局部战争中打赢，能否为实现两个一百年伟大复兴的中国梦提供坚强有力的安全保障。

　　党的十八大报告指出，紧跟世界新军事变革加速发展的潮流，积极稳妥进行国防和军队改革，推进中国特色的军事变革深入发展，并把信息化作为军队现代化建设发展方向，推动信息化建设加速发展。这为今后一个时期军队信息化建设和积极推进中国特色的军事变革指明了方向。而要真正实现军队建设的历史性跨越式发展，我们必须始终坚持做好以下三点：

　　（1）始终坚持以正确的理论指导军事变革。就是要把习主席关于国防军队建设的重要论述，作为全面推进中国特色军事变革的强大思想武器和行动指南。真正在思考和解决"建设什么样的军队、怎样建设军队，未来打什么样的仗、怎样打仗"上下功夫，在实现强军目标履职尽责上下功夫。

　　（2）始终坚持以打赢的目标促进军事变革。方兴未艾的世界新军事变革，是在工业社会走向信息社会的背景下发生的，是历史变迁、时代变迁中的一支洪流。列宁说，不理解时代，就不能理解战争。我们只有站在人类社会文明进步的潮头看军事、看战争演进，才能认清其流向，看清其大势。我国国防和军队建设的立足点是在国土上实施积极防御，这就决定了我军的军事变革以打得赢战略需求为牵引，以军事科技创新为推动的军事改革。

　　（3）始终坚持以开拓精神推动军事变革。就是要发扬开拓创新、敢为人先的精神，紧紧抓住能够推动中国特色军事变革快速发展的主要矛盾和主要问题不放松。中国的军事文化有着几千年的悠久历史，我军军事与作战的指导思想是世界公认的科学军事指导理论，但在信息化时代，这些指导理论就要明显的不足和滞后，我军建设现状与实践新军事发展存在有明显的差距。在打赢信息化战争、建设信息化军队为主旨的中国特色军事变革中就会涌现出大量新矛盾、新问题，就要求我们必须不断加大开拓创新的力度、广度和深度，在军事理论的创新上，在军队规模结构的调整上，在军队政策制度的完善上，在军队建设效益的提高上等方面，提出新理论，拿出新思路，走出新路子，创出新成果。

思考题 ✍

　　1. 新军事变革的主要内容有哪些？

　　2. 新军事变革产生的动因有哪些？

　　3. 为什么说推进中国特色军事变革，必须以军队信息化建设为核心？

第 5 章

信息化战争

学习目标 📖

了解信息化战争的形成、发展趋势和与国防建设的关系，熟悉信息化战争的特征，认清信息化战争与机械化战争的主要区别及其对战争观和军队建设的影响，树立打赢信息化战争的信心。

第一节 信息化战争概述

人类社会正在进入信息时代，进行战争的方式发生了重大变化。信息化战争作为一种全新的战争形态，开始登上现代战争的舞台。

一、信息化战争的基本概念

信息化战争是信息时代的基本战争形态，是信息化军队在陆、海、空、天、信息、认知、心理七维空间，运用信息、信息系统和信息化武器装备进行的战争。其基本内涵：一是信息化战争作为信息时代的产物，是该时代生产水平和生产方式在战争领域的客观反映；二是信息化战争必然以信息化军队为主体作战力量，战争双方至少有一方拥有信息化军队才能进行的战争，机械化或半机械化军队之间打不了信息化战争；三是信息化战争的主要作战工具是信息、信息化和智能化武器装备平台，诸作战单元实现了网络化、一体化；四是要在七维战场空间进行，其中在航天空间、信息空间、认知空间和心理空间占相当大的比例；五是在物质、能量和信息等作战诸要素中，信息起主导作用，信息能在战争中表现为火力和机动力的物质能量；六是战争的破坏性和附带性伤亡依然存在，但附带破坏将降至最低限度。

二、信息化战争的产生与形成

信息化战争是人类社会政治、经济、科学技术和战争实践发展到一定阶段的必然产物。

（一）信息化战争是社会经济形态发展的必然结果

战争形态是人类社会经济形态的产物。因为人们从事战争的工具和手段，是由特定时代的社会经济形态所提供和决定的。

农业时代的手工业生产方式，决定了战争能量的释放形式主要是依靠人的体能，战争所使用的武器主要是冷兵器。因此，这一时代的战争被称为冷兵器战争。在漫长的农业时代，社会所创造的工具是人力工具，由于科学技术水平低下，生产力发展缓慢，生产工具只能通过人力来驱动，靠人去操纵，人们也只能使用手工制作的青铜和铁质的刀枪剑戟、弓箭和战车等冷兵器进行战争。这一时代有限的物质条件和效率低下的人力生产工具，以及自给自足的分散式农业生产和作坊式的手工业，使得战争形态的演变十分缓慢。

工业时代的机器大工业生产方式，决定了热能成为战争能量的释放形式，战争所使用的武器为机械化武器。因此，这一时代的战争被称为机械化战争。从 17 世纪上半叶开始，伴随着蒸汽机的发明和电力、化学等工业的产生，人类进入工业时代。由于人们对能量和物质资源的利用，动力生产工具的使用，导致了社会生产方式的机械化、电气化和规模化。机器大工业生产方式的出现，使人们能够大量运用火炮、坦克、飞机和舰船等机械化武器装备从事战争，战争的能量释放形式从以人的体能为主转变为使用热能和核热能。战争物质基础发生的根本性变化，必然推动和要求战争形态发生革命性的变革，使工业时代的战争呈现出空间广阔、规模宏大、人数众多、进程缓慢、消耗和损失巨大的特征。从冷兵器战争演进到机械化战争，完成这场军事革命的进程持续了近 300 余年。

20 世纪中叶以来，由于科学技术的飞速发展和生产力水平的大幅度提高，以计算机技术和信息技术为龙头的高新技术群不断涌现，人类开始进入了信息时代。随着信息技术在军事领域的广泛运用，大量信息化武器装备投入战场，为新一轮战争形态的变革提供了物质基础。在科学技术和战争实践的推动下，一场迄今为止人类军事史上波及范围最广、变化最深刻、发展最迅速的军事革命正在世界范围内蓬勃兴起。一个以使用信息化武器装备为主导，使战争基本方式发生根本变化的信息化战争，开始登上战争舞台。

人类社会和战争历史的发展表明，社会的经济形态是战争形态的母体，有什么样的经济形态，就会孕育出什么样的战争形态。这是不以人的意志为转移的客观规律。

(二) 高技术的发展是信息化战争产生的直接动因

战争形态的重大变革，通常发生在技术革命之后；而技术革命又往往是在科学技术水平迅猛发展并发生质的飞跃的情况下出现的。20 世纪 50 年代以来，世界上陆续出现了一大批高新技术群：以微电子技术、电子计算机技术、人工智能技术和通信技术为基础的信息技术；以导弹为代表的精确制导技术；以人造卫星和航天飞机为代表的航天技术；以激光技术为先导的聚能技术；以核聚变为代表的新能源技术；以新材料为基础的隐形技术等。其中，信息技术在高技术群中起主导作用。这些新技术一经出现，便以前所未有的速度向深度和广度发展。高技术的迅猛发展和运用，必将导致新的技术革命。毛泽东曾经指出："技术上带根本性的、有广泛影响的大的变化，叫做技术革命。蒸汽机的出现是一次技术革命，电力的出现是一次技术革命，太阳能或核能的出现也是一次技术革命。"高技术群的出现，除其本身的发展具有革命性之外，它的影响之深远、波及领域之广阔，是历史上任何一次技术革命都无法比拟的。如今，高新技术群体，尤其是微电子技术和计算机技术已渗透到人类社会活动的各个领域，引发了政治、经济、科技、军事和文化等各个领域的深刻变革，已经产生并将继续产生难以估量的重大影响。科学技术的进步必将引起军事领域的技术革命。与以往历史上的军事技术革命不同的是，当今这场军事技术革命不是由单项和少数民用领域的技术引发的，而是由多项高技术交叉综合作用的结果。因此，这场军事技术革命是全方位的。其中起核心作用的技术是军事信息技术。其骨干技术包括：微电子技术、计算机技术、光电子技术和军事航天技术。军事技术革命的出现，必然导致武器装备发生质的变化。以军事信息技术为核心的军事高技术群，使人类进行战争的工具发生了时代性的飞跃，即由机械化武器装备阶段进入了信息化武器装备阶段。这必然引起作战方式、作战理论和军队编制体制的根本性变革。

(三) 近年来局部战争实践是信息化战争产生的基础

20 世纪 90 年代以来先后发生的海湾战争、科索沃战争、阿富汗战争和伊拉克战争，是人类战争史上具有划时代意义、承前启后作用的战争。它们既是工业时代机械化战争的延续，更是孕育信息化战争雏形的"母体"。这几场局部战争几乎都使用了全新的武器和全新的战法，每场战争都给人们以耳目一新的感觉。人们越来越强烈地感悟到，战争形态正在发生深刻变化，机械化战争形态正向信息化战争形态转变，信息化战争已处于萌芽阶段。海湾战争闪现了新军事革命的影子，世界从此进入一个新的战争时代。信息攻击、远程精确打击、陆海空天电一体化作战，成为主要作战行动。传统的线式作战、梯次攻击、层层剥皮的作战方式已经被摒弃，"零死亡率"的战争已经成为人们追求的目标。

总之，近年来几场局部战争的实践，使人们已经深刻感悟到新的战争形态所具有的深刻内涵，战争实践成为推动信息化战争形成和发展的催化剂。它促使人们更加自觉地接受信息化战争，适应信息化战争，更重要的是主动地选择和设计信息化战争。

第二节　信息化战争的特征

较之其他战争形态，信息化战争呈现出鲜明的时代特征。

一、信息资源主导化

信息对战争影响的关键是要准确地获得战场信息并把信息及时用于决策和控制。机械化战争，起主导作用的是物质和能量，打的主要是"钢铁仗"和"火力仗"。在信息化战争中，信息是核心资源，是决定战争胜负的关键因素。信息化战争是以争夺战场"制信息权"为主要行动的战争。信息成为部队战斗力的核心要素。

在未来战争中，对信息的争夺将发挥核心作用，可能会取代以往冲突中对地理位置的争夺。攻城掠地的机械化战争将成为历史，在信息化战争中，地理目标将日趋贬值，信息资源将急剧升值。制信息权必然成为凌驾制空权、制海权和制陆权之上的战场对抗的制高点。拥有信息资源，握有信息优势，是取得战争胜利的先决条件。

急剧升值的信息资源，决定了争夺制信息权的斗争将在全时空进行，决定了战争中交战双方将倾全力去争夺"信息优势"。在海湾战争中，争夺信息优势的斗争贯穿于战争全过程，渗透于所有作战空间。美军利用了世界上最先进的计算机系统所提供的大型智能平台和 C^4ISR 指挥信息系统，完成了超大容量信息处理，赢得了战场信息优势。在科索沃战争和阿富汗战争中，由于美军夺取和保持了全时空的信息优势，因而以很小的代价夺取了战争的胜利。战争的实践，不仅使人们越来越充分地认识到物质、能量和信息在战争中的作用将发生革命性变化，而且使人们清晰地看到了信息、信息系统和信息化武器装备的巨大作用，感受到了未来信息化战争的无限前景。传统的火力、防护力和机动力仍是战斗力的重要组成部分，但已经不处在核心位置，取而代之的是信息系统和信息化武器装备系统。

二、武器装备信息化

科学技术在军事领域的运用，尤其物化为战争"手臂"，是引起战争形态发生深刻变革的根本原因。工业时代的战争，以机械化武器装备为物质基础；而信息时代的战争，则是以信息化武器装备系统为物质基础。信息化的武器装备系统，又是以计算机技术为核心、以信息技术为基础的一体化的武器装备系统。其构成主要包括信息武器、单兵数字化装备和 C^4ISR 系统。信息武器系统包括软杀伤型信息武器和硬杀伤型信息武器。软杀伤型信息武器，是指以计算机病毒武器为代表的网络攻击型信息武器和以电子战武器为代表的电子攻击型信息武器。这类武器已在海湾战争中开始使用。硬杀伤型信息武器，主要是指精确制导武器和各种信息化作战平台。信息化作战平台，装有大量的电子信息传感设备，并与 C^4ISR系统联网。它们集侦察、干扰、欺骗和打击功能于一体，既可实施战场探测，为精确打击和各种战场行动提供目标信息，还可实施信息攻防作战，是信息化战争的重要物质基础。

单兵数字化装备，是指士兵在数字化战场上使用的个人装备，也称信息士兵系统(它由单兵计算机和无线电分系统、综合头盔分系统、武器分系统、综合人体防护分系统和电源分系统 5 个部分组成)。信息化的士兵装备，既是战场网络系统的一个终端，也是基本的作战单元，具有人机一体化的远程传感能力、攻击和生存能力，能够实时实地为炮兵和执行空地作战任务的飞机提供数字化的目标信息。阿富汗战争中，美国空军准确无误地对地面目标实施攻击，就是得益于特种作战部队装备的信息士兵系统，将整个战场数字化网络连为一体，为其提供了及时准确的目标数据。单兵数字化装备的出现和运用，意味着陆军作战效能将发生革命性变化。

C^4ISR 系统，是战场指挥、控制、通信、计算机、杀伤、情报、监视和侦察系统的简称，它把作战指挥控制的各个要素、各个作战单元黏合在一起，是军队发挥整体效能的"神经和大脑"。在信息化战争中，C^4ISR 系统是敌对双方的主要作战目标，围绕着 C^4ISR 系统展开的攻击和防护成为战争的重要作战行动。海湾战争具有划时代的意义。在人类战争史上，它是工业时代向信息时代过渡时期发生的一场战争，尽管还称不上完整意义上的信息化战争，但是它所显示的信息化战争的特征，在尔后的科索沃战争、阿富汗战争、伊拉克战争中，已经表现得十分清楚。

三、作战空间多维化

作战空间随着科学技术和武器装备的发展逐渐呈现出日益拓展的趋向。人类战争历史上由于飞机的问世和航空技术的发展，作战空间发生了第一次革命性变化，由陆海平面战场发展为陆海空三维的立体战场。机械化战争中，交战的舞台主要是在陆、海、空等物理空间展开，重点是在陆地、海洋和空中进行。而信息化战争中，虽然活动的依托仍然离不开物理空间，但决定战争胜负的因素主要取决于信息空间。高技术局部战争的实践表明，信息化战争的作战空间明显拓展，呈现出陆、海、空、天、电等多维一体化趋势。信息化战争作战空间的这种多维性和复杂性，打破了传统的作战空间概念。

首先，物理空间超大无限。第一次世界大战中，决定战争胜负的马恩河战役、亚眠战役，战场范围仅有数百至数千平方千米。第二次世界大战中，决定战争胜负的维斯瓦河奥得河战役、柏林战役、诺曼底战役，战场范围也不过数万或数十万平方千米。而海湾战争，战场空间急剧扩展，东起波斯湾、西至地中海、南到红海、北达土耳其，总面积达到一千四百万平方千米。阿富汗战争，其作战规模远不及海湾战争和科索沃战争，但其作战空间范围要远比海湾战争和科索沃战争大得多。美军在空中部署有各种侦察、预警飞机，全方位、全时段监视对方的所有行动。在外层空间利用多颗卫星组成太空侦测网，全面监视、搜寻塔利班和拉登的动向。随着军事信息技术的高速发展，未来信息化战争的作战空间将在目前陆、海、空、天的基础上进一步拓展。

其次，信息空间多维广阔。信息空间是一个全新的概念，它包括电磁空间、网络空间和心理空间，渗透于陆、海、空、天各个战场领域。由于信息和信息流"无疆无界"，使得信息作战的领域大大突破了传统的战场界限，是一个超大无形、领域广阔的作战空间。

电磁空间是信息空间的重要组成部分。电磁战场被称做继陆、海、空、天之后的"第五维战场"，是信息化战争的重要作战空间。

网络空间是人类进入信息社会的必然产物。信息时代的一个明显标志就是计算机和计算机网络技术的广泛应用。目前，国际互联网络将全世界170多个国家和地区的计算机网络连为一体。信息高速公路在全球范围内逐步建成，时空的概念正在急剧缩小。网络空间的出现，使地理上的距离概念和国家之间的地理分界线将在信息对抗中失去意义，凡是与网络空间相联系的目标都可能遭到攻击。

心理空间特别是决策者的思维空间是信息化战争的重要作战空间。心理是控制和决定人的行为的重要因素，心理空间的对抗备受各国军队的重视。美军不仅编有心理战部队，而且正在研制"噪声仿真器"、"电子啸叫器"等专用心理战武器。美军在近期几场局部战争中都采取了军事打击与攻心并举的方针，成功地实施了心理战。战争的实践证明,心理空间作为信息作战空间的一个重要组成部分已体现得非常明显。

四、作战节奏快速化

时间是战争的基本要素。随着计算机、电子通信、卫星技术和信息化武器装备的发展,信息化战争的作战节奏和作战速度将比机械化战争大大提高,持续时间明显缩短,呈现出迅疾、短暂、快速化的特征。

促使战争时间迅疾短促的主要因素有三个:

(1) 战场信息流动加快,作战周期缩短。信息时代,数字信息技术广泛运用于战场侦察监测设备和信息快速传输网络,实现了信息的实时获取、实时传输、实时处理,使得信息流动速度空前加快,空间因素贬值,时间急剧增值,作战行动得以快速进行。在网络化的战场上,尽管基本作战程序和信息的流程没有发生根本变化,同样要经过发现目标、进行决策、下达指令、部队行动等环节,但这几乎都是实时同步进行的。

(2) 战争的突然性增大,时效明显提高。信息化战争中,各种信息武器具有快速的作战能力,使得作战行动的速度加快,时效性明显提高。

(3) 广泛实施精确作战,毁伤效能剧增。海湾战争中,多国部队发射的精确制导弹药,虽然只占发射弹药总量的 9%,却摧毁了约 68% 的重要目标。精确打击直接指向敌人的战争重心,迅速而有致命性,这必然使得作战时间短促,战争持续时间大为缩短。

此外,数字化战场的建立、部队机动能力的提高、受经济能力和战争目的的制约等等,都是促使作战时间迅疾短促,战争进程日趋缩短的重要原因。

五、作战要素一体化

(1) 作战力量一体化。通过信息网络和信息技术,可以将处于不同空间位置的各种作战能力联结成一个有机整体,形成一体化作战力量。

(2) 作战行动一体化。信息化战争中的主要作战样式,是两个以上的军种按照总的企图和统一计划,在联合指挥机构的统一指挥下共同进行的联合作战,其作战行动具有一体化的特征。

(3) 作战指挥一体化。信息化战争中,集指挥、控制、通信、计算机、火力、情报、侦察和监视于一体的 C^4ISR 系统,为作战指挥提供了准确的战场情报、快速的通信联络、科学的辅助决策、实时的反馈监控,从而使树状的指挥体制将逐渐被扁平为网络化的指挥体制所代替,使作战指挥实现了一体化。

（4）综合保障一体化。保障军队为遂行作战任务而采取的作战保障、后勤保障、装备保障、政治工作保障等各项保障措施实现了一体化。

六、作战指挥扁平化

机械化战争的指挥体制主要以作战部队多层次纵向传递信息的树状指挥体制为主。这种指挥控制网络就像大工业生产按行业、按流水线建立的控制体系一样，其特征是金字塔状，下面大上面小，所有来自前线的敌我双方的情报信息，必须逐级向上汇报，上级的指示精神和命令也按照这样的树状模式逐级下达到前线或基层，是一种典型的逐级指挥方式。信息化战争的指挥体制，趋向作战单元与指挥控制中心横向传递信息的"扁平网络化"结构。在纵向上，从最高指挥机构到基层分队所形成的逐级控制关系虽仍然存在，但是，单兵数字化指挥控制系统成了指挥体系的最小层次。在横向上，各指挥系统间的横向联系更加紧密，它不仅包括平地指挥机构之间的联系，还包含非同一层次间指挥机构的横向联系；不仅包括不同军兵种各层次指挥机构之间的联系，还包括同一军兵种平行指挥层次指挥机构间的联系。指挥控制近乎实时，效率大大提升。

七、作战行动精确化

信息化战争中，在多层次、全方位、全时空的情报、侦察和监视网络的支持下，使用大量的精确制导武器，使各种作战行动的精确化程度越来越高。

（1）精确侦察、定位控制。精确侦察、定位和控制是实现精确打击的前提和基础。

（2）精确打击。精确打击是信息化战争精确化的核心内容，它是靠提高命中精度来保证作战效果，而不是通过增加弹药投射的数量去增强作战效果。

（3）精确保障。就是充分运用以信息技术为核心的高技术手段，精细而准确地筹划、实施保障，高效运用保障力量，使保障的时间、空间、数量和质量要求尽可能达到精确的程度，最大限度地节约保障资源。

第三节　信息化战争的发展趋势

从世界范围看，战争形态正处在一个从机械化战争向信息化战争过渡的转型期。因此，在当前条件下，要准确地预测信息化战争的发展趋势还比较困难。然而，历史的发展有其自身的逻辑轨迹。运用历史唯物主义的方法，仍然可以大致地勾画出未来信息化战争的发展趋势。

一、战争的表现形式不断拓展

未来的信息化战争将在战争的暴力性、战争的层次以及战争的主体等方面发生重大的变化，从而使传统的战争概念受到冲击，战争的表现形式有了很大的拓展。

(一) 战争的暴力性减弱

传统的战争理论认为："战争是流血的政治"，但未来的信息化战争中，由于各种经济活动和社会活动的高度计算机化、信息化和网络化，社会的经济生活和政治生活更多地依赖于各种信息系统。战争则有可能成为不流血或少流血的政治。像支撑社会经济和政治活动的金融系统、能源系统、交通系统、通信系统和新闻媒介系统等，都是以计算机为基础的信息网络系统。信息和信息系统既是武器，也是交战双方攻击的主要目标。而只需通过网络攻击、黑客入侵和利用新闻媒介实施大规模信息心理战等"软"打击的方式，破坏敌方的计算机信息网络，瘫痪敌方指挥系统，瘫痪敌国经济，制造敌方社会动乱，把战争意志强加给对方，以不流血的形式换取最大的政治和经济利益。在使用各种"硬"摧毁手段的作战中，进攻一方也不再以剥夺敌国的生存权利，或完全夺占敌方的领土等作为最终目标，而是注重影响对手的意志，尽可能地减少战争的伤亡，力争以最小的伤亡代价换取最大的胜利。战争暴力性将会减弱，传统战争的暴力行动，将被非暴力的"软"打击行动所替代。

(二) 战争的层次更加模糊

在未来信息化战争中，战争的战略、战役和战术层次会逐渐模糊。一方面，战役或战术行动具有战略意义。由于大量信息化、智能化装备和系统的集中运用，武器装备的作战效能越来越高，精确打击和信息战等作战行动对敌方军事、政治、经济和心理的攻击威力越来越大，因而小规模的作战行动和高效益的信息进攻行动就能有效达成一定的战略目的，这使得战争进程更为短暂，战争与战役甚至战斗在目的上的趋同性更为突出。另一方面，作战行动将主要在战略层次展开。信息化战争不再是从战术突破到战役突破再到战略突破，而是战争一开始，打击的对象就将主要集中于关乎敌方政治、经济和军事命脉的重要战略目标。尤其是在信息化战争中起主导作用的战略信息战，它对敌方经济和政治信息系统的攻击，以及对敌方民众和决策者心理的攻击，更具有全纵深和全方位的性质。大规模的信息进攻和超视距的非接触作战将成为未来信息化战争的主要行动样式。

(三) 战争的主体多元化

传统的战争主要发生在国家和政治集团之间，战争打击的目标主要是对方的军事力量和战争潜力，战争的主体是军队。而在信息时代，由于信息技术和信息系统高度发展，计算机网络联通了整个世界，使得整个世界的政治、经济、科技和文化的联系日益密切，国家的安全受到来自多个方面、多种势力的威胁，表现出易遭攻击的脆弱性。实施信息攻击的主体既可能是军队，也可能是社会团体，还可能包括恐怖组织、贩毒集团和宗教极端分子等。

随着科学技术的发展，使制造常规弹药易如反掌，制造核武器、化学武器和生物武器的技术也正在越来越多地被人们了解和掌握，这就使一些社会团体和组织，不仅可以掌握和使用常规武器，而且也有可能掌握和使用核化生武器，以及掌握和使用计算机病毒等信息武器。因此，这种情况使国家安全面临着严峻的挑战，并使得发动和从事战争的主体呈现出多元化的特征。当战争爆发时，受到攻击的一方，可能难以判明谁是真正的对手，也难以迅速做出有效的反应和反击。战争不仅会在国家与国家之间展开，而且也可能会在社会团体与社会团体之间、社会团体与国家之间、少数个人与社会团体之间展开。为了应对这种挑战，仅仅依靠军队力量是不够的，还必须依靠社会的各种力量，进行广泛的全民战争。

二、战争的威力极大提升

战争的发展中，从某种意义上说实际上就是作战效能不断提升的历史。核武器的出现，使热兵器作战效能的发展走到了极限。人类对武器作战效能的追求，反而使得具有最大杀伤威力的核武器无法在实战中运用。然而人类并没有放弃对武器作战效能的追求，大量信息化武器和新概念武器的出现和运用，将使未来信息化战争具有亚核战争的威力。

首先，信息化时代的军事技术将把常规作战效能推到极致。未来信息化战争的常规作战效能将是建立在军事工程革命、军事探测革命、军事通信革命和军事智能革命已经完成或基本完成的基础之上。在这四大军事技术革命中，军事工程革命的起步最早。军事工程革命已经使传统武器装备跨越空间和速度的能力基本达到物理极限。军事探测革命将使得侦察、探测的空域、时域和频域范围大大扩展，使对作战行动的感知、定位、预警、制导和评估达到几乎实时和精确的程度。军事通信革命将在未来信息化战争中实现军事信息的无缝链接和实时传输，使各指挥机构和部队、各侦察和作战平台之间达到在探测、侦察、跟踪、火控和指挥方面的信息畅通，真正实现实时指挥和控制。军事智能革命将真正实现作战指挥活动和作战武器装备的自动化和智能化。智能化指挥系统将使指挥控制活动的准确性和时效性大幅度提高。作战平台将集发现、跟踪、识别和自主发射为一体。智能化弹药将具有自动寻的和发射后不管的功能，远程打击的精度将达到米级。同时大量高度智能化的机器人将投放战场，使指挥活动和作战行动的效率极大提高。

其次，大量新概念武器的使用将使信息化战争的作战效能具有亚核效果。在信息化时代，随着科学技术的进一步发展，大量新概念武器会不断出现和应用于战争。这些新概念武器具有完全不同的杀伤和破坏机理，它们不以大规模杀伤对方人员的生命为目标，而是通过使对方的作战人员和武器装备丧失作战功能，或通过改变敌国的生态和自然环境来达成战争目的。

新概念武器中具有大面积破坏与毁伤效果的主要武器有次声波武器、电磁脉冲武器、激光武器和气象武器等。次声波武器具有洲际传送能力，并且可以穿透 10 多米厚的钢筋混凝土，因此作用范围极广。在高空施放的电磁脉冲弹可以在瞬间使大范围的电子设备丧失功能。在信息化战争中，大量新概念武器装备虽然不具备核武器那种大规模、大范围的物理杀伤和破坏作用，但它们所拥有的系统集成能力、战场控制能力、精确摧毁能力和能够高效达成战略目的的能力是核武器所无法相比的。从这个意义上说，信息化战争具备了亚核战争的威力。

三、军队将向小型化、一体化和智能化方向发展

在未来信息化战争中，伴随着新军事革命的步伐，军队的发展趋势，将是高度的小型化、一体化和智能化。

(一) 军队的规模将加速小型化

未来信息化战争中，先进的信息化系统和远距离的投送能力为军队的小型化奠定了基础。由于军队的作战能力将成指数增长，小规模的高度一体化和智能化的军队，即可达成战略目的。因此，未来军队的组织体制在数量规模上将具有两个基本的发展趋向：

(1) 军队的总体规模将大幅度缩小。随着军队的信息化程度和作战能力的不断提升，缩减军队规模将是必然的趋势，拥有庞大的常备军将成为历史。

(2) 作战部队的建制规模将更加小型灵巧。未来军和师的编制将可能最终消亡，旅、营或更低级别的战术单位将成为主要的作战建制，并可能出现按作战职能编成的小型作战群或能够同时在陆、海、空等多维空间作战的一体化的小型联合体。为适应未来信息化战争的需要，一些技术密集、小巧精干的新型兵种作战单元也将相继出现并逐步增多。

(二) 军队信息系统的构成将高度一体化

未来信息化战争是高度一体化的作战，未来军队编成的一体化，将主要表现为按照系统集成的观点，建立"超联合"的一体化作战部队。为此，未来军队信息系

统的构成，将按照侦察监视、指挥控制、精确打击和支援保障四大作战职能，建成四个子系统。侦察监视子系统将所有天基、空基、陆基和海基侦察监视平台和系统连为一体，完成对作战空间全天候、全方位的实时感知；指挥控制子系统把所有战略级、战役级和战术级指挥控制和通信系统联为一体，将对作战空间的感知信息转变为作战决策和控制；精确打击子系统把陆海空天的信息和火力系统构成一体化的精确打击平台；支援保障子系统为作战行动提供实时精确的保障。这四个子系统的功能紧密衔接，有机联系，构成一体化的作战系统。

按照这个思路构建的军队，将从根本上抛弃工业化时代军队建设的模式，革除偏重发挥军种专长和追求单一军种利益的弊端，使作战力量形成"系统的集成"，从而能够充分发挥整体威力，实施真正意义上的一体化作战。

(三) 军队的指挥与作战手段将高度智能化

信息化发展的高级阶段是智能化，因此信息化战争的发展趋势之一就是实现指挥平台与作战手段的高度智能化，其主要表现如下。

(1) 指挥控制手段的高度自动化和智能化。其标志是 C^4ISR 系统的高度成熟与发展。未来的 C^4ISR 系统将真正实现侦察监视、情报搜集、通信联络、火力打击和指挥控制的无缝链接，成为作战指挥与控制的信息高速公路，可以高度自动化地确保指挥员近实时地感知战场，定下决心，协调、控制部队和武器平台的作战与打击行动。C^4ISR 系统的高度发展，将使军队指挥员观察战场和指挥作战的能力大幅度提高。计算机是自动化指挥控制系统的核心，是实现智能化作战指挥的基础。随着高技术群体的不断发展，未来将相继出现智能计算机、神经网络计算机、光计算机、高速超导计算机、生物计算机等新概念计算机，将使人工智能技术迈上新的台阶。由运算、存储、传递、执行命令转向思维和推理；由信息处理转向知识处理；由代替和延伸人的手功能转向代替和延伸人的脑功能。从而为作战指挥控制提供更加先进的智能化手段，使作战指挥与控制进入自动化、智能化时代。

(2) 大量智能化的武器系统和平台将装备军队，投入作战。在未来信息化战争中，精确制导武器系统、对空防御系统、勤务支援系统、物流分配保障系统和具有发射后不管和自动寻的功能的智能化弹药将得到更加广泛的运用；无人驾驶的智能化坦克、飞机和舰船也将规模化投入战场。无人机在阿富汗战争中已经发挥了重要的作用。尤其值得关注的是，众多类型不同、功能各异的纳米机器人，可能在战争中大规模地投放于战场，执行侦察探测、信息传递、破袭敌电子设备和武器系统以及杀伤敌作战人员等任务。

(3) 许多作战行动将发生在智能化领域。在传统的机械化战争中，虽然在智能化领域也存在着敌我对抗活动，如敌我之间的谋略对抗就是一种思维对抗，但这种对抗是间接的,需要用部队真实的作战行动才能表现出来。然而,在未来的信息化战争中,由于信息战的广泛运用,智能化领域将会发生激烈的对抗。认知、信息和心理这些智能化的范畴,既有可能是作战所使用的手段,也有可能是作战所要打击的目标,因此在智能化领域将会发生大量的直接对抗的作战行动。为了阻止敌方及时制定出正确的作战决心,不仅需要采用谋略行动欺骗敌方,而且更需要采取信息攻击手段,直接打击敌方的 C^4ISR 系统,破坏敌方的决策程序。

第四节 信息化战争与国防建设

信息化战争的到来,加剧了世界各国战略力量对比的不平衡性,增大了发展中国家战略选择的难度,特别是对我国国防建设与发展提出了严峻挑战。对此,我们必须立足当前,着眼未来,从发展的角度搞好国防和军队的信息化建设,以求在未来信息化战争中立于不败之地。

一、树立信息时代国防建设的新理念

机械化战争的制胜理念是消耗敌人、摧毁敌人,大量歼灭敌人的有生力量,而信息化战争的制胜理念是控制敌人、瘫痪敌人,通过破击敌人作战体系,达到巧战而屈人之兵的目的;机械化战争中,万炮轰鸣的火力倾泻为主要打击手段,而在信息化战争中,实施精确打击为首要选择。国防建设是军队打赢信息化战争的重要基础。因此,我们在考虑国防建设和经济建设时,从宏观规划到人力、物力和财力的动员,从经济基础建设到国防工程、交通信息、防汛和医疗卫生等建设都必须和打赢信息化战争通盘考虑、规划和建设。

战争形态的发展变化,给我们带来的挑战首先是观念上的影响和冲击,强烈要求我们必须适应这种不可抗拒的变化,树立与打赢信息化战争相适应的观念,为国防现代化提供有效的建设理念和指导方法。认识只有跟上时代变化才能占据主动,理念只有适应形势才能把握先机。应对信息化战争形态带来的挑战,只有确立与打赢信息化战争相适应的思维方式,强化信息制胜意识,用源于实践高于实践的先进理论指导实践,用创新的观念谋求国防和军队的建设发展,才能使国防建设适应军队的信息化建设。

二、大力加强国家信息基础建设

在信息时代,国家的信息基础建设是国家战略能力的重要组成部分。国家战略

能力，是指一个国家在需要进行战争或应对突发事件时，所能调动的各种力量的总称。

完善的国防信息基础设施是国防信息化的基础，如果没有快速、准确和高效的国防信息基础设施，就不可能真正实现国防和军队的信息化。加强国防信息基础设施建设，要促使传统的军事通信网向一体化指挥控制平台过渡，逐步实现综合、智能和"无缝"的国防信息网络；支持各级指挥员在任何时间、任何地点获取作战指挥信息；满足信息战争需求提供支撑和保障。国家的信息基础建设是军队信息化建设的基石，是打赢未来信息化战争的重要支撑。因此，必须把加强国家的信息基础建设作为应对信息化战争的首要举措。当前，我国信息基础设施建设，已获得了长足的发展。虽然在交通、金融和通信等主要行业信息化水平，我国已经接近发达国家；在数字地球领域，我国和发达国家处在同一起跑线上；但与发达国家相比，在许多方面我国仍存在差距。因此，必须下大力加强我国的信息基础建设，努力提升我国的国家战略能力。

信息基础建设的重点应主要放在三个方面：一是努力发展以微电子技术、计算机技术和通信技术为主体的信息技术，这是一个国家信息基础建设的基础。二是加快国家大型网络系统建设。三是大力开发各种软件技术。目前我国软件技术的研制、开发能力远远落后于发达国家，与一些发展中国家相比也不占优势。此外，国家信息安全的防护，在相当程度上是由先进的软件技术来保障的。因此，应加大研制和开发软件技术的资金、技术和人力投入，使我国在软件技术上跻身于世界先进行列。因此，必须把加强国家的信息基础建设作为应对信息化战争的首要措施。

三、努力培养国防信息化人才队伍

人才是强国兴军之本，决定未来信息化战争胜负的是高素质国防和军队信息化人才。随着信息技术的飞速发展和在社会各领域的广泛运用，信息科技人才的紧缺已经成为一个世界性问题。必须加大力度，努力培养新型国防信息化人才，为我军打赢信息化战争提供强大的智力支撑。为此，我们必须把国防信息化人才队伍的培养工作作为国防信息化建设的根本大计，树立超前意识，构建我军新型的国防信息化人才培养体系，抓紧培养复合型人才，尽快缩小与发达国家军队在人员素质上的"知识差"，以适应国防信息化建设和未来信息化战争的需要。

我国信息技术人才的匮乏突出，必须下大力采取多种有效措施加强国防信息技术人才的培养、引进与保留，建设一支雄厚的信息人才队伍，确保我国的信息基础建设能够持续不断地发展。一方面，要依托地方进行信息化人才的双向培养；另一方面，军事院校教学中要加大高新技术知识的比重，提高部队信息化条件下的训练水平，创造良好的信息化环境和信息化文化氛围。

四、加速推进国防和军队信息化建设的进程

我军在加强军队机械化建设的同时，必须乘国家加快经济和社会信息化发展之势，跨越式加快国防和军队信息化建设。如果按部就班地在完成机械化建设后再进行信息化建设，就会坐失良机，无法赶上西方发达国家和军队建设的步伐。推进国防和我军信息化建设的进程，必须解决好两个问题。

1. 树立信息主导的思想

(1) 观念是行动的先导。确立信息化在军队建设中的主导地位，全面推进国防和军队的信息化建设。

(2) "系统集成观"。要用大系统的观念来筹划军队建设。在"作战力量"建设上，强调加强作战空间预警、C^4ISR 和精确使用作战武器；在战场准备上，要求建立数字化战场；在部队建设上，要求建立数字化部队；在装备建设上，要求积极推行"横向技术一体化"。

(3) "虚拟实践观"。虚拟现实技术的发展，为人们"虚拟实践"提供了可能。人们可以面向未来，创造一种"人工合成环境"，在实验室里"导演"战争，主动适应未来。为此，美、英等国军队建立了许多"战斗实验室"、"作战模拟实验室"和"作战仿真实验中心"等。

2. 实现我军信息化建设的跨越式发展

国防和军队的信息化建设是一个十分复杂的系统工程。我军信息化建设要抓住三个重点：

(1) 大力发展信息化武器装备。我军一方面要致力发展信息化武器装备；另一方面要在信息化弹药、信息化作战平台、专用信息战武器三个方面取得突破性进展，这样才能缩小与发达国家的时代差。

(2) 要大力推进数字化部队建设。在建设思路上要突出我军的特色，走出一条投入少、周期短、效益好的发展路子。

(3) 要大力加强数字化战场建设。数字化部队和数字化战场是信息化战争的两大支柱，有了数字化战场数字化部队才有可靠依托。我军数字化战场建设，应充分运用空间基础数据建设成果，将导航定位、天基立体测绘和时间基准、地球中心坐标系统相统一，建设成能够覆盖整体作战空间的多维信息获取系统，形成平战结合、诸军一体的战场信息系统，推进我军的国防和信息化建设。

"历久远而不衰，临绝地而再造，逢机遇而勃发"，这不仅是中华民族的伟大精神，也是中国军队的突出特征。在信息时代的军事斗争中，更需要这种伟大精神！

思考题 ✍

    1. 什么是信息化战争?

    2. 信息化战争的产生与形成有哪些动因?

    3. 信息化战争有哪些基本特征?

    4. 信息化战争的发展趋势是什么?

    5. 谈谈如何加强国家和军队的信息化建设?

附 录

军事技能训练理论

军事技能训练课是军事课内容之一，是大学生的必修课。大纲规定，普通高等学校军事技能训练时间为 2～3 周，其教学目标是：了解中国人民解放军三大条令的主要内容，掌握队列动作的基本要领，养成良好的军人作风，增强组织纪律观念，培养集体主义精神；了解轻武器的战斗性能和基本射击理论，掌握射击的动作要领；了解战斗的基本类型和基本样式，掌握战术基本原则的主要内容，学会单兵战术的基本动作要领；了解地形对作战行动的影响，掌握地形图的基本知识，学会现地使用地形图的方法；了解行军、宿营的基本程序与方法，培养野外生存能力，提高大学生的综合素质。

一、条令条例教育与训练

（一）共同条令教育

条令，是中央军委以简明条文规定并通过命令颁布的，关于军队战斗、训练、生活、勤务活动的行动准则。我军的共同条令主要包括《中国人民解放军内务条令》(以下简称《内务条令》)、《中国人民解放军纪律条令》(以下简称《纪律条令》)和《中国人民解放军队列条令》(以下简称《队列条令》)，亦称三大条令，是全体军人必须遵守的法规，是从严治军、依法治军的重要武器，是有效维护军队高度集中统一的基本保证。

1. 《内务条令》

《内务条令》是规定军人基本职责、军队内部关系和日常生活制度的法规，是军队生活的准则、行政管理的依据。它的主要作用是：建立和维护团结统一的内部关系、紧张有序的生活秩序、严整的军容、优良的作风和严格的组织纪律，以巩固和提高战斗力，保证作战及其他任务顺利进行。

现行的《内务条令》是 2010 年 6 月由中央军委发布施行的。内容包括：总则，军人宣誓，军人职责，内部关系，礼节，军人着装，军容风纪，与军外人员的交往，作息，日常制度，值班，警卫，零散人员管理，日常战备和紧急集合，后勤日常管理，装备日常管理，营区管理，野营管理，常见事故防范，国旗、军旗、军徽的使用和国歌、军歌的奏唱，附则等，共21章420条，11个附录。

2. 《纪律条令》

《纪律条令》是中国人民解放军维护纪律、实施奖惩的基本依据，适用于中国人民解放军现役军人和单位以及参战、支前的预备役人员。它的主要作用在于通过实施奖惩制度来保障其他军事法规的各项规定得到落实，各项军事活动得到正常运转。

现行的《纪律条令》是2010年6月由中央军委发布施行的。该条令有总则，奖励，处分，特殊措施，控告和申诉，首长责任和纪律监察，附则，共7章179条，8个附录。

3. 《队列条令》

《队列条令》是规定队列动作、队列队形和队列指挥的法规，是全军队列训练的依据。它的主要作用在于通过对军人良好的姿态、严整的军容、优良作风的培养，提高部队的组织纪律性，增强凝聚力和战斗力。

现行的《队列条令》是2010年6月由中央军委发布施行的，共有总则，队列指挥，队列队形，单个军人的队列动作，班、排、连、营、团的队列动作，分队乘坐汽车、火车、舰(船)艇和飞机，敬礼，国旗的掌持、升降和军旗的掌持、授予与迎送，阅兵，晋升(授予)军衔、授枪和纪念仪式，附则等11章71条，4个附录。

(二) 队列动作训练

队列动作，是对军人或部(分)队所规定的列队训练、队列生活和日常行为的制式动作，也是战斗行动的基础。通过队列动作训练，增强组织纪律观念，培养集体主义精神，养成良好的军人姿态。

1. 单个军人队列动作训练

1) 立正、跨立、稍息

(1) 立正。立正是军人的基本姿势，是队列动作的基础。军人在宣誓、接受命令、进见首长和向首长报告、回答首长问话、升降国旗和军旗、奏国歌、唱军歌等严肃庄重的时机和场合，均应当立正。

其动作要领是：听到"立正"口令后，两脚跟靠拢并齐，两脚尖向外分开约60度；两腿挺直，小腹微收，自然挺胸；上体正直，微向前倾；两肩要平，稍向后张；两臂自然下垂，手指并拢自然微屈，拇指尖贴于食指的第二节，中指贴于裤缝；头要正，颈要直，口要闭，下颌微收，两眼向前平视(见图F-1)。

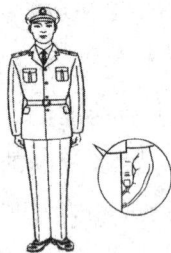

图 F-1

(2) 跨立。跨立主要用于体能训练、执勤和舰艇站立等场合，可与立正互换。

其动作要领是：听到"跨立"口令后，左脚向左跨出约一脚之长，两腿挺直，上体保持立正姿势，身体重心落于两脚之间。两手后背，左手握右手腕，拇指根部与外腰带下沿(内腰带上沿)同高；右手手指并拢自然弯曲，手心向后。

(3) 稍息。稍息是队列动作中一种休息和调整姿势的动作，可与立正交换。

其动作要领是：听到"稍息"的口令后，左脚顺脚尖方向伸出全脚掌的三分之二，两腿自然伸直，上体保持立正姿势，身体重心大部分落于右脚。稍息过久，可自行换脚。

2) 停止间转法

停止间转法是停止间(原地)变换方向的方法，分别是向右转、向左转、向后转，需要时也可半面向右(左)转。

(1) 向右(左)转。其动作要领是：听到"向右(左)转"的口令后，以右(左)脚跟为轴，右(左)脚跟和左(右)脚掌前部同时用力，使身体和脚一致向右(左)转 90 度，身体重心要落在右(左)脚上，左(右)脚取捷径迅速靠拢右(左)脚，成立正姿势。转动和靠脚时，两腿挺直，上体保持立正姿势。

半面向右(左)转。其动作要领是：听到"半面向右(左)转"的口令后，按向右(左)转的要领转 45 度。

(2) 向后转。其动作要领是：听到"向后转"的口令后，按向右转的要领向后转 180 度。

3) 行进

行进的基本步法分为齐步、正步和跑步，辅助步法分为便步、踏步和移步。

(1) 齐步。齐步是军人行进的常用步法。

其动作要领是：当听到"齐步走"的口令后，左脚向正前方迈出约 75 厘米，按先脚跟后脚掌的顺序着地，同时身体重心前移，右脚照此法向前迈进；上体正直，微向前倾；手指轻轻握拢，拇指贴于食指第二节；两臂前后自然摆动，向前摆时，肘部弯曲，小臂自然向里合，手心向内稍向下，拇指根部对正衣扣线，并高于春秋常服最下方衣扣约 5 厘米(着夏常服、水兵服时，高于内腰带扣中央约 5 厘米；着作训服时，与外腰带扣中央同高)，离身体约 30 厘米；向后摆臂时，手臂自然伸直，手腕前侧距裤缝线约 30 厘米。行进速度为 116～122 步每分钟。

在行进过程中听到"立定"的口令后，左脚再向前迈大半步(脚尖向外约 30 度)，两腿挺直，右脚迅速靠拢左脚，成立正姿势。

(2) 正步。正步主要用于分列式和其他礼节性场合。

其动作要领是：当听到"正步走"的口令后，左脚向正前方踢出约 75 厘米(腿要绷直，脚尖下压，脚掌与地面约 25 厘米)，适当用力使全脚掌着地，同时身体重心前移，右脚照此法动作；上体正直；手指轻轻握拢，拇指伸直贴于食指第二节；向前摆臂时，肘部弯曲，小臂略成水平，手心向内稍向下，手腕下沿摆到高于春秋常服最下方衣扣约 15 厘米处(着夏常服、水兵服时，高于内腰带扣中央约 15 厘米；着作训服时，高于外腰带扣中央约 10 厘米处)，离身体约 10 厘米；向后摆臂时(左手心向右，右手心向左)，手腕前侧距裤缝线约 30 厘米。行进速度为 110～116 每分钟步。

在行进过程中听到"立定"的口令后，左脚再向前迈大半步(脚尖向外约 30 度)，两腿挺直，右脚迅速靠拢左脚，成立正姿势。

(3) 跑步。跑步主要用于快速整齐的行进。

其动作要领是：听到"跑步"预令时，两手迅速握拳(四指蜷握，拇指贴在食指第一节和中指第二节上)，提到腰际，约与腰带同高，拳心向内，肘部稍向里合。听到"走"的动令，上体微向前倾，两腿微弯，同时左脚利用右脚掌的蹬力跃出约 85 厘米，前脚掌先着地，身体重心前移，右脚照此法动作；两臂前后自然摆动，向前摆臂时，大臂略垂直，肘部贴于腰际，小臂略平，稍向里合，两拳内侧各距衣扣约 5 厘米；向后摆臂时，拳贴于腰际。行进速度每分钟为 170～180 步。

听到"立定"的口令后，再跑两步，然后左脚向前迈大半步(两拳收于腰际，停止摆动)，右脚靠拢左脚，同时将手放下，成立正姿势。

(4) 踏步。踏步分齐步踏步和跑步踏步两种，主要用于调整步伐，以保持队形的整齐。

其动作要领是：听到"踏步"的口令后，两脚在原地上下起落。抬腿时，脚尖自然下垂，离地面约 15 厘米；落下时，前脚掌先着地；上体保持正直，两臂按照齐步或跑步的要领前后摆动。

立定时，听到口令，左脚再踏一步，右脚靠拢左脚，原地成立正姿势。跑步的踏步，听到"立定"的口令后，继续踏两步，再立定。

4) 行进间转法

行进间转法是行进间变换方向的方法，分为向右转走、向左转走和向后转走。

听到"向右(左)转走"的口令后，左(右)脚向前迈半步(跑步时，继续跑两步，再向前跑半步)，脚尖向右(左)约 45 度，身体向右(左)转 90 度，左(右)脚不要转动，同时出右(左)脚，按原步法向新的方向前进。

向后转走时，按照向右转走的动作要领，以两脚前脚掌为轴，向后转 180 度，出左脚，按照原步法向新的方向前进。

5) 脱帽和戴帽

脱帽。听到"脱帽"的口令后，双手迅速抬起捏帽檐或帽前端两侧(贝雷帽捏帽口左、右两端)将帽取下，取捷径置于左小臂上，帽徽向前，掌心向上，四指扶帽檐(无檐帽时扶前端中央处)，小臂略成水平，右手放下。

需夹帽时，将帽夹于左腋下，左手握帽檐，帽徽向前，帽顶向左。

戴帽。听到"戴帽"的口令后，双手捏帽檐或帽前端两侧，取捷径将帽迅速戴正(贝雷帽顶向右倾斜)。

脱帽、戴帽时，头要保持正直，不得晃动；双手的上抬和下放应从正前方上下运动。

6) 敬礼

(1) 举手礼。行举手礼时，应首先面向受礼者成立正姿势，右手取捷径迅速抬起，五指并拢自然伸直，中指微接帽檐右角前约 2 厘米处(戴无檐帽或不戴军帽时微接太阳穴，与眉同高)，手心向下，微向外张(约 20 度)，手腕不得弯曲，右大臂略平，与两肩略成一线，同时注视受礼者。听到"礼毕"的口令或对方还礼后，将手放下。

(2) 注目礼。行注目礼时，面向受礼者成立正姿势，同时注视受礼者，并目迎目送(右、左转头角度不超过 45 度)，听到"礼毕"的口令时，将头转正。

单个军人敬礼时，通常是在受礼者 5～7 步处行举手礼或注目礼。

行进间敬礼。行进间敬礼时(跑步时换成齐步)，转头向受礼者行举手礼(手不随头移动)，并继续行进，左臂仍自然摆动，待受礼者还礼后礼毕。

7) 坐下、蹲下与起立

(1) 坐下与起立。听到"坐下"的口令后，左小腿在右小腿后交叉，迅速坐下，手指自然并拢放在两膝上，上体保持正直。听到"起立"的口令后，上体微向前倾，以全身的协力迅速立起，左脚靠拢右脚成立正姿势。

(2) 蹲下与起立。听到"蹲下"的口令后，右脚后退半步，前脚掌着地，臀部坐在右脚跟上(膝盖不着地)，两腿分开约 60 度，手指自然并拢放在两膝上，上体保持正直。蹲下过久可自行换脚。听到"起立"的口令后，全身协力迅速立起，后脚靠前脚，成立正姿势。

2. 班的队列动作训练

班的基本队形，分为横队和纵队，需要时，可以成二列横队或二路纵队。队列人员之间的间隔约 10 厘米，距离约 75 厘米；需要时，可以调整队列人员之间的间隔和距离。

1) 集合、离散

集合。集合时，班长应先发出预告或信号，全班听到预告或信号后，原地面对班长成立正姿势。听到"集合"的口令后，士兵跑步到指定位置面向班长集合，在班长后侧的人员，应当从班长右侧绕过进入队列时，自行对正，看齐，成立正姿势。听到"成班横队(二列横队)集合"的口令后，基准兵迅速到班长的左前方 5～7 步的位置，成立正姿势；其他士兵以基准兵为准，依次向左排列，自行看齐。

成班二列横队时，单数士兵在前，双数士兵在后，自行对正取齐。

听到"成班纵队(二路纵队)集合"的口令后，基准兵迅速到班长前方适当位置成立正姿势；其他士兵以基准兵为准，依次向后排列，自行对正。

成班二路纵队时，单数士兵在左，双数士兵在右。

离散。离散分离开和解散，班通常只进行解散。队列队员听到"解散"的口令后，应迅速解散离开原来的位置。

2) 整齐、报数

整齐。整齐分为向右、向左和向中看齐。

其动作要领是：当听到"向右(左)看齐"的口令后，基准兵不动，其他士兵迅速向右(左)转头，眼睛看右(左)邻士兵腮部，以小碎步取齐，前4名能通视基准兵，自第五中起，以能通视到本人以右(左)第三人为度。

听到"向前看"的口令后，迅速将头转正，恢复立正姿势。

当听到"以×××为准"的预令时，基准兵答"到"，同时左手握拳高举，大臂前伸与肩略平，小臂垂直举起；听到"向中看齐"的口令后，其他士兵按照向右(左)看齐的要领实施。

听到"向前看"的口令后，基准兵迅速将手放下，其他士兵迅速将头转正，恢复立正姿势。

纵队看齐时，可以下达"向前对正"的口令。基准兵不动，其他士兵迅速向前对正。

报数。听到"报数"的口令，横队从右到左(纵队由前向后)依次以短促洪亮的声音转头(纵队向左转头)报数，最后一名不转头。

3) 出列、入列

出列。听到"×××(或者第×名)"的口令后，被呼点者应立即答"到"，听到"出列"的口令，应当答"是"，并取捷径出列，进到指挥员右前方适当位置或者指定位置，面向指挥员成立正姿势。出列时，通常用跑步(5步以内用齐步)，或者按照指挥员指定的步法执行。

班横队出列时，如果出列士兵在排以上队列横队的中列，则应向后转，待后列同序号的士兵向右后退一步让出缺口后，出列者从队尾出列；位于"缺口"位置的士兵，待出列者出列后即恢复原位；位于最后一列的士兵出列，先后退一步，然后从队尾出列。

班纵队出列时，位于左路的士兵，取捷径出列。如果士兵在排以上队列纵队的中路，则应向左转，待左路同序号的士兵向左退一步让出"缺口"后，从左侧出列，位于"缺口"位置的士兵，待出列者出列后即恢复原位；位于右路的士兵出列，先右跨一步，然后从队尾出列。

入列。出列者听到"入列"的口令后，应当答"是"，然后按照出列的相反程序入列。

4) 行进、停止

行进。横队行进以右翼为基准，纵队行进以先头为基准。

当听到指挥员下达"齐(跑)步走"的口令后，基准兵向正前方前进，其他士兵向基准兵标齐，保持规定的间隔、距离行进。行进中，需要时，用"一、二、三、四"的口令和"一、二、三、四"的呼号或者唱队列歌来调整步伐，以保持步伐整齐和士气振奋。

停止。当听到指挥员下达的"立定"口令时，全班按照要领实施，停止后，听到"稍息"的口令，自行对正，看齐，再稍息。

(三) 阅兵

阅兵分为阅兵式和分列式，通常由团以上部队、院校组织实施。阅兵式是指部队按规定的队形和礼节，接受阅兵首长从队列前通过进行检阅的仪式；分列式是指部队按规定的队形和礼节，依次从检阅台前通过，接受阅兵首长检阅的仪式。根据情况，阅兵也可只举行阅兵式或分列式。下面介绍一下步兵团的阅兵组织程序。

1. 迎军旗

迎军旗在阅兵式开始前举行。其具体实施步骤是：主持迎军旗指挥员下达"立正"、"迎军旗"的口令后，掌旗员(扛旗)、护旗兵齐步走，当由正前或左前方向本团队列右翼进至距队列40~50步时，主持迎军旗的指挥员下达"向军旗——敬礼——"的口令，听到口令后，位于指挥位置的军官行举手礼，其余人员行注目礼；掌旗员(由扛旗换端旗)、护旗兵换正步，取捷径向本团右翼排头行进，当超过团机关队形时，主持迎送军旗的指挥员下达"礼毕"口令，部队礼毕；掌旗员(由端旗换扛旗)、护旗兵换齐步。军旗进至团指挥员右侧3步处时，左后转弯立定，成立正姿势。

2. 阅兵式

(1) 阅兵首长接受阅兵指挥报告。当阅兵首长行至本团队列右翼适当距离时或在阅兵台就位后(当上级首长检阅时，通常由团政委陪同入场并陪阅)，阅兵指挥在队列中央前下达"立正"口令，随后跑到距首长5~7步处敬礼，礼毕后报告。例如："师长同志，步兵第×团整队完毕，请您检阅。"报告后，左跨一步，向右转，让首长先走，尔后在其右后侧(当上级首长检阅时，团政委在团长右侧)跟随陪阅。

(2) 阅兵首长向军旗敬礼。阅兵首长行至距军旗适当位置时，应立正面向军旗敬礼。

(3) 阅兵首长检阅部队。当阅兵首长(军政首长共同检阅时，应并列行进)行至各营、连分队队列右前方时，团机关由副团长或参谋长、各营部由营长、各连由连长任指挥员下达"敬礼"的口令。听到口令后，位于指挥位置的军官行举手礼，其余人员行注目礼，目迎目送首长(左、右转头不超过45度)。当首长问候(军政首长共同检阅时，由 1 人问候)："同志们好!"或"同志们辛苦了!"队列人员应齐声洪亮地答"首——长——好!"或"为——人民——服务!"当首长通过后，指挥员下达"礼毕"的口令，队列人员礼毕。

(4) 阅兵首长上阅兵台。阅兵首长检阅完毕后上阅兵台，阅兵指挥跑步到队列中央前，下达"稍息"的口令，队列人员稍息。当上级首长检阅时，由团政委陪同首长上阅兵台，然后，跑步到自己的列队位置。

3. 分列式

(1) 标兵就位。分列式开始前，阅兵指挥在队列中央前，下达"立正"、"标兵，就位"的口令。标兵听到口令后，成一路纵队持(托)枪跑步到规定的位置，面向部队成持枪立正姿势。

(2) 调整部(分)队为分列式队形。标兵就位后，阅兵指挥下达"分列式，开始"的口令，尔后，跑步到自己的列队位置。听到口令后，各分队按规定的方法携带武器(掌旗员扛旗)，团、营指挥员分别进到团机关和营部的预定队列中央前，各分队指挥员进到本分队预定队列中央前，下达"右转弯，齐步——走"的口令，指挥分队变换成分列式队形。

(3) 开始行进。变换成规定的分列式队形后，团机关由副团长或参谋长下达"齐步——走"的口令。听到口令后，团指挥员、团机关人员齐步前进，其余分队依次待前一分队离开约 15 米时，分别由营、连长分队指挥员下达"齐步——走"的口令，指挥本分队人员前进。

(4) 接受首长检阅。各分队行至第一标兵处，将队列调整好；进到第二标兵处，掌旗员下达"正步——走"的口令，并和护旗兵由齐步换正步，同时换端旗(掌旗员和护旗兵不转头)。此时，阅兵首长和陪阅人员应向军旗敬礼。副团长或参谋长和分队指挥员分别下达"向右——看"的口令，队列人员听到口令后(可喊"一、二")按规定换正步(步枪手换端枪)行进，位于指挥位置的军官行举手礼，其余人员向右转头(各列右翼第一名不转头)不超过45度注视阅兵首长，此时，阅兵首长答礼，其他陪阅人员可不答礼；行进第三标兵处，掌旗员下达"齐步——走"的口令，并与护旗兵由正步换齐步，同时换扛旗；其他分队由上述指挥员分别下达"向前——看"的口令，队列人员听到口令后，在礼毕的同时换齐步(步枪手换托枪)行进。当上级首长检阅时，团长和团政委通过第三标兵后，到阅兵首长右侧陪阅。各分队通过第四标兵，阅兵指挥下达"标兵——撤回"的口令，标兵按相反顺序跑步撤至预定位置。

4. 阅兵首长讲话

分列式结束后，阅兵指挥调整好队形，请阅兵首长讲话。讲话完毕，阅兵指挥下达"立正"的口令，向阅兵首长报告结束。当上级首长检阅时，由团政委陪同阅兵首长离场。

5. 送军旗

送军旗在阅兵首长讲话后或分列式结束后进行。具体实施方法为：主持迎送军旗的指挥员下达"立正"、"送军旗"的口令，听到口令后，掌旗员(成扛旗姿势)、护旗兵按迎军旗路线相反方向齐步行进。军旗出列后行至团机关队形右侧前时，主持迎送军旗的指挥员下达"向军旗——敬礼——"的口令，听到口令后，掌旗员(由扛旗换成端旗)、护旗兵换正步，全团按照迎军旗的规定敬礼。当军旗离开距队列正面 40～50 步时，主持迎送军旗的指挥员下达"礼毕"的口令，部队礼毕，掌旗员(由端旗换扛旗)、护旗兵换齐步，返回原出发位置。

高校军训实施阅兵时，可参照步兵团阅兵组织程序实施。

二、轻武器射击

轻武器，亦称轻兵器，是指单个士兵携带和使用的武器，是用于近距离内消灭敌人有生力量并获得胜利的工具。现装备的轻武器按用途可分为手枪、步枪、冲锋枪、机枪、火箭筒和榴弹发射器等。这里主要介绍我军目前最常用的 81 式自动步枪和 56 式冲锋枪的基本常识及射击操作方法。

(一) 轻武器常识

1. 81 式自动步枪

81 式自动步枪是一种近距离消灭敌人的自动武器，既可对 400 米距离内的单个人员目标实施有效射击，也可集中火力射击 500 米距离内的集团目标，弹头飞行至 1500 米处仍有杀伤力。该枪使用 7.62 毫米的子弹，既可进行半自动射击(打单发)又可进行自动射击(打连发)，还可发射枪榴弹。弹匣可装 30 发子弹，当弹匣的最后一发子弹发射出去时，滑机退回到后面挂机。该武器在 100 米距离上，使用 56 式普通子弹，可穿透 6 毫米的钢板、15 厘米厚的砖墙、30 厘米厚的土层或 40 厘米厚的木板。

81 式自动步枪主要由 10 大部件组成：刺刀(匕首)、枪管、瞄准具、活塞及调节塞、机匣、复进机、击发机、弹匣和枪托，如图 F-2 所示。另外还有一套附品。

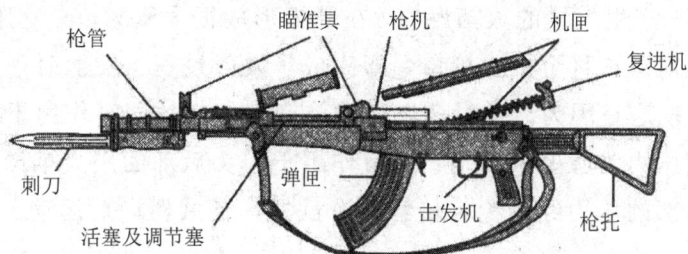

图 F-2

2. 56 式半自动步枪

56 式半自动步枪是我军步兵分队装备较早的一种半自动轻武器，主要用于对 400 米距离以内的单个目标实施射击，精度较好。该枪使用 7.62 毫米子弹，弹仓(内装 10 发)送弹，每扣动扳机一次，发射一发子弹，不能打连发，当弹仓的最后一发子弹发射出去时，滑机退回至后面挂机。其侵彻力同 81 式自动步枪。该枪由 10 大部件组成，其各部件的名称同 81 式自动步枪。

3. 56 式冲锋枪

56 式冲锋枪是我军装备较早的一种近战消灭敌人的自动武器。对单个目标在 300 米距离内实施点射，在 400 米距离内实施单发射效果最好，必要时也可实施连发射，射弹飞行到 1500 米处仍有杀伤力。该枪使用 7.62 毫米子弹，弹匣(内装 30 发)送弹，子弹射完后不挂机。其侵彻力同 81 式自动步枪。该枪由 10 大部件组成，其各部件的名称同 81 式自动步枪。

上述轻武器的自动原理是：扣扳机后，击锤打击击针，撞击子弹底火，点燃发射药，产生火药气体，推动弹头沿膛线向前运动，弹头一经过导气孔，部分火药气体通过导气孔，涌入导气箍，冲击活塞，推动推杆，使枪机向后压缩复进簧，完成开锁、抛壳，并使击锤成待发状态；枪机退到后方时，由于复进簧的伸张，使枪机向前运动，推送下一发子弹入膛、闭锁；半自动步枪，此时由于击锤已被击发阻铁卡住，不能向前打击击针，若再次发射，必须松开扳机，再扣扳机。冲锋枪(自动步枪)如保险机定在连发位置，扳机未松开，击发阻铁不能卡住击锤，击锤再次打击击针，形成连发；如保险机定在单发位置，击锤被单发阻铁卡住不能向前，若再次发射，必须松开扳机，再扣扳机。

(二) 简易射击原理

1. 发射与后坐

火药燃气压力将弹头从膛内推送出枪管现象，叫发射。射手将子弹推送进弹膛，然后扣动扳机，使击锤打击击针，击针撞击子弹底火，使起爆药发火，火焰通过导火孔引燃发射药，产生大量的火药燃气，在膛内形成很大压力，迫使弹头脱离弹壳，沿膛线旋转加速前进，直至推出枪口，即完成了发射过程。发射时，武器向后运动的现象，叫后坐。这是因为，发射药燃烧时，产生的气体同时作用于各个方向，作用于膛壁周围的压力为膛壁所抵消；向前作用于弹头后部的压力推送弹头前进；向后作用于弹壳底部的压力经过枪机传给整个武器，使武器向后运动，形成后坐。

2. 弹道形状及实用意义

弹头运动中，其重心所经过的路线叫弹道。弹头脱离枪口后，如果没有重力和空气阻力的作用，它将保持其获得的速度，沿着发射线无止境地匀速飞行。实际上弹头脱离枪口在空气中飞行时，同时受到重力和空气阻力的作用，使弹道不能成为一条直线。

弹道包括起点、枪口水平面、射线、射角、发射线、发射角、弹道最高点、升弧、降弧、弹道高、最大弹道高、射程、落角诸元素。

弹道的实用意义还涉及危险界、遮蔽界和死角等问题。危险界分为表尺危险界和实地危险界。瞄准线上弹道高没有超过目标高的部分，称为表尺危险界；在实际地形上弹道高没有超过目标高的部分，称为实地危险界。遮蔽界是指从弹头不能射穿的遮蔽物顶端到弹着点的一段距离。遮蔽界内包括危险界和死角。死角是指目标在遮蔽界内不会被杀伤的一段距离。遮蔽界和死角的大小取决于遮蔽物的高低和落角的大小。

懂得了危险界、遮蔽界和死角，在战斗中就能更好地隐蔽身体，发扬火力，灵活地运用地形地物，隐蔽地运动、集结和转移，以避开或尽量减少敌火力的杀伤。

3. 选定表尺分划和瞄准点

(1) 瞄准具的作用。为了命中目标，必须使枪轴线和瞄准线之间形成一定的夹角，即瞄准角。瞄准角的大小，是根据射弹在不同距离上的降落量来确定的。距离越远，所需要的瞄准角越大；距离越近，降落量越小，所需要的瞄准角也就越小。瞄准具就是根据这一原理设计制成的。瞄准具的作用，就是对一定距离上的目标射击时，赋予武器相应的瞄准角和射向。射击时，只要按照目标的距离装(选)定表尺分划瞄准射击，就能命中目标。

(2) 瞄准要素。在水平面和垂直面内赋予火身轴线的一定的位置，以便使弹道通过目标，这种动作称为瞄准。其要素包括：瞄准基线、瞄准线、瞄准点、瞄准角、高低角、瞄准线上弹道高、落点、弹着点、命中角、表尺距离、实际射击距离。

(3) 选定表尺分划和瞄准点。为了使射弹更准确地命中目标，射击时，射手应根据目标距离、大小和武器的弹道高，正确地选定表尺分划和瞄准点。

① 定实距离表尺分划，瞄目标中央。

② 定大于或小于实距离表尺分划，适当降低或提高瞄准点。

③ 定常用表尺分划，小目标瞄下沿，大目标瞄中央。

4. 外界条件对射击的影响及修正

1) 风对射击的影响及修正

风是一种具有速度和方向的气流，它能改变射弹的飞行方向和距离。在各种外界条件下，风对射弹的飞行影响最大。因此，必须准确地判定风向和风力，根据风对射弹的影响进行修正，以保证射弹准确命中目标。

(1) 风向和风力的判定。按风吹的方向和射击方向所形成的角度可分为：横风、斜风和纵风。横风：从左或右与射向成 90 度角的风。斜风：与射向成锐角的风。射击时，通常以射向成 45 度角的风计算。风与射向成 60 度角时，可按横风计算；小于 30 度角时可按纵风计算。纵风：从后或前与射向平行吹来的风。顺射向吹来的风为顺风；逆射向吹来的风为逆风。

在气象上把风划分为 12 个等级，在军事上为了便于区分和应用，按风力的大小划分为强风、和风和弱风三种。风力的大小，可用测风仪测出，也可根据人的感觉和常见物体被风吹动的情况来判定。对风力的判定，为了便于记忆，以和风为基准风归纳成如下口诀：迎风能睁眼，耳听呼声响，炊烟成斜角，草弯树枝摇，海面起轻浪，旗帜迎风飘，强风比它大，弱风比它小。

(2) 风对射弹的影响及修正。横(斜)风对射弹的影响及修正。横(斜)风能对弹头的侧面施以压力，使射弹偏向一侧，产生方向偏差(斜风还能使射弹产生距离偏差，因偏差很小，故不考虑)。风力越大，距离越大，偏差也就越大。风从左吹来，射弹偏右；风从右吹来，射弹偏左。为了便于记忆，修正量(人体)可归纳为：距离 200 米，修 1/4 人体，表尺 "3"、"4"、"5"，减去 2.5，强风加一倍，弱斜风各减半。

纵风对射弹影响及修正。纵风能影响射弹的飞行距离。顺风时，空气阻力较小，使射弹打远(高)；逆风时，空气阻力较大，使射弹打近(低)。但在近距离内，风速为 10 米/秒时，纵风对射弹影响很小，一般可不修正。如对远距离目标射击时，适当降低或提高瞄准点。

2) 光对射击的影响及克服办法

(1) 阳光对瞄准的影响。在阳光下瞄准时，由于阳光照射作用，缺口部分产生虚光，形成三层缺口：虚光部分、真实部分、黑实部分。如果不注意辨清真实缺口的位置，就容易产生误差，使射弹产生如下偏差：若用虚光部分瞄准，射弹就偏向阳光照来的方向；若用黑实部分瞄准，射弹就偏向阳光照来的相反方向；在阳光照射下，缺口和准星尖同时产生虚光时，用虚光部分瞄准时射弹偏低，用黑实部分瞄准时射弹偏高。

(2) 克服方法。要克服阳光对射击的影响可采取如下方法：一是可在不同方向的阳光照射下瞄准，采取遮光瞄准不遮光检查或不遮光瞄准遮光检查的方法，反复练习，确实辨清真实缺口的位置和正确瞄准的景况。二是平正准星与缺口要细致，但瞄准时间不宜过长，以免眼花而产生误差。三是平时要注意保护好瞄准具，不使其磨亮而反光。

3) 气温对射弹的影响及修正

(1) 气温对射弹的影响。气温的变化，空气密度即随之变化，对射弹的阻力也就不同。气温升高时，空气密度减少，射弹在飞行中受到的空气阻力就减少，射弹就打得远而高；反之，射弹就打得近而低。

(2) 修正方法。由于各地区各季节的气温不同，很难与标准气温(+15 度)条件相符。因此，应当在当地的气温条件下矫正武器的射效，并以矫正射效时的气温条件为准。射击时，若气温差别不大，在 400 米内对射弹命中的影响极小，不必修正。若气温差别很大或对远距离目标射击时，应适当提高或降低瞄准点射击。

(三) 射击动作和方法

1. 验枪及射击准备

(1) 验枪。听到"验枪"口令后，以右脚掌为轴。身体半面向右转，左脚顺势向前迈出一步(两脚约与肩同宽)，同时右手移握护木将枪向前送出(半自动步枪右手将枪向前送出)，左手接握下护木，左大臂紧靠左肋，枪托贴于右胯，准星约与肩同高；右手打开保险，卸下弹匣(半自动步枪打开弹仓)，交给左手握于护木右侧，弹匣口向后、挂耳向下，右手移握机柄，当指挥员检查时，拉枪机向后，验过后，自行送回枪机，装上弹匣(半自动步枪关上弹仓)，扣扳机，关保险，移握枪颈。

听到"验枪完毕"口令后，左手反握护木，将枪倒置于胸前，上背带环约与肩同高，右手挑起背带，身体半面向左转，在右脚靠拢左脚的同时，两手协力将枪送上右肩，恢复背枪姿势(半自动步枪右手握上护木，成持枪立正姿势)。

(2) 射击准备。射击准备主要包括向弹匣(夹)内装填子弹和采取各种射击姿势装退子弹。

2. 据枪、瞄准、击发

在完成射击准备之后，一旦发现目标，就应正确地据枪，快速构成瞄准线，指向瞄准点，实施果断的击发。

(1) 据枪。据枪分有依托据枪和无依托据枪。

① 有依托据枪。自然、稳固、持久的据枪是准确射击的基础，要想做到稳固和持久，就应尽量充分利用地形，进行有依托射击。

② 无依托据枪。在战场上不可能时时处处都有依托物可利用，因此，我们还应掌握无依托据枪的动作。

(2) 瞄准。正确的瞄准，是整个射击过程的重要环节。其方法是：右眼通视缺口和准星，使准星位于缺口中央，准星尖与缺口上沿平齐，指向瞄准点。此时，正确瞄准景况是：准星与缺口的平正关系看得清楚，而目标看得较模糊。

(3) 击发。击发是完成射击的最后一个环节。均匀正直的击发是准确射击的关键。击发时，射手用右手食指第一指节均匀正直地向后扣压扳机(食指内侧与枪机应有一点空隙)，余指力量不变。当瞄准线接近瞄准点时，开始预扣扳机，并减缓呼吸。当瞄准线指向瞄准点时，应停止呼吸，继续增加对扳机的压力，直至击发，击发瞬间应保持正确一致的瞄准。若瞄准线偏离瞄准点或不能继续停止呼吸，应既不增加也不放松对扳机的压力，待修正或换气后，再继续扣压扳机，完成击发。操纵点射时，应稳扣快松，扣到底松开为 2～3 发。在扣扳机的过程中，应始终保持姿势稳固，操枪力量不变，以提高连发射击的命中率。注意：决不允许猛扣扳机，猛扣扳机会使枪身扭动，射弹就会产生偏差。打点射时，要保持正常心态，不要因猛扣猛松扳机而造成据枪变形。只要按要领击发，枪响松手，就会操纵好点射。

据枪、瞄准、击发是互相联系和互相影响的整体动作。稳固持久的据枪，正确一致的瞄准，均匀正直的击发，三者正确的结合是准确射击的关键。因此，必须反复训练，才能熟练掌握。

三、战术基础训练

战术是进行战斗的方法。主要包括：战术基本原则、兵力部署、协同动作、战斗指挥、战斗行动方法和各种战斗保障措施等。根据大学生的实际需要，这里主要介绍步兵班(组)战斗类型和单兵战术动作。

(一) 战斗类型

战斗是兵团或部队、分队在较短的时间和较小空间内进行的有组织的作战行动。基本类型分为进攻战斗和防御战斗。

1. 进攻战斗

进攻战斗是主动进攻敌人的战斗，其目的是歼灭或击溃敌人，攻占重要地区或目标。步兵班在进攻战斗中，通常在排的编成内担任突击班，有时担任连(排)预备队，根据情况还可以担任穿插、渗透、开辟通路、扫清通路中残存障碍等任务。其基本要求是：一是合理进行战斗编组。步兵班在进攻战斗中通常以火箭筒和班用机枪射手为骨干进行战斗编组。要求是：各小组既能打坦克，又能打步兵；既便于指挥，又便于独立战斗。配属给班的无坐力炮、喷火器，通常由班长直接掌握。二是迅速完成战斗准备。步兵班受领进攻战斗任务后，可供利用的战斗准备时间非常短暂。为此，班在进行准备时，必须从最困难、最复杂的情况着眼，分秒必争，抓住重点、迅速、及时地完成。具体做到：任务、编组、打法要明确；武器、弹药、器材准备要充分；战斗动员要简短有力。当情况紧急来不及预先准备时，也可边打边组织，边打边准备。三是集中兵力、火力进击。进攻战斗中，班应在同一时间、同一地点(段)集中兵力、火力，充分发挥其效能，首先攻击对我威胁最大的目标，连续攻击，各个歼灭。四是采取多种手段歼敌。步兵班在进攻战斗中，应充分发挥小群近战的特长，采取贴、割、围、堵等战术手段，以打、迷、扰、炸相结合，火力、突击与爆破相结合，充分利用地形和烟雾迷茫的效果。

2. 防御战斗

防御战斗是抗击敌人进攻的战斗，其目的是保卫或坚守重要地区和目标，大量杀伤、消灭敌人，挫败敌人进攻或消耗、钳制、迟滞敌人或吸引、调动敌人，为主力歼敌创造有利条件。步兵班通常在排的编成内组织防御战斗，其主要任务是防守排支撑点内的一段阵地，防御正面可达 80～120 米。有时可单独防守一个阵地或担任上级的预备队，还可担负战斗警戒、阵前袭扰或防御纵深内打击空降之敌等任务。其基本要求是：一是顽强坚守，近战歼敌。步兵班在防御战斗中，必须善于防敌多种火力袭击，保存有生力量；要充分发挥主动性、灵活性，依托工事，结合障碍，以打、炸、阻、迷相结合的战术手段，抗击敌坦克、步兵的连续冲击；要敢于近战、夜战，善于以我之长击敌之短，与敌反复争夺，坚决守住阵地。二是合理地配置兵力、火器。步兵班在防御战斗中的兵力、火器配置要突出重点，便于指挥协同，既能独立坚守，形成整体，又能最大限度地减少伤亡。班的战斗队形通常成一线配置，有时也可成三角或梯形配置，士兵之间的间隔为 6～8 米。机枪通常配置在便于对阵地前和翼侧的主要地段进行射击的地点，火箭筒和配属的无坐力炮通常配置在敌坦克、步战车易于接近的地点。三是构筑便于打击坦克的防御阵地。步兵班在防御时应根据任务、地形、物资器材和准备时间，力争构筑以防坦克壕为骨干的、与交通壕相连接的、工事与障碍相结合的网状阵地，做到能打、能藏、能生存、能机动。在堑壕内构筑射击掩体、崖孔，主要火器应构筑便于圆周射击的基本发射阵地和预备发射阵地。在阵地翼侧或侧后，构筑便于进出的掩蔽部。在班阵地的翼侧便于敌坦克运动的地点，构筑必要的打、炸坦克的战斗工事。视情况在前沿前构筑打坦克火器发射阵地。四是灵活指挥，密切配合。战斗中，班长应沉着果断，机智灵活地处置情况，充分发挥战斗小组长的骨干作用，并以自己的模范行动带领全班顽强战斗。全班战士应主动配合，密切协同，坚决完成防御任务。

（二）单兵战术基础动作

士兵要想在战场上有效地躲避敌人火力杀伤和消灭敌人，就必须熟练掌握和灵活地应用战术基础动作。

1. 卧倒、起立

卧倒。其动作要领是：左脚向右脚尖前迈出一大步，左腿弯曲，上体前倾，两眼注视前方，左手顺左脚方向伸出，掌心向下，以左膝、左手、左肘的顺序着地，左小臂横贴于地面，右手腕压在左手腕上；两手握拢，手心向下，两腿伸直，两脚分开与肩同宽，脚尖向外。

起立。其动作要领是：起立时转身向右，两眼注视前方，左腿自然微弯，以左手、左膝、左肘的支撑力将身体支起，同时右脚向前迈出一大步，左脚再迈出一步，右脚靠拢左脚，成立正姿势。

2. 直身、屈身前进

直身前进通常是在距敌较远，地形隐蔽，敌观察、射击不到时采用的运动方法。要领是：目视前方，大步或快步前进。

屈身前进是在遮蔽物略低于人体时采用的运动方法。要领是：目视前方，上体前倾，头部不要高出遮蔽物，两腿弯曲，大步或快步前进。

3. 跃进、滚进

跃进是在敌方火力威胁下迅速通过开阔地时采用的运动方法。要求跃起快、前进快、卧倒快，跃进前应先观察前方地形，选择好前进路线和暂停位置，尔后迅速突然前进。如卧姿跃起时，可先向左或右滚动以迷惑对方，再以左手、左膝、左脚的支撑力将身体支起，同时出右脚前进。目视前方，屈身快跑，每次跃进的距离为15～30米，当进到暂停位置时应迅速隐蔽或卧倒。

滚进是在卧姿时，为避开敌方观察、射击而左右移动或通过棱坎时采用的运动方法。要领是：两臂尽量向里合，两脚腕交叉并紧紧并拢，全身用力向移动方向滚进。

4. 匍匐前进

(1) 低姿匍匐。在遮蔽物高约40厘米时采用的运动方法。要领是：腹部贴于地面，屈回左腿，伸出左手，用右脚内侧的蹬力和左手的扒力使身体前移，在移动的同时，屈回右腿，伸出右手，用左脚内侧的蹬力和右手的扒力使身体继续前进，依次交替前进。

(2) 高姿匍匐。在遮蔽物高约60厘米时采用的运动方法。要领是：用两小臂和两膝支撑身体前进。

(3) 侧身匍匐。在遮蔽物高约60厘米时采用的运动方法。要领是：身体左侧及小臂着地，左大臂向前倾斜支撑上体，左腿弯曲，右腿收回，右脚靠近臀部着地，右手握枪，用左臂的支撑力和右脚跟的蹬力使身体前移。

(4) 高姿侧身匍匐。在遮蔽物高约80～100厘米时采用的运动方法。要领是：左手和左小腿外侧着地，右手提枪，以左手支撑力和右脚蹬力使身体前移。

5. 敌火力下运动

在敌方的火力威胁下运动时，应充分利用我方火力掩护和烟雾迷茫效果，抓住有利时机，采取不同姿势，迅速隐蔽地运动。运动前应根据地形的不同形态和遮蔽程度，选择好前进路线和暂停位置。运动中应不断地观察敌情、地形，灵活变换运动姿势和方法，保持前进方向和与友邻及支援火器的协同动作。通过开阔地时，应乘敌火力中断、减弱、转移和我方火力压制时跃起通过；通过道路时，应选择拐弯处、涵洞、行树等隐蔽地点迅速通过。若敌方火力威胁不大，可不停顿地快跑通过。敌方火力封锁较严时应先隐蔽接近，周密观察道路的情况和敌方火力射击规律，然后突然跃起，快速通过；通过隘路、山垭口时，应隐蔽观察敌方射击规律，乘敌方火力间隙或沿隐蔽一侧快跑通过；通过较大的纵向冲沟时，应沿一侧的斜坡前进，不要走沟底，以便观察和处置情况。横向冲沟应快速通过，遇有断绝地应绕行，或与友邻协同搭人梯通过。遭敌方火力封锁时应利用冲沟两侧的沟岔、弹坑等跃进通过；通过高地时应尽量利用高地两侧运动，不要从顶端通过。如必须通过顶端又无地物隐蔽时，动作力求迅速；通过街道时应沿街道两侧隐蔽地逐段前进，接近拐弯处前，应先察看对面街区，再迅速进到拐弯处，观察下一段的情况后继续前进。如需横穿街道时，应先观察左右和对面街区的情况，然后迅速通过。

6. 对各种情况的处置

遭敌机轰炸时，应快速前进或利用地形隐蔽，待炸弹爆炸后继续前进，也可利用敌机投弹间隙迅速前进。当敌方攻击直升机发射火箭或扫射时，应立即利用地形隐蔽；当发现核爆炸闪光时，应迅速防护；当敌方对我方施放生物战剂和气溶胶时，应戴防毒面具或戴简易防护口罩、自制防护眼镜、风镜等，做好对呼吸道、面部和眼睛的防护；如敌方投掷带菌媒介物时，应戴手套、穿靴套、披上斗篷或穿上雨衣、扎紧袖口、领口、裤脚口，以防生物战剂和气溶胶污染或带菌昆虫叮咬皮肤；当通过敌方炮火封锁区时，应查明敌方炮火封锁的规律，利用敌方射击间隙快跑通过，如封锁区不大，也可绕过；当遭敌方步、机枪火力封锁时，应利用地形隐蔽，抓住敌方火力中断、减弱、转移等有利时机迅速前进，也可采取迷茫、欺骗和不规律的行为，转移敌视、射线，突然隐蔽地前进或以火力消灭敌人后迅速前进。

四、军事地形学知识

地形是地貌和地物的总称。不同地形对军队作战行动有着不同的影响。从军事需要出发，研究识别和利用地形的应用学科被称为军事地形学。它的主要任务是研究地形，揭示地形对作战行动的制约与影响规律，阐述地形分析的理论、方法和手段，为作战行动与实际地形的紧密结合提供依据。

（一）地图的识别

1. 地图概述

地图，又叫地形图，是按照一定的数学法则，用规定的图式符号、颜色和文字标记，将地球表面的自然和社会要素，经过一定的制图原则，综合测绘到平面图纸上的图。

地图的种类很多，通常按其比例尺、内容、制图区域范围、用途和使用形式等划分。按其内容，地图可分为普通地图和专题地图。普通地图是综合反映表面自然和社会要素一般特征的地图。它以相对均衡的详细程度表示自然地理要素(地貌、土质、水系、植被)和社会经济要素(居民地、道路网、行政区划分)，广泛用于经济建设、国防建设、军队作战训练等方面。

专题地图是以普通地图为底图，着重表示某一专题内容的地图，如地貌图、交通图等。

2. 地图比例尺

地图是现地的缩影。缩小的比率就叫做地图比例尺。具体定义为：图上某两点间长度与相应实地水平距离之比。一幅地图，当图幅面积一定时，比例尺越大，其图幅所包括的实地范围就越小，但图上显示的内容则越详细；比例尺越小，图幅所包括的实地范围就越大，但图上显示的内容则越简略。地图比例尺通常绘注在南图廓的下方，其表示形式有：一是数字式。它是用比例尺或分数式表示的，如 1：5万或 1：50000。二是文字式。它是用文字叙述的形式予以说明的。例如，"一百万分之一"、"二万五千分之一"或"图上一厘米相当于实地 500 米"等。三是图解式。它是将图上与实地长的比例关系用线段、图形表示的。地图上多采用直线比例尺。直线比例尺是用直线(单线或双线)表示的，如图为 1:5 万直线比例尺，从"0"向右为尺身，图上 1 厘米代表 0.5 千米；从"0"向左为尺头，图上 1 小格代表 50 米。

3. 地物符号

地物符号是图示规定的图形符号，与地貌符号并称为地图符号。地物符号大体分为以下四类：

(1) 依比例尺符号(又叫轮廓符号)。 实地面积较大的地物，如大居民地、森林、江河、湖泊等，其外部轮廓是按比例尺缩绘的，内部文字注记是按配置需要填绘的。在图上可了解其分布、形状和性质，量算出相应实地的长、宽和面积。

(2) 半依比例尺符号(又叫线状符号)。实地的窄长线状地物，如道路、垣栅、土堤、通信线路等，其转折点、交叉点位置是按实地精确测定的，其长度是按比例尺缩绘的，而宽度不是按比例尺缩绘的。

(3) 不依比例尺符号(又叫点状符号)。实地上一些对部队战斗行动有影响或有方位意义的地物，如突出树、亭、塔、油库等，因其实地面积较小，不能按照比例缩绘，只能用规定的符号表示。通过不依比例尺符号，可了解实地地物的性质和位置，但不能量取大小。

(4) 符号的有关规定。

① 说明符号。用来说明地物某种情况的，如表示街区性质的晕线，表示江河流向的箭头等。

② 配置符号。用来表示某些地区的植被及土质分布特征的，如草地、果园、树林、路旁行树、石块地等。

③ 符号的颜色。为使地图内容层次分明，清晰易读，我国出版的地图中一般采用以下几种颜色表示地物的性质和种类：其中黑色表示人工地物和部分自然地物，如居民地、道路、独立石、溶洞；蓝色表示与水、冰雪有关的物体，如湖泊、水渠、冰川、雪山等；绿色表示与植被有关的物体；棕色表示地貌和土质，如等高线及其高程注记等。

4. 地貌判读

(1) 等高线显示地貌。等高线是由地面上高程相等的各点连接而成的曲线。假想把一座山从底到顶按相等的高度，一层一层的水平切开，这样在山的表面就出现许多大小不同的截口线，再把这些截口线垂直投影到同一平面上，便形成一圈套一圈的曲线图形，因为同一条曲线上各点的高程都相等，所以叫等高线。地图就是根据这个原理来显示地貌的。

利用等高线显示地貌具有以下特点：图上每一条等高线都表示实地的一定高度，在同一条等高线上各点的高程相等，每条等高线都是闭合曲线；在同一幅地图上，等高线多的山高，等高线少的山低；凹地则与此相反；在同一幅地图上，等高线间隔大的坡度缓，等高线间隔小的坡度陡；图上等高线的弯曲形状与相应实地地貌相似。

(2) 等高距的规定。相邻两条等高线各自所在水平截面间的垂直距离叫做等高距，也指两相邻等高线间的高差。同一幅地图上，等高距越小，等高线越多、越密，图面越不清晰，但地貌显示越详细；等高距越大，等高线越少、越稀疏，图面越清晰，但地貌显示越简略。

等高线按其作用不同，分为四种：① 基本等高线(首曲线)：是按规定的等高距，由平均海平面起算而测绘的细实线，用以显示地貌的基本形态。② 加粗等高线(计曲线)：规定从高程起算面起，每隔四条首曲线(即五倍等高距的首曲线)加粗绘制的一条粗实线，用以数计图上等高线和判定高程。③ 半距等高线(间曲线)：是按 1/2 等高距描绘的细长虚线，用以显示首曲线不能显示的局部地貌，如小山顶、陡坡或鞍部等。④ 辅助等高线(助曲线)：是按 1/4 等高距描绘的细短虚线，用以显示间曲线不能显示的局部地貌。关于高程的起算和注记，我国 1985 年以前采用的是"1956

年黄海高程系"，1985 年以后改用"1985 国家高程基准"。以国家规定的高程基准面起算，高于高程基准面为正，低于该面为负(负值要加"－"号)。以该基准面起算的高程，叫做真高，也叫做海拔或绝对高程。以假定水平面起算的高程，叫做假定高程或相对高程。地物、地貌由所在地面起算的高度，叫做比高。起算面相同的两点间高程之差，叫做高差。

(3) 地貌识别。地貌虽然千姿百态，但它们都是由山顶、凹地、山背、山谷、鞍部、山脊和斜面等组成的。掌握了识别这些地貌元素的要领，即可识别各种地貌形态。

山顶，山的最高部位叫做山顶。图上表示山顶的等高线呈小的闭合环圈。山顶依其形状可分为尖顶、圆顶和平顶三种。

凹陷，经常无水的低地叫做凹地。大面积的凹地称做盆地。图上表示凹地的等高线是一个或数个小闭合环圈。为了区别凹地与山顶，表示凹地的环圈，都要加绘示坡线。

山背，是从山顶到山脚的凸起部分，很像动物的脊背。下雨时，雨水落在山背上向两边分流，所以最高凸起的棱线又叫做分水线。图上表示山背地等高线以山顶为准，等高线向外凸出，各等高线凸出部分定点的连线，就是分水线。

山谷，是相邻山背、山脊之间的低凹部分。由于山谷是聚水的地方，所以最低凹部分的底线叫做合水线。图上表示山谷的等高线与山背相反，以山顶或鞍部为准，等高线向里凹入(或向高处凸出)，各等高线凹入部分顶点的连线，就是合水线。

鞍部，是相连两山顶间的凹下部分，其形状如马鞍状。

山脊，是由数个山顶、山背、鞍部相连所形成的凸棱部分。山脊的最高棱线叫做山脊线。

斜面，是指从山顶到山脚的倾斜部分，又叫斜坡或山坡。军事上以敌对双方占领区域为准，把朝向对方的斜面称为正斜面；背向对方的斜面称为反斜面。斜面按其起伏纵断面的形状分为等齐斜面、凸形斜面、凹形斜面和坡形斜面四种。

(4) 高程、起伏和坡度的判定。

① 高程和高差的判定。首先了解本图等高距，在判定(目标)点附近找一等高线或点的高程注记；然后根据判断点与高程注记的关系位置，向上或向下数等高线，相应加减等高线，即可判定目标点的高程。两点的高程相减，即为两点的高差。

② 地面起伏的判定。判明行动地区和行进方向的起伏，可依等高线的疏密情况、高程注记、河流位置和流向，判定山脊、山坡、山谷的分布和地形，总的起伏状况。

③ 坡度的判定。判定地图上某段坡度时，用两脚规量取该段相邻两条或间隔相等的相邻 2～6 条等高线之间隔，然后保持张度不变，到坡度尺上相同的间隔上比量，读出下方相应的坡度。

5. 坐标

确定平面上或空间中某点位置的有次序的一组数值，称为该点的坐标。地图上的坐标有：地理坐标和平面直角坐标。地理坐标，即确定地面某点位置的经、纬度数值。平面直角坐标，即确定平面上某点位置的长度值。这里只介绍地理坐标。地理坐标在地形图上构成坐标网，通常用度、分、秒表示，一般用来指示飞机、舰船位置等。地理坐标网由一组纬线和一组经线构成。地形图是按纬度和经度分幅的，南、北内图廓线是纬线；东、西内图廓线是经线。地图比例尺不同，表示地理坐标网的形式也有区别。

1：2.5 万、1：5 万、1：10 万的地形图，只绘制平面直角坐标网，其四边图廓间绘有经、纬度分度带，分度带的每个分划表示 1 分，将它们对应的度、分连接起来，即构成地理坐标网。

1：25 万、1：50 万、1：100 万的地形图，只绘制地理坐标网。横线是纬线，纵线是经线，经、纬度数值注记在内外图廓间，在四边内图廓线上还绘有表示分、秒的短线。

在大比例尺地形图上量度某点的地理坐标时，可通过该点分别向经、纬分度带作垂线，直线在分度带读取坐标，也可连接对应的分度带，即可绘成地理坐标网。量读地理坐标时，一般按先纬度后经度的顺序进行。

6. 方位角与偏角

(1) 方位角。从某点的指北方向线起，依顺时针方向到目标方向之间的水平夹角，叫做该点至目标的方位角。根据现地用图的需要，在地图上定向，采用了真子午线、磁子午线和坐标纵线三种不同的起始方向线，因此，从某点到同一目标，就有三种不同意义的方位角。

(2) 偏角。由于真子午线、磁子午线、坐标纵线(简称三北方向线)三者方向不一致，所构成的水平夹角叫做偏角或三北方向角。偏角共有磁偏角、磁坐偏角、坐标纵线偏角三种。

(3) 方位角量测与换算。用量角器量读坐标方位角。量读某点至目标点的坐标方位角时，先将两点连成直线，使其与坐标纵线相交；然后用量角器按方位角的定义量读。

当坐标方位角大于 30-00 密位(180 度)时，应将量角器放在坐标纵线的左边，使零分划朝南，将量读出的密位数加上 30-00，即为所求坐标方位角。

磁方位角与坐标方位角的换算。

当坐标方位角已知时，求磁方位角的计算公式是：

$$磁方位角 = 坐标方位角 - 磁坐偏角$$

当磁方位角已知时，求坐标方位角的计算公式是：

$$坐标方位角 = 磁方位角 + 磁坐偏角$$

（二）现地使用地图

现地使用地图，是在掌握了一定的地图基本知识的基础上，利用地图分析研究地形，熟悉和掌握地形情况，按照实际地形组织部队各种作战行动。

1. 现地判定方位

判定方位就是在现地辨明站立点的东、南、西、北方向，明确周围地形关系位置。判定方位的方法主要有：

(1) 利用指北针判定。平置指北针，待磁针静止后磁针北端所指的方向就是北方。常用的指北针为 62 式和 65 式。使用指北针前应检查磁针是否灵敏，使用时应避开高压线和钢铁物体。指北针在磁铁矿和磁力异常地区不能使用。

(2) 利用北极星判定。北极星是正北天空一颗较亮的恒星，位于小熊星座的尾端，距北天极约 1 度角，肉眼看来，北极星在正北方。夜间找到北极星，就找到了正北方向。寻找的方法是：利用与北极星有关联的大熊星座和仙后星座来寻找。大熊星座(北斗七星)和仙后星座位于北极星的两侧，遥遥相对。根据北斗七星或仙后星座就很容易找到北极星(见图 F-3)。大熊星座，主要亮星有 7 颗，像一把勺子，我国俗称北斗，是北半球夜间判定方位的主要依据。将勺端甲、乙两星的连线向勺子口方向延长，约在两星间隔的 5 倍处，有一颗比大熊星座略暗的星，就是北极星。

(3) 利用太阳和时表判定。一般来说，在当地时间 6 时左右，太阳在东方，12 时在正南方，18 时左右在西方。根据这一规律，便可利用时表根据太阳概略判定方位。方法是将时表放平，以时针所指时数(每日 24 小时计时制)折半的位置对准太阳，"12" 所指的方向就是北方。如在当地时间上午 9 时，应以折半的位置 "4" 与 "5" 之间对准太阳；下午 2 时(14 时)40 分，应以 7 时 20 分对准太阳(见图 F-4)。为便于判定，可在时数折半的位置垂直竖一细棍或细针，使其阴影通过表盘中心。判定时，应以当地时间为准。我国大部分地区使用北京时间，即东经 120 度经线时间。由于经度不同，在同一北京时间内，各地所见太阳的位置也不同，应适当增减。

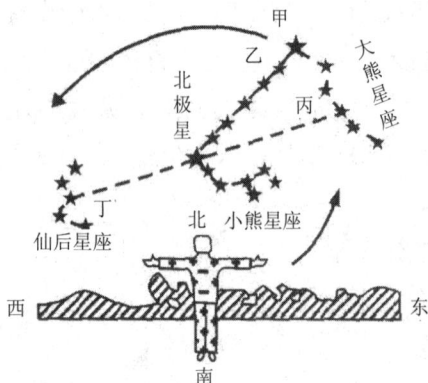

图 F-3

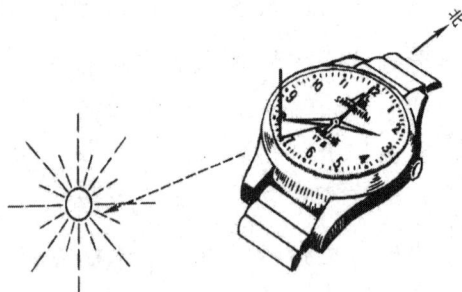

图 F-4

（4）利用自然特征判定。有些地物由于受阳光、气候等自然条件的影响，形成了某种特征，可用来概略地判定方位。独立大树，通常南面的枝叶较茂密，树皮较光滑，北面的枝叶稀疏，树皮粗糙；独立树砍伐后，树桩上的年轮，通常北面间隔小，南面间隔大。突出地面的地物，如土堆、田埂、土堤和建筑物等，通常南面干燥，北面潮湿，易生青苔；南面积雪融化快，北面积雪融化慢。土坑、沟渠和林中空地则相反。北方平原地区较大庙宇、宝塔的正门和农村住房的门窗多数朝南开。

2. 现地对照地图与定位

现地对照地图，确定站立点、目标点在图上的位置，是现地用图的主要内容。

（1）标定地图方位。现地标定地图方位就是使地图的上北、下南、左西、右东方位与现地方位一致，以便于现地使用地图。其主要方法有：用指北针标定，利用直长地物标定，利用明显地形点标定等。用指北针标定时，用指北针的准星朝向地图上方，直尺边切于地图磁子午线，然后转动地图使磁针北端指零，则地图方位即已标定。

（2）现地对照地形。现地对照地形就是在现地把图上的地形符号与现地的地物、地貌一一对应判别出来。同时要求把现地有而图上没有，或图上有而现地已不存在的各类地形元素在图上或现地的位置找到。它通常是在标定地图方位之后进行的，先通过观察实地地形概貌，判定出站立点的概略位置；再依次进行全面、详细的现地对照；然后准确判定站立点的图上位置。因此说，现地对照与判定站立点的图上位置是交替进行互相联系的一项工作。现地对照地形的一般顺序是：先现地后图上，再由图上到现地，反复进行。

（3）确定站立点在图上的位置。现地用图需随时确定站立点在图上的位置，以便利用地图了解周围地形和遂行作战任务。确定站立点的主要方法有：地形关系位置判定法、侧方交会法、后方交会法、磁方位角法等。这里主要介绍地形关系位置判定法。先标定地图方位，按照现地对照的方法步骤，逐一判定出站立点四周明显地形点在图上的位置；再依它们对于站立点的关系位置，在图上确定出站立点的位置。

（4）确定目标点在图上的位置。作战中常需将新增和新发现的地形目标与战术目标标绘在地图上，以便量取坐标、指示目标和确定射击诸元。确定目标点在图上的位置，是在确定站立点在图上位置之后进行的，主要方法有：地形关系位置判定法、前方交会法、截线法等。

五、综合训练

（一）行军

行军是按照预先计划和沿指定路线进行的有组织的移动，目的是为了锻炼同学们的身体、作风和意志，培养同学们的吃苦耐劳、团结协作、不畏难险、勇于克服困难和不达目的誓不罢休的精神和毅力。行军通常分为常行军和强行军：常行军是按照正常的每日行程和时速实施的行军，每日行程通常为 30～40 千米，平均时速为 4～5 千米每小时；强行军是加快行军速度和延长行军时间的行军。行军时，通常按照先头分队、本队和收容分队的顺序进行编组。徒步行军时，成一路或数路沿道路右侧或两侧行进，两队之间距离约 100 米。行军途中应适时组织休息，通常每 1～2 小时休息一次，时间为 10～20 分钟。休息时人员及车辆应靠道路右边，保持原队形；在完成当日行程半数后进行大休息，时间约 1～2 小时。大休息时，应抓紧时间用餐，并派出警戒，防止丢失物品。夜间休息时，人员不准随意离队，装备物品随身携带，出发前清点人数，检查装备物品。

乘车行军时，应周密组织好登车、坐车和下车，防止摔伤、刮伤和撞车、翻车等意外事故的发生。上车前，要先将重武器、装备、器材装上车，轻武器、装具、背包等由个人携带。上(下)车时，人员通常从车厢尾部成一路或两路依次上(下)车。上车后要按指定的位置坐(站)好。采用坐姿时，可将背包取下坐在上面，装具一般不取下，轻武器靠于右肩把牢。下车时，要适当降低重心，选择比较平坦的地面跳下，防止磕伤或扭伤。

行军时，通过山口、隘路、桥梁、渡口、岔路口、居民地或与友邻队伍相遇时，应按规定的顺序和交通调整哨的指挥迅速通过，不得争先拥挤。夜间通过岔路口时，注意看清路标，防止走错路。应保持正常的行进速度，主动给车辆让路，未经领导批准，不得随意超越前面的队伍。夜间行军应适当缩小队伍长径，注意掌握行进方向，加强通信联络，严格灯火、音响管制，采取有效措施，防止人员掉队和摔伤。

(二) 宿营

宿营是离开营房或学校常驻宿舍后的临时住宿，目的是为了得到休息和整顿。通常可采取露宿、舍宿或两者相结合的方法宿营。选择宿营地域时，应按照小集中、大间隔的要求，选择那些有良好地形便于疏散配置、有进出道路便于机动和调整队形、有充足水源和较好的卫生条件的地区。

露宿时，通常以班、队为单位，选择和利用有利地形，疏散配置。人员可以利用就便器材或挖掩体宿营，也可以在车辆上露宿；车辆应离开道路，停放在便于进出的地方；舍宿时，应尽量选择在居民地边缘的房舍内，并离开重要岔路口、桥梁和有明显地物的街区。车辆停放在建筑物外便于机动的地方。

宿营前，应派出设营组。设营组通常由指定人员率各班、队代表组成，负责到现地去区分各班、队宿营位置，选择指挥部和停车场位置；调查当地社情、疫情、水源和水质等情况，分配水源，组织警戒，引导自己的班、队进入。队伍到达宿营地域时，应在设营人员引导下进入指定宿营位置，并根据上级领导的指示，派出警戒，指定值班员，明确集合场所，督促人员按时休息，并为次日继续行军做好准备；同时，还应向上级领导报告宿营情况。

离开宿营地域时，应清点人员、装备物品，打扫卫生，掩埋垃圾，并归还向群众借用的物品。

(三) 野外生存

野外生存是指在食宿没有保障的特殊环境中生存与自救的活动。组织野外生存训练时，应做好充分的准备，除必带的装备物品外，还应携带刀具、火柴和打火石、手电筒、绳索、药品(包括止痛药、肠胃药、高锰酸钾、创可贴、急救包)，并应了解和掌握以下基本常识。

1. 饮水与寻找水源

在缺水情况下，喝水应"少量多次"。试验证明：一次饮 1000 毫升水，会由小便排出 380 毫升；若分 10 次喝，小便累计排出 80～90 毫升，水在体内能得到充分利用。当随身携带的饮用水快用完时，应积极寻找水源。

(1) 寻找地下水。首选是山谷底部，如谷底见不着明显的溪流或积水坑，要注意绿色植物的分布带，植物茂盛、动物经常出没的地方，容易找到浅表层水源。茂盛的芦苇表示地下水位于地表下 1 米左右；喜湿的马兰花等植物下面半米或 1 米左右就能找到水；竹林的浅层地表下就有水；蚂蚁、蜗牛、青蛙、蛇等动物喜欢在泥土潮湿的地方栖身，在这些地方向下深挖就可以找到水。

(2) 寻找植物中的储水。山野中有许多植物可用来解渴，如北方的黑桦、白桦的树汁，山葡萄的嫩汁，酸浆子的根茎；南方的芭蕉茎、扁担藤等。初春时，只要在桦树干上钻一深孔，插入一根细管(可用白桦树皮制作)，就可流出汁液，立即饮用。热带丛林中的扁担藤，砍断藤干后，会流出可供饮用的清水。

(3) 采集地表水或雨水。清晨可采集植物枝叶上的露珠。下雨时，可在地面上挖坑，铺上塑料布或雨布收集雨水，也可用其他容器接雨水。

2. 寻找食物

(1) 识别和采集野生植物。野生植物大都可以食用，有毒的不多。鉴别方法：一是根据可食野生植物的图谱鉴别；二是向有经验的当地居民了解；三是仔细观察动物采食的情况。常见的野生可食植物有：淀粉类如白蔹(山地瓜)、芦苇(石根草、芦嘴子、苇子)、稗(败子草、野败)等；野果类如茅莓、沙棘、胡颓子等，还有野生梨、野栗子、榛子、松子、山核桃等；野菜类如苦菜、蒲公英、蕨菜、苋菜、扫帚菜、灰灰菜等。

(2) 捕获野生动物。一是猎兽，猎兽前应向有经验者或当地居民了解动物的习性和捕获方法，对大型动物通常采用陷阱猎获的方法，对小型动物可采取压猎、套猎和竹筒诱猎等方法；二是捕蛇，捕蛇时可采取叉捕法、泥压法和索套法捕捉。要注意防蛇咬伤，最好穿戴较厚的高腰鞋及长筒手套等防护用品；三是捕鱼，捕鱼可使用钩钓、针钓、脚踩、手摸、拦坝戽水等方法；四是捕获昆虫，可食用的昆虫种类很多，如蜗牛、蚂蚁、蚯蚓、知了、蚱蜢等，可采取手捕、网罩、挖洞掏等方法捕获。

3. 简易方法取火

取火前应准备好引火煤，如干燥的棉絮、纱线、草屑或撕成薄片的干树皮、干木屑等。

(1) 弓钻取火。用强韧的树枝或竹片绑上绳子或鞋带做成弓，将弓弦在一根20厘米长的干燥木棍上缠绕两圈，将木棍抵在一小块硬木上，来回拉动弓使木棍迅速转动。钻出黑粉末后轻吹或轻扇，使其冒烟而生火点燃引火煤。

(2) 击石取火。找两块质地坚硬的石头，互相击打，将其迸发出的火花落到引火煤上，当引火煤开始冒烟时，缓缓地吹或扇，使其燃起明火。用小刀的背面或小片钢铁，在石头上敲打，也能很容易地产生火花，引燃引火煤。

(3) 利用透镜和太阳取火。用透镜将太阳光聚焦成一点，光点上的温度可以将棉絮、纸张、干树叶、受潮的火柴等物引燃。

4. 野炊

(1) 用罐头盒、铝饭盒烹煮。用石头做架，或用钢丝吊挂铁盒、铝饭盒等物，用火加热，烹煮食物、烧开水等。

(2) 用铁丝、木棍烧烤。将食物穿插缠裹在铁丝或木棍上，放在火中或火边烧烤熟化。

(3) 用小铁锹、石板烫烙。用火在小铁锹底部加热，将切成薄片的食物放在上面烙熟，也可用火将石板烧烫以后，将食物切成薄片放在上面烙熟食用。

(4) 用黄泥裹烧。用和好的黄泥在地上摊成泥饼，上面铺一层树叶，将野鸡、野兔、鱼等食物除去内脏不脱毛不褪鳞，放在泥饼上，用泥饼将食物包裹成团，放在火中烧两个小时即可食用。

5. 露宿

在山地露宿时，应选择避风、防汛、无山崩、无塌方的山坡地段或谷地、峡谷的高坡上，并且要尽量靠近水源，注意保持环境卫生和防止水源污染。冬季要避开有雪崩危险的地段，夏季要注意防洪和山体滑坡、防雷击。露宿时，通常用制式器材和就便器材架设帐篷或搭草棚，但不得成片砍伐树木，破坏天然伪装。帐篷、草棚周围要挖排水沟，铲除杂草，必要时，撒些草木灰，以防毒蛇、毒虫。对不宜搭设帐篷的高山区，可构筑地窖式简易掩蔽部。

在沙漠、戈壁、草原地露宿时，应尽量选择绿洲或有水源的地区。搭设帐篷时，应避开风口，避开沙丘的迎风面，帐篷应尽量低下，多设固定桩和拉索，用沙土或雪尽量将帐篷布脚埋设压紧，以防被风吹拔。根据不同的地形和季节，注意防洪水、暴风沙(雪)、泥石流等。

在酷暑条件下露宿时，应选择干燥、通风的缓坡上，避开大树、陡壁峭崖，以防雷击塌方。搭遮棚或帐篷时，周围要挖排水沟，铲除杂草，必要时，撒些草木灰，以防毒蛇、毒虫。注意不要成片砍伐草、木，以保护天然伪装。

在高寒地区露宿时，应选择背风的地方。为防止冻伤，通常采用搭帐篷、草棚、挖雪洞、堆雪墙、堆雪房等方法。有条件时还可以在棚舍中燃火取暖，但必须防火灾和一氧化碳中毒。睡觉前应用雨布(雨衣)、干草等隔潮材料铺设地铺。睡觉时应注意避风和保暖。

6. 自救

求生是人的本能。要想求生就不能只等他人或组织来救援，而是要靠自身的力量主动走出恶劣而危险的地带。

出发前，首先要判断好方向，仔细研究附近的地形，选好行进的路线。尔后根据行进路线准备必需的物资装备。如准备穿越无水区，就应多准备饮水；准备通过丛林地，就要准备好刀；同时还应准备好楔子、衣物和食品，以及携带装备的包裹。如道路比较艰难，还应准备木棍、绳索等，以备使用。

另外，出发前还应对原露营地留下明显的记号，并在前进道路的沿途做好标记，一旦救援者发现了自己已经放弃的露营地，就可沿途跟随而来，最终使自己获救。

而一旦在野外孤立无援的情况下发生危险，则需要掌握一些简单自救和求救方法，以帮助自己和同伴尽快得到救援，为生存创造条件。

如发生中暑现象，应立即在阴凉通风处平躺，解开衣裤带，使全身放松，再服用十滴水、仁丹等药。发烧时，可用凉水洗头，或冷敷散热，如有人昏迷不醒，可掐人中穴、合谷穴使其苏醒。

如发生中毒现象，首先要洗胃，快速喝大量的水，并用手指触咽部引起呕吐，然后吃蓖麻油等泻药清肠，再吃活性炭等解毒药及其他镇静药，多喝水，以加速排泄。如发生外伤出血，则应立即采取果断措施进行止血，首先应准确判断出血种类，然后主要是利用指压止血法和包扎止血法进行止血。

7. 救援

(1) 利用声音求救。有时陷入低洼的地方、密林中、塌陷物内，或遇大雾、暗夜等情况时，间断性地呼救是十分必要的。不少类似遇险者，意志坚强，不断地呼救，最后终于获救。也可就地取材，利用哨声，击打声呼救。

(2) 利用烟火、光源求救。在大漠、荒岛、丛林等处遇险时，可点燃树枝、树皮、树叶、干草等，白天加湿，用烟作为求救信号；夜间用火，向可能获救的方向点三堆火，用火光传送求救信号；白天还可用镜子、眼镜、玻璃片等借阳光反射，向空中救援飞机发出求救信号，通常光信号可达20多千米的距离。

(3) 利用求救信号求救。利用求救信号求救，就是利用当今高科技的一些产品发出求救信号。现代科学的发展，各种现代化的工具如手机、电脑、卫星电话等都可以十分方便快捷地发出求救信号。最广为人知的是"SOS"国际通用的求救信号。"SOS"是"Save Our Soul"(救救我们)的缩写，在荒原、草地、丛林的空地上都可以各种形式写上"SOS"大字求救，往往能够取得良好的效果。

六、军体拳(第二套)

军体拳是由拳打、脚踢、摔打、夺刀、夺枪等格斗基础动作组成的一种拳术套路。通过军体拳的训练，可以增强体质，提高格斗技能，对培养坚韧不拔，勇敢顽强的战斗作风，具有重要意义。

预备姿势。当听到"军体拳第一套，预备"的口令后，立正，身体稍向左转，同时右脚向右后撤一步，两脚略成"八字形"屈膝，身体重心大部落于右脚。两手握拳，前后拉开，左肘微曲，拳与肩同高，拳眼向内上，右拳置于小腹前约 10 厘米处，拳眼向上，自然挺胸、收腹，目视前方(见图 F-5)。

预备姿势

图 F-5

1. 挡击冲拳

动作要领：右脚向前踮步，左脚抬起；左臂里格收于腹前，小臂略平，拳心向上，右拳收于腰间；左转身，左脚向左落地成左弓步，同时左臂上挡护头，右拳从腰间猛力向前旋转冲出，拳心向下(见图 F-6)。其用途：击面、胸部。

1　　　　　　　　　2　　　　　　　　　3

图 F-6

2. 绊腿压肘

动作要领：右脚前扫，同时左手抓握右手腕收抱于腰间；右腿后绊，同时右肘向前下猛力推压，成左弓步(见图 F-7)。其用途：被对方抓住手腕时，顺势将其推压、绊倒。

3. 弓步击肘

动作要领：右后转身成右弓步，屈右肘猛力后击，大、小臂略平；同时左拳由腰间向左前方旋转冲出，拳心向下，目视右肘(见图 F-8)。其用途：击头、胸或肋部。

图 F-7　　　　　　　　　　　　　　　　　图 F-8

4. 砍肋下打

动作要领：上体稍左转，收右脚成右虚步，同时两小臂用力由外向里猛砍，小臂略平，约与肩同宽，拳心向上；起右脚猛力下踏，同时左脚抬起向左跨步，左小臂上挡护头，拳心向前；右拳从腰间向前下猛力旋转冲出，右脚跟上，屈膝，前脚掌着地(见图 F-9)。其用途：两小臂击肋部，右拳击裆部。

图 F-9

5. 上步劈弹

动作要领：右脚向前上步成右弓步，左拳变八字掌前伸，右拳后摆，左转身成马步的同时，右拳经右上向左下猛劈，拳心向下，左手抓握右手腕，左掌心向上，两大臂夹紧，小臂略平；右拳向右前上方猛力反弹，力达拳背，拳与头同高，同时左手变拳自然后摆，成右弓步(见图 F-10)。其用途：劈臂或颈，反弹脸部。

图 F-10

6. 双勾后击

动作要领：右转身，双拳后摆，左脚向前上步成左弓步，同时两拳由后向前上猛击，拳心向里，拳与下颌同高；右脚向前踮步，左脚稍离地前移，两肘猛力外张抬平，同时分别向左右猛击，两拳相对，拳心向下；两拳变勾手，由肩上经下向后猛击，两大臂夹紧(见图 F-11)。其用途：拳击下颚，两肘外张破后抱腰，勾手击裆部。

1   2   3   4   5

图 F-11

7. 防左勾踢

动作要领：右脚向右前上步成弓步，同时左手向左前挡抓，右拳自然后摆；上左脚成左弓步，左手变拳收于腰间，同时右拳由后向前猛力横击，拳心向下；左脚尖外摆，起右脚，屈膝，脚尖里勾，由后向左前猛力勾踢，同时右拳向后反击，臂伸直，左臂弯曲上挑，拳略高于头，拳眼向后(见图 F-12)。其用途：防左刺，横击敌方头部。

8. 挟脖拧摔

动作要领：右脚向前落地成右弓步，同时左拳变八字掌向前平伸，掌心向前，拇指朝前下；左转体成左弓步，同时左手抓拉收于腰间，右拳由后向前猛力横勾屈肘置于胸前，拳心向下(见图 F-13)。其用途：挟脖摔。

1   2   3

图 F-12

1   2

图 F-13

9. 里格冲拳

动作要领：右转身成右弓步，同时左臂里格，拳心向上，右拳收于腰间；左转身成左弓步，同时两拳从腰间向前后(右拳向前，左拳向后)猛力旋转冲击，拳心向下(见图 F-14)。其用途：击面、击胸部。

图 F-14

10. 防右别臂

动作要领：右脚向前上步，同时右手向右前挡抓并收于腰间；左拳向右前猛力旋转冲出成右弓步；左拳收于腰间，同时左腿猛力向前弹踢，并迅速收回，右拳从腰间猛力向前旋转冲出；左脚向前落地，右转身，同时左臂屈肘向右下猛力别压，拳置于小腹前，拳眼向内，右拳收于腰间，成右弓步(见图 F-15)。其用途：防右刺，左腿踢裆，左手别臂。

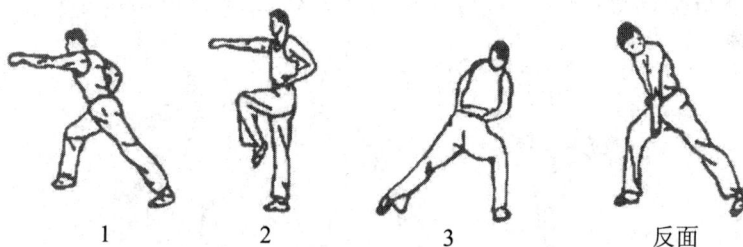

图 F-15

11. 挡击抱腿

动作要领：左转身，左臂上挡护头，右脚向前上步成右弓步，右拳向前冲出；两拳变掌下抱后拉，约与膝同高，两小臂略平，同时右肩前顶(见图 F-16)。其用途：抱双腿摔。

图 F-16

12. 踹腿锁喉

动作要领：左脚向前跃步，同时抬右腿，大腿略平，脚尖里勾，两臂屈肘右胸前，掌心向下；右脚向前下猛踹落地，同时右手前插，左手抓握右手腕，右手变拳；两手合力回拉，下压，右小臂置于右肋前，同时右肩前顶，成右弓步(见图 F-17)。

其用途：由后踹腿锁喉。

图 F-17

13. 蹬腿横勾

动作要领：身体重心迅速后移，两拳收于腰间，同时起右脚向右侧猛蹬；右脚迅速收回，以左脚掌为轴由左向后转身，右脚向前上步，同时左臂上挡，右拳后摆，成右弓步；再由左向后转身成左弓步，同时左臂外格后摆，右拳由后向前猛力横勾，拳心向下，拳与头同高(见图 F-18)。其用途：蹬腹或肋，横击头部。

图 F-18

14. 上步捞腿

动作要领：右脚向前上步，右手下捞、上提，置于腹前，同时左手变掌向前下推压，手指向右，成右弓步(见图 F-19)。其用途：右手捞小腿，左手推压胯部。

图 F-19

15. 挑砸绊腿

动作要领：左脚向前上步成左弓步，两手变拳；同时左小臂向上挑，右小臂由上往下砸，拳眼向上；左手变掌前推，同时右脚前扫，右拳收抱于腰间；左手抓拉收于腰间，右脚后绊，同时右拳变掌前推，成左弓步(见图 F-20)。其用途：防刀下刺，推胸绊腿。

图 F-20

16. 弓步上打

动作要领：右腿向前上步成右弓步，左手变掌前推，右手变拳收于腰间；左转身同时左手变拳屈肘下压，置于小腹前，拳心向下，右拳上击，略高于头，拳心向前拳眼向下，目视左前方(见图 F-21)。其用途：左掌推胸，右拳击下颌。

结束姿势：右脚靠拢左脚成立正姿势见图 F-22。

图 F-21

图 F-22

参 考 文 献

[1]　闫宗广. 信息战概论(军内发行). 北京：解放军出版社，2004

[2]　刘劲松，郭元生. 信息化战争知识(内部). 西安：西安陆军学院，2004

[3]　苑士军. 国防教育概论. 北京：解放军出版社，2004

[4]　徐焰. 中国国防导论. 北京：国防大学出版社，2006

[5]　纪明葵. 普通高等学校军事理论教程. 北京：国防大学出版社，2007

[6]　王广献，宋向民. 新编高等院校军事课教材. 西安：西北大学出版社，2008

[7]　丁晓昌，张政文. 军事理论教程. 南京：河海大学出版社，2009

[8]　李延荃. 军事理论课讲义. 北京：国防大学出版社，2009

[9]　2010 年中国的国防. 北京：中华人民共和国国务院新闻办公室

[10]　宋向民，李晋东. 新编大学生军训教程. 西安：陕西师范大学出版社，2007

[11]　赵建世、闫成. 高校军事理论教程. 上海：上海交通大学出版社，2011